REINHARD RIEGEL

Das Eigentum im europäischen Recht

Schriften zum Völkerrecht

Band 48

Das Eigentum
im europäischen Recht

Von

Dr. Reinhard Riegel

DUNCKER & HUMBLOT / BERLIN

Alle Rechte vorbehalten
© 1975 Duncker & Humblot, Berlin 41
Gedruckt 1975 bei Buchdruckerei A. Sayffaerth - E. L. Krohn, Berlin 61
Printed in Germany
ISBN 3 428 03494 5

Meiner Frau

Vorwort

Die vorliegende Arbeit ist eine in fast allen Punkten überarbeitete, teilweise erweiterte und in Literatur und Rechtsprechung im wesentlichen auf den Stand von Juni 1975 gebrachte Fassung meiner gleichlautenden Dissertation, die im November 1973 bei der Juristischen Fakultät der Universität Erlangen zur Promotion eingereicht worden war.

Herrn Prof. Dr. Dr. Dr. Walter Leisner schulde ich großen Dank für die Anregung zu dem Thema, die Betreuung während der Bearbeitung und die Unterstützung bei der Veröffentlichung.

Dank gebührt ebenso Herrn Ministerialrat a. D. Dr. J. Broermann für die freundliche Aufnahme zur Veröffentlichung in seinem Verlag.

Die Veröffentlichung wurde finanziell gefördert von der Kommission der Europäischen Gemeinschaften in Brüssel, der ich hierfür ebenfalls zu Dank verpflichtet bin.

Meiner Tochter Annette danke ich für die erneut bewiesene Geduld..

Königswinter, im Juli 1975

Reinhard Riegel

Inhaltsverzeichnis

A. Einleitung und Problemstellung   13

1. Die besondere Bedeutung des Eigentums in der gegenwärtigen Diskussion 13
2. Abgrenzung des Themas zur Allgemeinen Eigentumsproblematik   15
3. Eingrenzung des Themas nach dem Eigentumsbegriff 16

B. Das Eigentum im innerstaatlichen Recht   20

1. Der Schutzbereich des verfassungsrechtlichen Eigentumsbegriffs (Eigentum i. S. Art. 14 GG) 20
1.1 Ausdehnung auf alle vermögenswerten Rechte 20
1.2 Ausdehnung auch auf subjektiv öffentliche Rechte 21
1.3 Abgrenzung von Art. 12 zu Art. 14 GG 24
2. Die Befugnis aus dem Eigentum: Ein einheitliches Recht oder ein auffächerbares Befugnisbündel? 25
3. Inhaltsbestimmung und Sozialbindung des Eigentums (Art. 14 Abs. 1 Satz 2 und Abs. 2 GG) 26
3.1 Der Eigentumsbegriff 26
3.2 Das Haben und das Ausnützendürfen 32
3.3 Sozialbindung des Eigentums 36
3.3.1 Grundlage: Art. 14 Abs. 2 und Abs. 1 Satz 2 GG 36
3.3.2 Definition der Sozialbindung? 37
3.4 Enteignung und Entschädigung (Art. 14 Abs. 3 GG) 42
3.4.1 Der Enteignungsbegriff 43
3.4.2 Enteignung und Entschädigung 49

C. Das Eigentum im europäischen Recht
(Zur Bedeutung von Art. 91 EAGV, Art. 83 EGKSV und Art. 222 EWGV)   56

1. Europäische und nationale Eigentumsordnung 56
1.1 Die MRK als Ersatzgrundrechtskatalog? 57
1.2 Braucht das europäische Recht überhaupt eine eigene Eigentumsordnung? 61
1.2.1 Geltungsbereich des Art. 222 EWGV und der Parallelbestimmungen   61
1.2.2 Notwendigkeit einer eigenen europarechtlichen Eigentumsgarantie   62
2. Das Eigentum im EAGV 66
2.1 Die Regelung der Art. 86 ff. EAGV 66
2.1.1 Art. 86 und 87: ein Fall von Sozialbindung? 68

2.1.2	Art. 86: ein Fall von Enteignung?	70
2.1.3	Eigene Lösung	71
2.2	Die anderen Eigentumsregelungen im EAGV	73
2.2.1	Die Verbreitung der Kenntnisse (Kapitel II EAGV)	73
2.2.2	Die Regelungen des Gesundheitsschutzes und der Investitionen (Kapitel III und IV EAGV)	76
2.2.3	Die Regelung der Versorgung mit Grundstoffen etc. (Kapitel VI EAGV)	78
2.2.4	Die Regelung der Überwachung der Sicherheit (Kapitel VII EAGV)	80
2.2.5	Zwischenergebnis	80
3.	Das Eigentum im EGKSV	81
3.1	Grundbestimmungen des EGKSV	82
3.2	Eigentumserhaltende bzw. eigentumsfördernde Bestimmungen	88
3.2.1	Die Schaffung finanzieller Einrichtungen	88
3.2.2	Investitionen und finanzielle Hilfe (Art. 54 ff. EGKSV)	90
3.2.3	Das System der Preise (Art. 60 ff. EGKSV)	92
3.2.4	Ausnahmetarife bei Frachten und Transporten (Art. 70 Abs. 4 EGKSV)	95
3.3	Eigentumsbeeinträchtigende Bestimmungen des EGKSV	97
3.3.1	Das Subventionsverbot (Art. 4 lit. c EGKSV)	97
3.3.2	Die Auskunftspflicht der Unternehmen (Art. 47 EGKSV)	100
3.3.3	Die Regelung der Erzeugung (Art. 57 ff. EGKSV)	101
3.3.4	Die Wettbewerbsregelung im EGKSV (Art. 65 und 66 EGKSV)	105
3.3.5	Zwischenergebnis	112
4.	Das Eigentum im EWGV	114
4.1	Leitprinzipien des EWGV	114
4.1.1	Privateigentum als unabdingbare Voraussetzung des EWGV	114
4.1.2	Der Wirtschaftsverfassungstyp des EWGV	116
4.1.3	Weitere Grundsätze des EWGV	119
4.2	Eigentumserhaltende bzw. -fördernde Bestimmungen	123
4.2.1	Die Landwirtschaft (Art. 38 ff. EWGV)	123
4.2.2	Die Regelung des Verkehrs (Art. 74 ff. EWGV)	129
4.2.3	Die Niederlassungsfreiheit der Unternehmen (Art. 52 ff. EWGV)	131
4.2.4	Die Sozialpolitik (Art. 117 ff. EWGV)	134
4.3	Eigentumsbeschränkende Bestimmungen	135
4.3.1	Die Regelung zur Herstellung des freien Warenverkehrs (Art. 9 ff. EWGV) und die Bedeutung des Art. 36 EWGV im Hinblick auf das Eigentum	135
4.3.2	Das Wettbewerbsrecht (Art. 85 ff. EWGV)	142
4.3.2.1	Die Vorschriften für Unternehmen	143
4.3.2.2	Das Dumpingverbot (Art. 91 EWGV)	152
4.3.2.3	Das Beihilfeverbot	153

D. Gesamtergebnis   155

Literaturverzeichnis   161

Abkürzungsverzeichnis

A, B ...	=	Teil A, B ...
ACP	=	Archiv für die zivilistische Praxis
AFDJ	=	Annuaire Français de Droit International
AVR	=	Archiv des Völkerrechts
AWD	=	Außenwirtschaftsdienst
BayBgm.	=	Der Bayerische Bürgermeister
BayObLG	=	Bayerisches Oberstes Landesgericht
BayStrWG	=	Bayerisches Straßen- und Wegegesetz
BayVBl.	=	Bayerische Verwaltungsblätter
BB	=	Betriebs-Berater
BGB	=	Bürgerliches Gesetzbuch
BGBl.	=	Bundesgesetzblatt
BGH	=	Bundesgerichtshof
BV	=	Bayerische Verfassung
BVerfG E	=	amtliche Entscheidungssammlung des Bundesverfassungsgerichts
BVerwG	=	Bundesverwaltungsgericht
CDE	=	Cahiers de Droit Européen
DJT	=	Deutscher Juristentag
DNotZ	=	Deutsche Notarzeitschrift
DÖV	=	Die öffentliche Verwaltung
DRiZ	=	Deutsche Richterzeitung
DVBl.	=	Deutsche Verwaltungsblätter
EAGV	=	Vertrag zur Gründung der Europäischen Atomgemeinschaft
EGKSV	=	Vertrag zur Gründung der Europäischen Gemeinschaft für Kohle und Stahl
Einl/ALR	=	Einleitung zum Preußischen Allgemeinen Landrecht
EuGH E	=	amtliche Entscheidungssammlung des Gerichtshofs der Europäischen Gemeinschaften
EuGRZ	=	Europäische Grundrechtszeitschrift
EuR	=	Zeitschrift für Europarecht
EWGV	=	Vertrag zur Gründung der Europäischen Wirtschaftsgemeinschaft
FN	=	Fußnote
GA	=	Generalanwalt

GG	=	Grundgesetz
GVBl.	=	Bayerisches Gesetz- und Verordnungsblatt
GWB	=	Gesetz gegen Wettbewerbsbeschränkungen
GRUR	=	Gewerblicher Rechtsschutz und Urheberrecht
Jb. d. ö. R.	=	Jahrbuch des öffentlichen Rechts
JP	=	Juristische Praxis
JR	=	Juristische Rundschau
JuS	=	Juristische Schulung
JZ	=	Juristenzeitung
KSE	=	Kölner Schriften zum Europarecht
LAG	=	Lastenausgleichsgesetz
l., r., Sp.	=	linke, rechte Spalte
n. F.	=	neue Folge
MRK	=	Europäische Menschenrechtskonvention
NJB	=	Nederlands Juristenblad
NJW	=	Neue Juristische Wochenschrift
PrVU	=	Preußische Verfassungsurkunde
RabelsZ	=	Rabels Zeitschrift für ausländisches und internationales Privatrecht
RdA	=	Recht der Arbeit
RIW/AWD	=	Recht der Internationalen Wirtschaft
RS	=	Rechtssache
Rspr.	=	Rechtsprechung
RZ	=	Randziffer
SchZGB	=	Schweizer Zivilgesetzbuch
VG	=	Verwaltungsgericht
VVDStRL	=	Veröffentlichungen der Vereinigung der Deutschen Staatsrechtslehrer
WRP	=	Wettbewerb in Recht und Praxis
WRV	=	Weimarer Reichsverfassung
WuW	=	Wirtschaft und Wettbewerb
Zges HR	=	Zeitschrift für das gesamte Handelsrecht
ZgStW	=	Zeitschrift für die gesamten Staatswissenschaften
ZRP	=	Zeitschrift für Rechtspolitik

A. Einleitung und Problemstellung

1. Die besondere Bedeutung des Eigentums in der gegenwärtigen Diskussion

Die Bedeutung des Eigentums, und mit ihm die Erörterung aller Probleme, die sich aus den Fragen über das Eigentum ergeben, ist in den letzten Jahren sprunghaft gestiegen. Das Eigentum in all seinen Aspekten entwickelt sich mehr und mehr zu einem von zum Teil heißen Diskussionswogen umbrandeten Fels. Die einen (und das ist wohl nach wie vor die Mehrheit) möchten hier den unerschütterlichen, unzerstörbaren Grund bewahren, auf dem unser gesamtes Gesellschaftssystem ruht. Die anderen sehen im Eigentum dagegen den neuralgischen Punkt, an dem alles aus den Angeln gehoben und umgestürzt werden kann. In einem gleichen sich beide hier kraß gegenübergestellte „Parteien" (zwischen denen sich ein breites Mittelfeld erstreckt): in der Bedeutung, die sie dem Eigentum zumessen. Für beide lautet die „Gretchenfrage": Wie hältst Du's mit dem Eigentum? (und die Antwort darauf wird oft in der immer häufiger anzutreffenden unzulässigen Vermengung juristischer und politischer Argumentation in die Bestimmung des politischen Standorts des sich jeweils zu den Fragen des Eigentums Äußernden umgemünzt).

Die Richtigkeit dieser Aussage wird bestätigt durch den Hinweis auf die Intensität, mit dem die Lehre sich der Eigentumsproblematik unter allen möglichen Gesichtspunkten in der jüngsten Zeit angenommen hat. Erwähnt seien hier nur zum Problem Steuerrecht und Eigentum die Monographie *Leisner* über die verfassungsrechtlichen Grenzen der Erbschaftsbesteuerung[1], die Habilitationsschrift von *Selmer* über Steuerinterventionismus und Verfassungsrecht[2], sowie der Aufsatz von *Papier* über die Beeinträchtigung der Eigentumsgarantie durch Steuern[3]. Zur Frage der Mitbestimmung existiert eine wahre Flut von

---

[1] Verfassungsrechtliche Grenzen der Erbschaftsbesteuerung.
[2] P. *Selmer*, Steuerinterventionismus und Verfassungsrecht.
[3] *Papier*, Die Beeinträchtigung der Eigentums- und Berufsfreiheit durch Steuern vom Einkommen und Vermögen, in: Der Staat, 1972, 483 ff.; vgl. v. *Bockelberg*, Die Eigentumsgarantie des Artikels 14 des Grundgesetzes als Grundlage des freiheitlichen und sozialen Rechtsstaats und die mögliche Aushöhlung dieser Garantie durch das Steuerrecht, BB 73, 669 ff., der insbe-

Äußerungen. Dabei sei insbesondere verwiesen auf den nicht zu billigenden Versuch *Kunzes,* die Frage der Mitbestimmung von der Eigentumsordnung zu lösen[4]. Daß die Mitbestimmung mit zu einem der Hauptprobleme der Eigentumsgarantie zählt, dürfte wohl nach wie vor zu Recht h. M. sein und ist gerade der Grund weshalb hier die Diskussion z. T. sehr hart geführt wird. Die Ausdehnung der Mitbestimmung als „Fremdbestimmung" ist ja unlösbar verknüpft mit der Frage des „Ausnützen-Dürfens" beim Eigentum und gipfelt in der Kernfrage Sozialbindung und Enteignung[5].

Gerade diese Methode — gewisse Komplexe einfach mit Hilfe von primär soziologischen Argumenten als von Art. 14 GG nicht tangiert zu erklären, um so um eine klare Stellungnahme zur Eigentumsgarantie herumzukommen, zeigt wie zutreffend *Webers* Wortwahl von der „Krise" des Eigentums ist[5]. Diese Krise spiegelt sich auch in dem fast fieberhaften Bemühen der politischen Parteien um eine Lösung der gegenwärtigen Eigentumsprobleme wider. Erinnert sei nur an die Bodenrechtsdiskussion auf dem Parteitag der SPD 1973 in Hannover, auf die noch kurz einzugehen sein wird, sowie an die Mitbestimmungsdiskussion in der CDU[6] und in den anderen Parteien.

Der 49. DJT hat sich deshalb nicht zu Unrecht einem ebenso heiß umkämpften und die gegenwärtige Eigentumskrise widerspiegelnden Teilgebiet des Eigentums gewidmet: den Fragen der Bodenreform. Der Schlußvortrag *Baduras* hatte das bezeichnende Thema „Eigentum im Verfassungsrecht der Gegenwart"[7]. Bei dieser kurzen Übersicht sei auch

---

sondere auf die Vorschläge des SPD-Parteitages Hannover 1973 zur Frage der Bodenwertzuwachssteuer eingeht.

[4] *Kunze,* Mitbestimmung in der Wirtschafts- und Eigentumsordnung in RdA 72, 257 ff. (263 f.), zu dem ohnehin überhaupt nur teilweise denkbaren Versuch, die Begriffe Unternehmer und Eigentümer zu trennen. Dabei überzeugt insbesondere nicht, dem Eigentümer bei dem Einsatz seines Eigentums in Form der Produktionsmittel einen Akt der Widmung zu unterstellen, mit dem er die Berechtigung zur Leitungs- und Verfügungsbefugnis verlieren soll (265) mit der Folge, daß nur noch Akte, die sich gegen die Produktionsmittel als solche richten, unter die Garantie des Art. 14 GG fallen (266). Zur Kritik an *Kunze* vgl. auch *Rittner,* Unternehmensverfassung und Eigentum, Festschrift für W. Schilling, 363 ff. (379 f.). Gegen *Kunze* auch *R. Scholz,* Paritätische Mitbestimmung und Grundgesetz, 1974, 82 u. dort FN 47; vgl. auch jüngst *Riegel,* Verfügungs- und Nutzungseigentum? BayVBl. 75, 412 ff. (412, 417 f.).

[5] Vgl. schon *W. Hedemann,* Das Eigentum im Wandel, DNotZ 1952, 6 ff. (14 f.) und jüngst *W. Weber,* Das Eigentum und seine Garantie in der Krise, Festschrift für Michaelis, 316 ff. (317), im Hinblick auf die Forderung nach der paritätischen Mitbestimmung, sowie 329 f., wo zutreffend auf die Zweifelhaftigkeit der Trennung von Eigentümer und Unternehmer im Hinblick auf das Aktienrecht eingegangen wird, sowie *Leisner,* Sozialbindung des Eigentums, 78 f. Während *Kunzes* Absicht darauf hinausliefe, bei Eigentum an Produktionsmitteln nur noch das „Haben" zuzulassen.

[6] Vgl. hierzu „Die Zeit" vom 20. 4. 73, S. 4 und vom 18. 5. 73, S. 33.

erwähnt, daß die Vereinigung deutscher und italienischer Juristen für die Herbsttagungen 1973 bzw. 1974 u. a. den Themenvorschlag „Der Eigentumsbegriff und seine Wandlungen im deutschen und italienischen Recht" seinen Mitgliedern unterbreitete[8].

2. Abgrenzung des Themas zur allgemeinen Eigentumsproblematik

Dieser Blick über die innerstaatlichen Grenzen leitet gleichzeitig über zu dem außerstaatlichen, besser überstaatlichen Beitrag zur Eigentumskrise: Es wird weithin befürchtet, daß die Mitgliedschaft in der EWG — künftig verstärkt durch jede Erweiterung, deren erste nun formell abgeschlossen ist — nicht ohne Auswirkungen auf die innerstaatliche Eigentumsordnung sein kann. Andererseits ist die Eigentumsfrage aus europarechtlicher Sicht noch nicht einmal in den Anfängen geklärt. Nun muß sich aber die EWG — je mehr sie die innerstaatlichen Wirtschafts- und Lebensbereiche durchdringt, verändert, aufhebt und europäisiert, desto strenger an der Grundlage einer jeden — also auch europäischen — Verfassungsordnung als freiheitlicher rechtsstaatlicher Ordnung messen lassen: eben der Eigentumsordnung[9]. Mit zunehmender Verflechtung nämlich wird — trotz Vorschriften wie Art. 222 EWGV etc., wie noch zu zeigen ist — die innerstaatliche Eigentumsordnung an Bedeutung verlieren, die europäische dagegen, von der wir wissen wollen, ob und in welchem Umfang sie bereits besteht, an Bedeutung gewinnen.

Hier zur Klärung beizutragen, ist die Aufgabe der vorliegenden Arbeit. Ihre Notwendigkeit rechtfertigt sich aus dem Bemühen aufzuzeigen, wo wir als Marktbürger stehen und wie es evtl. weitergeht, welche Tendenzen sich abzeichnen. Dies bedingt auch gleichzeitig die Grenzen der Arbeit: Es soll kein weiteres Kapitel zu dem wohl am meisten diskutierten allgemeinen Verhältnis des europäischen Rechts

---

[7] Vgl. hierzu „Mitteilungen" in NJW 72, 2073 ff. (2079 f.), sowie *Bielenberg*, Empfehlen sich weitere bodenrechtliche Vorschriften im städtebaulichen Bereich? Gutachten zum 49. DJT und *Badura*, Die soziale Schlüsselstellung des Eigentums, BayVBl. 73, 1 ff. (Teilabdruck des Referates auf dem 49. DJT).

[8] Rundschreiben vom 31. 1. 1973, Themenvorschlag Nr. 15.

[9] Vgl. hierzu aus allg. pol. Sicht *Carlo Schmid*, Der Mensch im Staat von morgen, in: Politik und Geist, 60 ff. (77 f.), und zur Bedeutung in wirtschaftsverfassungsrechtl. Hinsicht *G. Burghardt*, Die Eigentumsordnung in den Mitgliedstaaten u. d. EWG-Vertrag, 37, sowie *A. Deringer*, EuR 70, 291; BVerfGE 14, 277; 31, 339; *Weber* (FN 5), 328 f. und *Rüfner*, Bodenordnung und Eigentumsgarantie, JuS 73, 593 ff. (593), der zu Recht darauf hinweist, daß im Rahmen der heutigen Eigentumsdiskussion die Tatsache zu oft unbeachtet bleibt, „daß das private Eigentum auch heute noch eine wesentliche rechtsstaatliche Funktion und für die freie Entfaltung der Person große Bedeutung hat". Im Grunde klingt dies sogar etwas zu zurückhaltend.

zu den nationalen Grundrechten geschrieben werden, ganz abgesehen davon, daß die Rangfrage, die im Rahmen dieser Diskussion immer im Vordergrund stand, das Grundrechtsproblem ja nicht löst[10]. Es soll aber auch keine Dogmatik des Eigentumsrechts, weder des innerstaatlichen, noch gar des überstaatlichen europäischen, versucht werden. Das Anliegen, das hier im Vordergrund steht, ist vielmehr, die Kernfragen des innerstaatlichen Eigentumsrechts auf die europäische Ebene zu transponieren und einen schlichten Vergleich zu machen, an Hand dessen evtl. eine (auf die Eigentumsgarantie beschränkte) Detailantwort auf die Befürchtungen gegeben werden kann, die zum Grundrechtsschutz allgemein geäußert wurden[11].

3. Eingrenzung des Themas nach dem Eigentumsbegriff

Eine weitere Eingrenzung der Arbeit ergibt sich aus dem hier zugrunde zu legenden Begriff des Eigentums, was einer kurzen Erläuterung bedarf.

Bekanntlich beinhaltet Art. 14 GG zwei nach Umfang und praktischer Bedeutung sehr verschiedene Garantien, nämlich die Garantie des Instituts Eigentum als solchem (*Institutsgarantie*), zum anderen die sich aktueller im Verhältnis Staat-Bürger auswirkende *Individualgarantie*, die das Eigentum „in seiner konkreten Gestalt in der Hand des einzelnen Eigentümers" umfaßt[12]. Zwar soll nicht verkannt werden, daß ein sehr enger notwendiger Zusammenhang zwischen beiden Garantien besteht. Die Individualgarantie ist ja ohne die Institutsgarantie gar nicht denkbar, setzt diese vielmehr voraus[13]. Gerade aus der Institutsgarantie wird deshalb auch die äußerste Grenze für den Bestand einer Privatrechtsordnung, der „vom Gesetz nicht erreichbare Wertkern"[14], abgeleitet. Und das ist gleichzeitig auch der Endpunkt der Individualgarantie, die nicht über diesen Wertkern hinaus eingeschränkt werden kann, mindestens diesen umschließen muß[15].

Dennoch muß scharf geschieden werden zwischen dem Institut Eigentum als Zentralbegriff des Privatrechts und der Individualgarantie als

---

[10] Vgl. *K. Zweigert*, Das große Werk Ipsens über Europäisches Gemeinschaftsrecht in EuR 1972, 308 ff. (319).

[11] Vgl. hierzu vor allem *H. H. Rupp*, Die Grundrechte und das Europäische Gemeinschaftsrecht, NJW 70, 353 ff. (354).

[12] BVerfGE 20, 355; 24, 389; vgl. statt vieler *Maunz / Dürig / Herzog*, Kommentar zum GG 1958 ff. Rdnr. 30 zu Art. 14; *Maunz*, Deutsches Staatsrecht 18. Aufl., § 22 I 1 (S. 174).

[13] Vgl. BVerfGE 24, 389.

[14] *G. Dürig*, Das Eigentum als Menschenrecht, ZgStW Bd. 109, 326 ff. (333).

[15] Vgl. *W. Weber*, Eigentum und Enteignung, in: Neumann / Nipperdey / Scheuner, Die Grundrechte Bd. II, 2. Aufl., 331 ff. (355).

3. Eingrenzung nach dem Eigentumsbegriff

Kern des verfassungsrechtlichen Rahmens der Eigentumsordnung. Und dies zwingt zur ebenso klaren Trennung zwischen dem zivilrechtlichen und dem verfassungsrechtlichen Eigentumsbegriff, der aus der Individualgarantie abzuleiten ist. Wenn von Sozialbindung die Rede ist, wenn vom Eigentum als Kind der Zeit gesprochen wird, der Eigentumsbegriff im Hinblick auf das Spannungsverhältnis Eigentümer-Gesellschaft erläutert wird, dann wird der Eigentümer in seiner Individualstellung als Frontstellung betrachtet. Es geht dann immer nur um die Individualgarantie, mithin um den ihr folgenden *verfassungsrechtlichen* Eigentumsbegriff. Primär um diesen, nicht aber um den zivilrechtlichen Eigentumsbegriff, kann es deshalb in der vorliegenden Arbeit gehen, aus folgenden aus der grundsätzlichen Trennung zwischen Instituts- und Individualgarantie resultierenden Gründen:

3.1 Dem zivilrechtlichen Eigentumsbegriff kommt, außer in der Verbindung mit der Institutsgarantie, keine verfassungsrechtliche Relevanz zu. Er kann deshalb nicht Kriterium für den hier anzustellenden Vergleich sein. Nur insoweit kommt ihm Bedeutung zu, als vorweg festzustellen ist, ob das europäische Recht überhaupt Eigentum als privatrechtliche Institution kennt und/oder anerkennt. Dies läßt sich aber mit wenigen Sätzen dartun. Alles andere muß Erörterung der Individualgarantie sein. Sollte sich jedoch zeigen, daß das Europarecht das Privateigentum als Rechtsinstitut weder kennt noch anerkennt bzw. voraussetzt, dann wäre die Arbeit allerdings zu Ende. Doch wird dies, das kann jetzt schon gesagt werden, kaum zu erwarten sein. Im übrigen aber ist der privatrechtliche Eigentumsbegriff hier unbedeutend. Ungeachtet des dogmatischen Wertes der Bemühungen um seine Definition[16] kann eine solche, wenn sie nicht gänzlich unmöglich ist, trotz § 903 BGB[17], nicht mehr als eine Begriffshülse sein, die im Grunde nur abstrakte Zuordnungsfunktion hat[18]. Das ist letztlich auch nicht verwunderlich, denn das Eigentum bezeichnet eine formale Rechtsstellung die als solche keinen im einzelnen konkretisierbaren und beschreibbaren Zweck hat. Der Zweck des Eigentums erschöpft sich in der Zugehörigkeit zum Eigentümer[19]. § 903 BGB und mit ihm der privatrechtliche Eigentumsbegriff, ist deshalb im Grunde eine Leerformel, die erst über

---

[16] Vgl. *Schloßmann*, Ueber den Begriff des Eigenthums, Iherings Jahrbücher für die Dogmatik des bürgerlichen Rechts, Bd. 45, 289 ff. (388 f.).

[17] Was von all denen konkludent zugestanden wird, die eine Definition für ein aussichtsloses Unterfangen halten, vgl. z. B. *Erman / Westermann*, Kommentar zum BGB, 5. Aufl. 1 vor § 903; *Soergel / Siebert / Baur*, Kommentar zum BGB, 9. Aufl., Rdnr. 5 vor § 903. Ganz klar *v. Lübtow*, Grundfragen des Sachenrechts JR 1950, 491 ff. (492); teilweise anders *Darmstaedter*, Der Eigentumsbegriff des Bürgerlichen Gesetzbuches, AcP Bd. 151, 311 ff. (313 f.).

[18] Vgl. *Wolff / Raiser*, Lehrbuch des Sachenrechts, 10. Bearbeitung, 170 ff. (175 f.).

[19] Vgl. *Leisner* (FN 5), 178.

die die Eigentumsordnung entscheidend charakterisierende Individualgarantie des Art. 14 GG einen Inhalt bekommt. Und wie dieser „Inhalt" auf der europäischen Ebene beschaffen ist, soll gezeigt werden, nicht dagegen die Beschaffenheit der „Hülse".

3.2. Es darf des weiteren nicht übersehen werden, daß das europäische Recht (jedenfalls bisher) praktisch ausschließlich öffentliches Recht ist. Dies gilt auch, soweit durch Primärrecht und/oder Sekundärrecht (insbesondere durch Richtlinien) mitgliedstaatliches Privatrecht modifiziert wird im Zuge einer von den Gemeinschaftsverträgen angestrebten Rechtsvereinheitlichung, denn damit wird das so eingesetzte Gemeinschaftsrecht nicht selbst zu Privatrecht. Lediglich die Theorie hat versucht, Grundlagen für ein europäisches Privatrecht zu schaffen. Bedeutsam sind hier vor allem die Erörterungen im Hinblick auf eine künftige Europäische Aktiengesellschaft und damit ein europäisches Handelsrecht[20]. All diese Bestrebungen aber haben sich noch in keinem europäischen Gesetz niedergeschlagen, so daß auch aus diesem Grunde der zivilrechtliche Eigentumsbegriff uninteressant ist. In diesem Zusammenhang muß allerdings noch auf eine Äußerung von *Donner* hingewiesen werden, die er anläßlich seiner Begrüßungsansprache beim Kolloquium zur zehnjährigen rechtsprechenden Tätigkeit des EuGH gemacht hat[21]. Er hat dort angeführt, daß in einer Reihe von Prozessen die Begriffe „Unternehmen" und „Eigentum", und zwar Eigentum an Schrott, von Bedeutung gewesen seien. Dabei hätte die Anwendung des jeweiligen nationalen Eigentumsbegriffs in Verfahren zwischen Parteien, die verschiedenen Mitgliedstaaten angehörten, zu ungerechtfertigten Unterschieden geführt, weshalb jeweils ein europäischer Kompromiß zu suchen gewesen sei. Daraus folge nun, „daß das Gemeinschaftsrecht zur Vereinheitlichung nicht nur des öffentlichen Rechts, sondern auch des reinsten Privatrechts dringen kann, und daß sich auch hier das Problem der Einheitlichkeit und Verschiedenheit des Rechts, die beide respektiert werden müssen, unabweisbar stellt"[22].

Diese Ausführungen sind mißverständlich. *Donner* geht es ersichtlich um Folgerungen *aus* dem zivilrechtlichen Eigentumsbegriff, um mögliche Befugnisse, Rechte etc., die *aus* dem Eigentumsbegriff abgeleitet werden können — und in den verschiedenen Mitgliedstaaten offensichtlich verschieden abgeleitet werden. Es geht also u. a. darum, daß die Stellung des Eigentümers nicht in allen Mitgliedstaaten hinsichtlich

---

[20] Vgl. *Lutter*, Empfehlen sich für die Zusammenfassung europäischer Unternehmen neben oder statt der europäischen Handelsgesellschaft und der internationalen Fusion weitere Möglichkeiten der Gestaltung auf dem Gebiete des Gesellschaftsrechts, Gutachten H zum 48. DJT.

[21] In: Zehn Jahre Rechtsprechung des Gerichtshofs der Europäischen Gemeinschaften (KSE Bd. 1), 6 f.

[22] *Donner*, ebd., 7.

3. Eingrenzung nach dem Eigentumsbegriff

zivilrechtlicher Folgen aus dem Eigentum gleich ist, z. B. bei Fragen der Verarbeitung, des Eigentumsvorbehalts etc. Um das Privatrechtsinstitut Eigentum als solches geht es offensichtlich nicht. Das setzt *Donner* vielmehr voraus. Daß nun der EuGH aus allgemeinen *verfassungsrechtlichen* Gründen, nämlich im Hinblick auf den Gleichheitssatz (der zu den unbestrittenen Grundsätzen des europäischen Rechts zählt), hier oft wird modifizieren und ausgleichen müssen, ist aber im Grunde wiederum eine Frage der Individualgarantie. Schließlich darf auch nicht aus den Augen gelassen werden, daß Art. 14 GG eben nur das subjektive öffentliche (Abwehr-) Recht direkt garantiert, während die privaten Eigentumsrechte ja nur mittelbar über die Institutsgarantie geschützt sind[23].

Daß im übrigen das Gemeinschaftsrecht zur Vereinheitlichung der mitgliedstaatlichen Privatrechtsordnungen dringen kann und muß, ist im Grunde ein Gemeinplatz, denn das folgt unmittelbar aus den Verträgen selbst. Dies nicht nur nach deren Sinn und Zweck, sondern expressis verbis, wie ein Blick z. B. auf Art. 7 EWGV (als generelles Beispiel), oder Art. 54 Abs. 3 lit. g EWGV (als Grundnorm für die Koordinierung des Gesellschaftsrechts) zeigt, sowie insbesondere auf Art. 100 und 101 EWGV, als Grundlage für eine allgemeine Angleichung des mitgliedstaatlichen Rechts.

Damit ist dargetan, weshalb diese Arbeit die Individualgarantie ins Zentrum der Betrachtung stellt.

---

[23] Vgl. *Dürig* (FN 14), 339 f.

B. Das Eigentum im innerstaatlichen Recht

1. Der Schutzbereich des verfassungsrechtlichen Eigentumsbegriffs (Eigentum i. S. Art. 14 GG)

Während das Eigentum i. S. § 903 BGB streng mit dem Begriff des dinglichen Privatrechts verknüpft ist, gilt der Schutz der Individualgarantie für alles, was (von der Erbrechtsgarantie abgesehen, soweit sie sich zugunsten des Erben auswirkt) *ganz oder überwiegend* auf eine eigenständige Leistung des einzelnen zurückgeht[1]. Damit unterfällt grundsätzlich alles dem subjektiven öffentlichen Recht auf Gewährleistung des Eigentums, was an vermögenswerten Herrschafts-, Nutzungs- und Verfügungsrechten denkbar ist, um so dem Staatsbürger einen Lebensraum zu sichern, in dem er eigenverantwortlich tätig werden und sein Leben gestalten kann, wie es auch Art. 2 GG postuliert und wie es allein der Würde des Menschen i. S. Art. 1 GG entspricht[2], womit allerdings noch nichts über den quantitativen Umfang ausgesagt ist, sondern nur über die *qualitative* Seite. Die *quantitativen* Fragen sind im Lichte der später zu behandelnden Sozialbindung zu betrachten. Dabei ist zu beachten, daß nie das Vermögen als solches, sondern immer nur die einzelnen vermögenswerten Rechte geschützt sind[3]. Ersteres würde auch gar nicht dem eingangs angeführten materiellen Kriterium genügen. Dies ist aber scharf zu trennen von der noch zu behandelnden Frage, ob die aus dem Eigentum fließenden Rechte in eine Vielzahl von Einzelbefugnisse aufzufächern oder als Ganzheit zu betrachten sind.

1.1 Ausdehnung auf alle vermögenswerten Rechte

Daß dieser Schutz der Vermögenssphäre nicht auf die dinglichen Rechte beschränkt bleiben kann, wurde frühzeitig erkannt. So hat schon die Frankfurter Reichsverfassung vom 28. März 1849 in Absatz 3 des § 169 die Forderung aufgestellt, daß auch das geistige Eigentum

---

[1] Statt vieler vgl. *Hamann / Lenz*, Kommentar zum GG, 3. Aufl., B 1 b zu Art. 14; *Maunz / Dürig / Herzog* (A, FN 12), Rdnr. 30 und 32 zu Art. 14; *Leisner* (A, FN 1), 84.

[2] Vgl. *Carlo Schmid* (A, FN 9), 78; BVerfGE 24, 389, 396, 400; E 31, 239.

[3] Vgl. BVerfGE 4, 8; E 27, 343.

1. Schutzbereich des verfassungsrechtlichen Eigentumsbegriffs

geschützt werden solle[4]. Das Recht am eingerichteten und ausgeübten Gewerbebetrieb wird seit RGZ 58, 29 als von der Eigentumsgarantie mit umfaßt angesehen. Unter der Geltung des Art. 153 WRV konnte an dem weiten Schutzbereich der Eigentumsgarantie als Individualgarantie kein Zweifel mehr bestehen[5]. Die Forderung der Frankfurter Reichsverfassung ist längst gesicherte Rechtsprechung[6]. Die entscheidende und prägnanteste Formulierung hat wohl nach wie vor der BGH in dem berühmten Beschluß vom 9./10. 6. 52 getroffen, wonach in einer Zeit, in der die staatliche Enteignung nach dem ganzen Vermögen der Bürger greife, notwendiger- und konsequenterweise jedes einzelne vermögenswerte Recht auch von der Eigentumsgarantie geschützt sein müsse[7]. Am Rande sei vermerkt, daß diese Formulierung bei logischer Durchleuchtung in gewissem Sinne pleonastisch klingt, weil die Enteignung schon rein begrifflich Eigentum voraussetzt, dieses also erst bejaht werden muß, *bevor* von Enteignung gesprochen werden kann. Dogmatisch ist es deshalb folgerichtiger, wenn man vom unbestritten weiten verfassungsrechtlichen Begriff des Eigentums ausgeht und daraus die Konsequenz zieht, daß alles Enteignung ist, sein muß, was den Schutzbereich dieses weiten Eigentumsbegriffs in (später noch näher zu erörternder) unzulässiger Weise tangiert.

1.2 Ausdehnung auch auf subjektiv-öffentliche Rechte

Mehr und mehr setzt sich die Ansicht durch, daß die Eigentumsgarantie nicht nur privatrechtliche Vermögensrechte umfaßt, sondern sich auch auf subjektive öffentliche Rechte erstrecken kann[8]. In diesem Zusammenhang ist die fast vorsichtig zu nennende Rechtsprechung des BVerfG besonders erwähnenswert. In seinem ersten hierzu ergangenen Urteil (zur Frage des Entzugs eines Kehrbezirks) hat das BVerfG unter

---

[4] Vgl. *Weber* (A, FN 15), 332; zum Gesamtkomplex des Umfanges der Individualgarantie vgl. auch jüngst *Maunz*, Das geistige Eigentum in verfassungsrechtlicher Sicht, GRUR 73, 107 ff. (108).

[5] Vgl. *Martin Wolff*, Reichsverfassung und Eigentum, in: Festgabe für Wilhelm Kahl (IV), 3 ff. (insbesondere 3 - 6).

[6] Zum vermögensrechtlichen Schutz des geistigen Eigentums vgl. jüngst BVerfGE 31, 229 ff. (238, 240 f.), E 31, 248 ff. (251), ergangen jeweils zum Urheberrecht, sowie E 36, 281 ff. (290 f.) zum Patentrecht.

[7] BGH NJW 52, 972 ff. (975) = BGHZ 6, 270 ff., hierzu vgl. *Pagenkopf*, Freiheit und Bindung des Eigentums, NJW 52, 1193 ff. (1194) sowie aus rechtssoziologischer Sicht, *Wipfelder*, Die grundrechtliche Eigentumsgarantie im sozialen Wandel, Festschrift für G. Küchenhoff, 747 ff. (756).

[8] Vgl. *Hamann / Lenz* (A, FN 24), B 1 c und *Maunz / Dürig / Herzog* (A, FN 12) Rdn. 33 ff. je zu Art. 14 mit jeweils weiteren Nachweisen und schon *R. Stödter*, Über den Enteignungsbegriff DÖV 53, 97 ff. (98) und 136 ff., sowie *Bogs*, Bestandsschutz für sozialrechtliche Begünstigungen als Verfassungsproblem, RdA 73, 26 ff.; vgl. auch *Scheuing*, Rechtsfragen beim Vollzug des Gemeinschaftsrechts im deutschen Recht, DÖV 75, 145 ff. (150, r. Sp.).

schlichtem Hinweis auf „die bisherige Lehre und Rechtsprechung"[9] die Zugehörigkeit subjektiver öffentlicher Rechte zum Eigentum i. S. Art. 14 GG abgelehnt. Eine durch Verwaltungsakt, also staatliche Verleihung erworbene Position, falle nicht mehr unter Art. 14 GG, denn das Grundgesetz habe das Eigentum nur in dem Umfang schützen wollen, wie es das *bürgerliche* Recht und die gesellschaftlichen Anschauungen geformt hätten[10]. Ein Beweis hierfür sei auch die Verbindung der Eigentumsgarantie mit der des Erbrechts[11]. Nachdem diese Tendenz bereits im zweiten Band „aufgeweicht" wurde durch ausdrückliches Dahinstehenlassen[12], ist im vierten Band (im Verhältnis zur o. a. Entscheidung im ersten Band) eine glatte Kehrtwendung vollzogen worden, die die Richtlinie für alle künftigen Entscheidungen zur Frage des Eigentums an subjektiven öffentlichen Rechten bildet. Hier wurde klar ausgesprochen, daß nicht alle vermögenswerten subjektiven öffentlichen Rechte Eigentum i. S. Art. 14 GG seien. Maßgebend sei allein, „ob im Einzelfall ein subjektives öffentliches Recht dem Inhaber eine Rechtsposition verschafft, die derjenigen eines Eigentümers entspricht"[13]. Dies läßt zwei Schlüsse zu: Einmal, daß das BVerfG grundsätzlich anerkennt, daß es vermögenswerte subjektive öffentliche Rechte geben kann, die unter den verfassungsrechtlichen Eigentumsbegriff fallen, da sonst die Eingrenzung „nicht alle" sinnlos wäre. Zum anderen, daß materielles Kriterium eine dem Eigentümer (im privatrechtlichen Sinne, so muß ergänzt werden) vergleichbare Rechtsposition sei. Dieses u. a. im fünfzehnten Band wiederholte Kriterium[14], wurde in einer Entscheidung zu den Versorgungsansprüchen der Berufssoldaten näher präzisiert. Bei der Frage, ob und inwieweit subjektive öffentliche Rechte dem verfassungsrechtlichen Eigentumsbegriff zuzuordnen seien, komme es nicht darauf an, ob die öffentlich-rechtlichen Ansprüche starke privatrechtliche Elemente enthielten. Entscheidend sei vielmehr eine Wertung der Rechtsposition, die so stark sein müsse, „daß es nach dem rechtsstaatlichen Gehalt des Grundgesetzes als ausgeschlossen erscheint, daß der Staat sie ersatzlos entziehen kann"[15]. Eine solche Rechtsposition ist nach ständiger Rechtsprechung des BVerfG z. B. bei Ansprüchen wie aus dem LAG nie gegeben, weil es dabei um Leistungen gehe, die der Staat seinen Bürgern in Erfüllung seiner Fürsorgepflicht durch Gesetze einräume[16]. Das subjektive öffentliche Recht kann nach BVerfG

---

[9] E 1, 277.
[10] E 1, 274 (Hervorhebung vom Verf.).
[11] E 2, 401.
[12] Vgl. E 2, 381 und 401.
[13] E 4, 219 (LS 3) und 240.
[14] E 15, 200.
[15] E 16, 111 und 112.
[16] E 2, 381; E 19, 370.

1. Schutzbereich des verfassungsrechtlichen Eigentumsbegriffs

vielmehr nur dann unter den Eigentumsschutz fallen, wenn es den konstituierenden Merkmalen des Eigentumsbegriffs entspricht, wobei entscheidend ist, ob das jeweils geltend gemachte Recht im wesentlichen ein „Äquivalent eigener Leistung ist oder auf staatlicher Gewährung beruht"[17].

Diese Rechtsprechung hat jüngst eine deutliche Kritik erfahren, die um so mehr berechtigt ist, als, wie noch zu zeigen ist, ihr Kerngedanke in der Rechtsprechung des BVerfG selbst liegt. Die Bundesverfassungsrichterin *Rupp-von Brünneck* hat anläßlich einer Entscheidung zum Lastenausgleich, in der das BVerfG Art. 14 GG unter schlichter Berufung auf die o. a. Kriterien als nicht verletzt ansah[18], ihre diese Entscheidung mißbilligende Ansicht im wesentlichen wie folgt begründet: Die bisher vom BVerfG vorgenommene strenge Trennung des privaten und des öffentlichen Rechts sei durch die Rechtsentwicklung überholt. Der Eigentumsschutz als Teil des Freiheitsschutzes müsse sich auch auf die öffentlich-rechtlichen Berechtigungen erstrecken, auf die der Bürger in seiner wirtschaftlichen Existenz zunehmend angewiesen sei[19]. Dieser Ansicht ist über den konkreten Fall hinaus grundsätzlich beizupflichten[20]. Es ist nicht zu übersehen, daß das BVerfG sich in gewisser Weise selbst aufhebt, wenn es, wie oben dargestellt, die Rechtsposition des Betreffenden einerseits danach beurteilt, ob der Entzug einer Leistung rechtsstaatlich vertretbar ist, andererseits auf die eigene Leistung abstellt. Dies insbesondere im Hinblick auf die auch von *Rupp-von Brünneck* angesprochene ständige Rechtsprechung des BVerfG, daß der Eigentumsschutz sich mit Art. 2 GG teilweise überlagere[21], und letztlich ja auch mit Art. 1 GG. Nun wird zwar im Regelfall Art. 14 GG beim Entzug oder der Verweigerung öffentlicher Leistungen dann nicht tangiert sein, wenn kein eigenständiger Beitrag eine solche Leistung „erzwingt". Wenn aber im Einzelfall durch Entzug oder Nichtgewährung öffentlicher Leistungen die Bereiche der Art. 1 und 2 GG in *unerträglicher* Weise berührt sind, dann muß vom Kriterium der eigenen Leistung Abstand genommen werden. Im übrigen zeigt gerade die vom BVerfG angedeutete Verbindung der Eigentumsgarantie mit der Erbrechtsgarantie, daß der Gesetzgeber selbst ja auch nicht immer auf die eigene Leistung abstellt[22]. Dies jedenfalls bezüglich des Erben, zu dessen Gunsten die Erbrechtsgarantie ebenso gilt wie

---
[17] E 24, 225 und 226; E 31, 189.
[18] E 32, 111 ff. (128).
[19] E 32, 141 ff. (142).
[20] Bedauerlich ist, daß das BVerfG sich mit diesen Argumenten in der späteren Entscheidung E 32, 249 ff. nicht einmal auseinandergesetzt hat, sondern die Entscheidung einfach unter Hinweis auf E 32, 111 ff. traf (254).
[21] Vgl. FN 1 u. 2.
[22] Vgl. *Maunz / Dürig / Herzog* (A, FN 12) Rdnr. 37 zu Art. 14.

zugunsten des Erblassers. Mit der hier aufgezeigten Einschränkung ist deshalb der abweichenden Meinung *Rupp-von Brünnecks* zu folgen. Das BVerfG könnte diese Korrektur im übrigen aus seiner eigenen Rechtsprechung durch stärkere Betonung des Rechtsstaatsprinzips bei der Wertung der Rechtsposition vornehmen. Hier liegt die Brücke zur Kritik *Rupp-von Brünnecks,* die mit der aufgezeigten Begrenzung zu Recht erging.

1.3 Abgrenzung von Art. 12 zu Art. 14 GG

Zur Klarstellung des Umfanges der Individualgarantie ist noch kurz die Abgrenzung zur Garantie des Art. 12 GG erforderlich. Hierzu kann auf die voll zu billigende Rechtsprechung des BVerfG verwiesen werden. Die bedeutsamste Entscheidung in diesem Zusamenhang ist die zur Frage der Auferlegung von Bevorratungsverpflichtungen ergangene. Das BVerfG hat hier als Kriterium aufgestellt, daß das Grundrecht der Berufsfreiheit primär persönlichkeitsbezogen und vor allem zukunftsgerichtet sei, während die Gewährleistungsfunktion des Art. 14 mehr objektbezogen sei und auf die jeweils gegenwärtige Situation abstelle. Daraus ergebe sich als grundsätzliche Abgrenzung, daß Art. 14 GG das Erworbene, das Ergebnis der Betätigung schütze, Art. 12 GG dagegen den Erwerb und die Betätigung[23]. Das Problem wird vor allem dort akut, wo die Betätigung ohne Ausnutzung des Erworbenen gar nicht denkbar ist, wo also bei einem Eingriff beide Grundrechtsbereiche getroffen werden. Dies ist vom BVerfG nicht übersehen worden, und es hat auch insoweit eine im wesentlichen billigenswerte Abgrenzungsformel entwickelt. Danach ist entscheidend, auf welchen Bereich der Eingriff schwerpunktmäßig abzielt oder trifft[24]. Wird also mehr die Erwerbstätigkeit als solche betroffen, greift Art. 12 GG ein, ist es dagegen mehr der Besitz und die Ausnutzung vorhandener Vermögensgüter, so ist der Schutzbereich des Art. 14 GG berührt[25]. Geht es also

---

[23] E 30, 334 f. (335).

[24] Allerdings ist hier mit *Leisner,* Eigentümer als Beruf, JZ 72, 33 ff. eine Korrektur an der grundsätzlichen Trennung der Eigentums- und Berufsfreiheit durch das BVerfG in dem „Grenzbereich" wirtschaftlicher Betätigung angebracht, in dem der Eigentümer „nichts anderes" tut, als sein Eigentum erhaltend und vermehrend zu verwalten. Es handelt sich insoweit zwar um einen — in Anlehnung an die Terminologie des Bürgerlichen Rechts vom atypischen Vertrag — atypischen Beruf, der aber nichts destoweniger Berufsausübung i. S. Art. 12 GG darstellt, womit sowohl Art. 12 GG als auch Art. 14 GG im Raume stehen. Im Ergebnis kann jedoch dieses Problem hier dahinstehen, da Einigkeit darüber herrscht, daß Art. 14 GG beim „berufsmäßigen" Eigentümer auf jeden Fall bei Eingriffsmaßnahmen tangiert wird. Zur Abgrenzung von Art. 12 zu Art. 14 GG vgl. auch *Leisner,* Verfassungsrechtlicher Eigentumsschutz der Anwaltspraxis NJW 74, 478 ff. (482 f.); vgl. auch BVerwG NJW 74, 2065 ff. (2067).

[25] E 30, 335.

2. Die Befugnis aus dem Eigentum: einheitlich oder auffächerbar? 25

z. B. darum, daß bestimmte Erwerbschancen und Verdienstmöglichkeiten beschränkt werden, so ist dieser Eingriff nicht an Art. 14 GG, sondern an Art. 12 GG zu messen[26].

2. Die Befugnis aus dem Eigentum:
Ein einheitliches Recht oder ein auffächerbares Befugnisbündel?

Wie bereits oben[27] angeführt, ist die Tatsache, daß nie das Vermögen als solches dem Eigentumsschutz unterliegt, sondern dieser sich immer nur auf einzelne vermögenswerte Rechte erstrecken kann, scharf zu trennen von der hier zu erörternden Frage, ob die aus dem Eigentum fließenden Rechte jeweils nur als Einzelrecht unter Trennung von der hier zu erörternden Frage, ob die aus dem Eigentum fließenden Rechte jeweils nur als Einzelrechte unter Trennung von der Gesamtsituation des Eigentümers zu sehen sind, oder aber ob die Einzelbefugnis stets als Teil des Ganzen zu betrachten ist, das einheitliche Recht also im Vordergrund steht. Es ist eine Sache festzustellen, *was* nach den von Lehre und Rechtsprechung entwickelten Kriterien als Eigentum anzusehen, was „eigentumsfähig" ist[28]. Es ist eine andere Sache, *wie* dieses unter den Begriff des Eigentums fallende vermögenswerte Recht genutzt werden kann und wie diese Nutzung, diese Befugnis, zu verstehen ist. Wenn wie oben[29] das Eigentum als Rechtsstellung, und zwar als die umfassendste Rechtsstellung des Sachenrechts, gesehen wird, dessen Zweck nicht näher konkretisierbar ist, weil es sich in der Beziehung zum Eigentümer erschöpft, dann ist die Antwort eindeutig. Aus dem Eigentum als wertfreiem Zuordnungsbegriff, aus der Tatsache, daß das Eigentum eine Rechtsstellung bezeichnet, folgt, daß das Recht aus dem Eigentum generell nur ein einheitliches sein kann, nämlich in der umfassendsten Weise das Schicksal des Eigentums zu bestimmen, wie es auch in § 903 BGB zum Ausdruck kommt. Und diese Rechtsstellung des Eigentümers ist eine — jedenfalls in ihrem Wertkern — unverrückbare, ganzheitliche Stellung. Entsprechend kann das aus dem Eigentum fließende Recht nur einheitlich sein. Daran ändert es nichts, daß sich die Ausübung dieses Rechts verschiedenartig äußern kann, daß im Laufe der Zeit bestimmte Ausübungsarten obsolet, andere neu entdeckt werden. Hier liegt eine enge Verknüpfung mit der Neuzuordnung von vermögenswerten Rechten zum

---
[26] E 30, 335; E 31, 32.
[27] Vgl. O. vor 1.1.
[28] Vgl. *Leisner* (A, FN 5), 196 (dort auch zur Bündelungstheorie) sowie S. 81.
[29] s. o. A 3.1.

Eigentum vor. So wie aber das Eigentum als solches unwandelbar feststeht, lediglich die einzelnen ihm zugehörigen vermögenswerten Rechte sich ändern können im Gefolge der gesellschaftlichen Anschauungen (man denke etwa an Rechte wie die Aktie, die nicht von jeher als selbstverständlich dem Eigentumsrecht zugeordnet war), so steht auch die Rechtsstellung des Eigentümers als umfassendstes Verfügungsrecht unverrückbar und unteilbar fest. Hiervon scharf zu trennen sind die Fragen des Habens und Ausnützendürfens beim Eigentum, die im Zusammenhang mit der Sozialbindung bzw. der Enteignung zu sehen und zu erörtern sind. Deshalb ist auch der Versuch, diese Probleme dadurch zu entschärfen, daß man immer nur von einer einzelnen Rechtsausübungsart her argumentiert, methodisch unzulässig. Die später noch im einzelnen zu erörternde Abgrenzung Sozialbildung und Enteignung ist nicht danach vorzunehmen, ob bestimmte, mehr oder weniger zeitbedingte, Einzelbefugnisse (zulässig oder unzulässig, zumutbar oder unzumutbar) eingegrenzt werden, sondern danach, ob der betreffende Eigentümer *in seiner Rechtsstellung als Eigentümer* getroffen wird. Dies bedeutet natürlich umgekehrt, daß auch der totale Wegfall einer bestimmten, aus dem Eigentum abgeleiteten Einzelbefugnis nicht gleichbedeutend mit Enteignung sein kann. Es kommt immer auf die Art der Befugnis im Verhältnis zur Gesamtrechtsstellung an[30]. Es ist deshalb stets eine Gesamtschau vorzunehmen. Das folgt zwingend aus der einheitlich zu betrachtenden Rechtsstellung des Eigentümers, aus dem einheitlichen Eigentumsrecht. Die Bündelungstheorie ist deshalb abzulehnen als unvereinbar mit dem Wesen des Eigentums.

3. Inhaltsbestimmung und Sozialbindung des Eigentums (Art. 14 Abs. 1 Satz 2 und Abs. 2 GG)

3.1 Der Eigentumsbegriff

Der Begriff des Eigentums, das Eigentum als Rechtsstellung, ist in seinem Kern qualitativ unveränderlich. Es steht ein für allemal fest. Veränderlich, einschränkbar (nur das ist im Grunde problematisch), ist dagegen die Art der aus dem Begriff des Eigentums resultierenden Befugnisse, sind Möglichkeiten und jeweilige Tragweite der Ausübung der Eigentümerstellung generell. Dabei kann die Veränderung oder Einschränkung der Nutzungsmöglichkeiten sowohl darin liegen, daß das Spektrum der Möglichkeiten durch schlichten Wegfall etc. bestimmter Nutzungsarten begrenzt wird, als auch in der durch Gesetzesbefehl angeordneten Notwendigkeit der Duldung bestimmter Ein-

---
[30] Vgl. *Leisner* (A, FN 5), 201.

3. Inhaltsbestimmung und Sozialbindung des Eigentums

wirkungen auf das Eigentum. Immer aber ist scharf zu trennen zwischen der „Konstanten", dem Eigentum als solchem, und der „Variablen", seinen Rechtsfolgen. Das Eigentum selbst ist keine variable Größe[31]. Veränderlich ist lediglich, was alles zum Eigentum zählt, was die Voraussetzungen des Eigentumsbegriffs erfüllt und demzufolge in den Schutzbereich der Individualgarantie fallen muß[32], außerdem, wie das Eigentum in der jeweiligen konkreten Situation genutzt werden kann.

Der Beweis für die Richtigkeit dieser begrifflichen Trennung ergibt sich bereits aus der auch von Art. 14 GG vorgenommenen Unterscheidung. Auf Art. 14 Abs. 1 Satz 1 GG folgt der neue und eigenständige Satz 2. Satz 1 sagt, *daß* das Eigentum gewährleistet wird. Satz 2 schließlich überläßt es dem Gesetzgeber zu regeln, mit welchem Inhalt und mit welchem Umfang das von Satz 1 gewährleistete Eigentum am Rechtsverkehr teilnehmen, durch den Rechtsinhaber verwertet werden kann. Weder Satz 1 aber, noch Satz 2, sagen, was dieses von der Verfassung mit vom Gesetzgeber bestimmbaren Inhalt und Grenzen garantierte Eigentum ist. Der Grundgesetzgeber hat den Begriff des Eigentums also nicht bestimmt, er hat ihn vielmehr vorausgesetzt[33]. Wenn aber eine Konstituante einen für die Wirtschafts-, Sozial- und Rechtsordnung so zentralen Begriff als gegeben voraussetzt, ihn nicht eigens definiert, dann kann das nur einen Sinn haben, wenn dieser Begriff als *unverrückbar* gegeben vorausgesetzt wird. Ansonsten wäre schon aus Gründen der Rechtsstaatlichkeit eine Definition des Eigentumsbegriffs erforderlich gewesen.

Die Tatsache, daß der Eigentumsbegriff vom Grundgesetz vorausgesetzt wird, bedeutet deshalb für Art. 14 Abs. 1 Satz 2, daß sich die dem Gesetzgeber vorbehaltene Schrankenbestimmung, die Setzung der „Grenzpfähle", nicht auf das Eigentum als solches beziehen kann. Ganz abgesehen davon, daß damit Art. 14 Abs. 1 wieder aufgehoben würde[34], ist es logisch nicht möglich, einem als unabänderlich vorausgesetzten Begriff Schranken zu setzen. Nicht das Eigentum selbst kann beschränkt werden, sondern lediglich die sich aus dem Eigentum ergebende Rechtsstellung, die Art und Weise der Eigentumsnutzung[35].

So verstanden ist Art. 14 Abs. 1 Satz 2 GG ebensowenig wie Art. 14 Abs. 2 GG ein Novum und ist grundsätzlich von diesen Bestimmungen

---

[31] Vgl. *Leisner* (A, FN 5), 46 f.
[32] Vgl. oben 2.
[33] Vgl. hierzu jüngst BVerfG E 36, 290.
[34] Vgl. *M. Wolff* (Fn 5), 7.
[35] Aus diesen Gründen muß i. Vbdg. mit der vorgenannten Entscheidung des BVerfG (FN 33) die Formulierung in E 20, 351, 355 zurückgewiesen werden, wo es heißt, daß es keinen absoluten Begriff des Eigentums gebe. Dasselbe gilt für BVerfGE 31, 240.

nichts zu befürchten. Denn das Eigentum ist unantastbar. Der Eigentumsbegriff kann mit diesen Bestimmungen nicht aus den Angeln gehoben werden. Ihnen ist keine qualitative Änderungsmöglichkeit inhärent. Ihre Bedeutung ist rein quantitativer Art. Sie reichen nicht bis zum Kern der Eigentumsordnung, dem Eigentumsbegriff, vor. In dieser quantitativen Sicht aber bedeuten Art. 14 Abs. 1 Satz 2, wie gesagt, nichts Neues. Der Eigentümer konnte seine Rechtsstellung nie schrankenlos nützen[36]. Diese Schrankenlosigkeit der Ausübung ist deshalb auch dem Eigentumsbegriff nicht wesensimmanent, womit aber nicht gesagt sein soll, daß nun ein „Umkehrschluß" dazu zwinge, daß dann eben die Beschränkbarkeit oder gar Beschränktheit ihrerseits dem Eigentum wesensimmanent sei[37]. Dies kann auf Grund der hier vorgenommenen und erforderlichen Trennung des Eigentums als solchem und der Folgen, die sich aus der vom Eigentum begründeten Rechtsstellung ergeben, nicht der Fall sein. Die Beschränkbarkeit und die daraus resultierende Beschränktheit ist dem Eigentumsbegriff *nicht inhärent*, sie ist ihm *vielmehr* „beigesellt"[38], also deutlich von ihm unterschieden und getrennt.

Ähnlich zu beurteilen ist die Beschränkbarkeit der Ausschließungsfunktion des Eigentümers[39]. Diese auf die ausschließliche Innehabung und damit grundsätzlich mögliche Abwehr nach außen gerichtete Funktion charakterisiert die Rechtsstellung des Eigentümers. *Sie* ist dem Eigentum wesensimmanent. Nicht aber ist es die Beschränkbarkeit der Ausschließungsfunktion durch Statuierung von Duldungspflichten etc. Auch dies ist etwas, was dem von der Verfassung vorausgesetzten Eigentumsbegriff nicht automatisch innewohnt, sondern in jeweils verschiedenen Zeiten und verschiedenen Gesellschaftsordnungen in jeweils verschiedener Intensität ihm beigegeben wird. Dies folgt rein gesetzestechnisch schon aus der Existenz des Art. 14 Abs. 2 GG (und Gleiches gilt für die Beschränkbarkeit der aktiven Ausübung des Eigentums für Art. 14 Abs. 1 Satz 2 GG). Wenn der Gesetzgeber, und das ist doch wohl unbestritten, den Eigentumsbegriff voraussetzt und es nicht unternimmt, ihn näher zu definieren, dann wäre es völlig überflüssig gewesen, Art. 14 Abs. 2 GG (und ebenso Art. 14 Abs. 1 Satz 2) zu postulieren, wenn der Gesetzgeber von einem Eigentumsbegriff aus-

---
[36] Vgl. *M. Wolff* (FN 5), 10 ff.; *Schloßmann* (A, FN 16), 315 f., 324 ff. (327); *v. Lübtow* (A, FN 17), 491; *Weber* (A, FN 15), 333.
[37] Zur Kritik an dieser Ansicht vgl. auch *Leisner* (A, FN 5), 46 f.
[38] Vgl. hierzu schon — allerdings etwas unentschieden im Ergebnis — *M. Wolff* (FN 5), 10.
[39] Zur Ausschließungsfunktion des Eigentums vgl. *Leisner* (A, FN 5), 48; *Schloßmann* (A, FN 16), 338; *Wolff / Raiser* (A, FN 18), 178; sowie zu Recht primär auf die ausschließliche Innehabung abstellend, *Hamann / Lenz* (FN 1), 4bcc zu Art. 14.

3. Inhaltsbestimmung und Sozialbindung des Eigentums

gegangen wäre, dem die Beschränktheit in aktiver (Art. 14 Abs. 1 Satz 2 GG) und passiver (Art. 14 Abs. 2 GG) Hinsicht inhärent ist. Es hätte dann genügt, statt Art. 14 Abs. 1 und 2 GG in der geltenden Fassung, schlicht etwa wie folgt zu formulieren (wobei hier das Erbrecht einmal außer acht gelassen werden kann):

> Das Eigentum wird in seiner wesensmäßig und durch die Gesetze jeweils näher bestimmten Beschränktheit und in der ihm immanenten Sozialpflichtigkeit gewährleistet.

Art. 14 Abs. 1 und 2 GG lauten nun aber anders. Und man wird dem Verfassungsgeber nicht unterstellen können, daß die geltende Fassung aus reiner Formulierungslust in Kenntnis des nur deklaratorischen Charakters entstanden ist. Art. 14 Abs. 1 Satz 2 und Abs. 2 GG *mußten* vielmehr (wie vorher ähnlich Art. 153 Abs. 1 Satz 2 und Abs. 3 WRV) statuiert werden. Dies, um klarzustellen, daß der Eigentümer nicht schrankenlos seine Rechte geltend machen darf etc., nachdem dieses (aber dem Eigentumsbegriff eben nicht wesensimmanente) Selbstverständnis von der dem Gesamtwohl verpflichteten *Ausübung* des Eigentumsrechts mit dem Untergang des Liberalismus aus dem gedanklichen Gemeingut verschwunden war[40].

Die Crux des die Eigentumsdiskussion fast wie ein roter Faden durchziehenden Mißverständnisses von der wesensmäßigen Beschränktheit des Eigentumsbegriffs scheint in der allenthalben wechselseitigen und synonymen Verwendung der Begriffe Eigentum und Eigentumsordnung zu liegen. Offenbar werden diese beiden Begriffe für beliebig austauschbar gehalten. Dies aber ist falsch und unzulässig. Die Eigentumsordnung, die von Art. 14 Abs. 1 Satz 2 und Abs. 2 GG ausgehend gestaltet wird, muß sich notwendig mit veränderten sozialen Verhältnissen auch ändern. Diese Änderung macht aber das Eigentum selbst nicht mit. Es ist unwandelbar. Nur eines wäre möglich, es abzuschaffen, oder aber es zu ersticken durch entsprechende Gestaltung der Eigentumsordnung, was aber unter der Geltung von Art. 14 Abs. 1 Satz 1 GG beides unmöglich ist. Eigentum und Eigentumsordnung sind somit zwei verschiedene Begriffe, mit unterschiedlichen Aussagen und unterschiedlicher Funktion. Deshalb können die Begriffe nicht synonym verwandt werden. Es ist somit falsch, wenn z. B. *Erman / Westermann* sagen, Begriff *und* Umfang des Eigentumsrechts unterlägen dem Wandel der Zeiten[41]. Der Umfang, soweit es die Änderung betrifft, ja, der

---

[40] Vgl. *Weber* (A, FN 15), 333 sowie *Riegel* (A, FN 2), 413.
[41] *Erman / Westermann* (A, FN 17), vor § 903; in geradezu klassischer Weise ist jüngst bei *Sontis*, Strukturelle Betrachtungen zum Eigentumsbegriff, Festschrift für Larenz, 981 ff. (981) zu lesen „vom Problem der Wandlungen des Eigentumsbegriffs oder (sic!) der Eigentumsordnungen ...". Diese Begriffe sind aber nicht synonym. Mittelbar gesteht *Sontis* dies wohl ein, wenn

Begriff aber nicht. Dabei ist auch die Berufung auf BGH 6, 279[42] unzutreffend. Der BGH hat in dieser Grundsatzentscheidung nur gesagt, daß der Inhalt des Eigentums nicht starr, sondern geschichtlich wandelbar sei, insbesondere im Hinblick auf das Maß der sozialen Bindung[43]. Damit hat der BGH aber nur Art. 14 Abs. 1 Satz 2 und Abs. 2 GG wiederholt, also die wandelbare Eigentumsordnung angesprochen. Er hat jedoch jedenfalls in diesem Grundsatzbeschluß nicht gesagt, daß der Eigentumsbegriff selbst wandelbar sei. Gerade der bei *Erman / Westermann* in der Fußnote zitierte Art. 644 SchZGB hätte vor diesem Irrtum bewahren müssen. Dort heißt es nämlich sehr klar, daß der Eigentümer einer Sache in den Schranken der Rechtsordnung über sie verfügen könne. Auch hier wird also das Eigentum vorausgesetzt und die (wandelbaren) Schranken der Rechtsordnung werden nur auf das „Verfügen" bezogen. Nicht richtig sind auch die Ausführungen *Pagenkopfs* in seiner Rezension der vorgenannten Entscheidung des BGH, wenn er schreibt, daß „der Eigentumsbegriff nicht unverrückbar feststeht, sondern sich sein Inhalt aus den jeweiligen politischen Anschauungen über die Rechtsstellung der Einzelperson im Verhältnis zur Allgemeinheit ergibt"[44]. Hier wurden die diesbezüglichen Äußerungen des BGH ebenso mißverstanden wie von *Erman / Westermann*. Allerdings hat der BGH sich jüngst in seiner Entscheidung vom 25. 1. 73[45] zumindest mißverständlich und i. S. *Pagenkopfs* interpretierbar ausgedrückt, wenn er sagt, „daß die Grenzen der sozialen Bindung und damit die Grenzen zwischen enteignenden Eingriffen und solchen, die lediglich Beschränkungen des Eigentums bedeuten, nicht unveränderlich festliegen, sondern entsprechend der wirtschaftlichen und technischen Entwicklung sich ändern können und ändern". Wenn der BGH hiermit gemeint haben sollte, daß die Grenze zwischen Sozialbindung und Enteignung beliebig verrückbar ist, so muß dem aufs Schärfste entgegengetreten werden. Es wird immer Situationen und Zeiten geben, die neue *Formen* der

---

er an anderer Stelle (ebd., 996) sagt, „daß es der Eigentumsbegriff ist, der durch die Wandlungen der Eigentumsverfassung eine Änderung erfahren hat". Dem kann allerdings aus den obigen Gründen nicht gefolgt werden.

Das Gleiche gilt für *Sendlers* Zum Wandel der Auffassung vom Eigentum, DÖV 74, 73 ff. (74 f.). Gewandelt hat sich und wandelbar ist allein die Eigentumsordnung. Wenn diese sich ändert, insbesondere im Hinblick auf Art. 14 Abs. 1 Satz 2 GG, dann ändern sich die Verfügungsmöglichkeiten *über* das Eigentum, nicht aber das Eigentum selbst (a. A. *Sendler*, ebd., 80).

[42] Abgedruckt in NJW 52, 972 ff.

[43] BGH NJW 52, 972 (r. Sp. unten).

[44] *Pagekopf* (FN 7), 1193; ähnlich auch *Schwerdtfeger*, Unternehmerische Mitbestimmung der Arbeitnehmer und Grundgesetz, 229 ff., 237 ff., der gar von verschiedenen Eigentumstypen spricht, womit sich die Eigentumsgarantie beliebig unterlaufen ließe. Gegen diese Auflösung des Eigentumsbegriffs und wie hier von einem einheitlichen Eigentumsbegriff ausgehend *Pernthaler*, NJW 74, 450 (r. Sp.).

[45] NJW 73, 628 ff. (629).

3. Inhaltsbestimmung und Sozialbindung des Eigentums

Sozialbindung bedingen, aber diese müssen sich alle qualitativ als Sozialbindung auch darstellen[46]. Im übrigen ist dies mit der Unverrückbarkeit des Eigentumsbegriffs, der einen ebenso unverrückbaren Enteignungsbegriff bedingt, unvereinbar[47]. Richtig und falsch zugleich sind auch *Wolff / Raiser*. Sie sagen einerseits, daß das *Ausmaß* der Freiheit des Eigentümers, mit der Sache nach Belieben zu verfahren, nicht aus dem Begriff des Eigentums zu entnehmen sei (dies stimmt überein mit der hier vertretenen Auffassung), sondern aus der Gesamtrechtsordnung (was gleichbedeutend mit dem hier gebrauchten Begriff der Eigentumsordnung ist). Andererseits bezeichnen sie diese Beschränkungen, die sich — wie sie ja einen Satz vorher selbst betonen — *nicht* aus dem Eigentumsbegriff ergeben, als dem Eigentum immanent[48]. Dies beleuchtet in geradezu klassischer Weise die zu beanstandende Begriffsunklarheit. Die Eigentumsordnung und die von ihr gezogenen Schranken der Ausübung des Eigentumsrechts sind, wie oben aufgezeigt, dem Eigentum selbst eben nicht immanent. Es geht deshalb auch nicht an, wie *von Lübtow* es tut, den Eigentumsbegriff in ein individualistisches und ein soziales Element aufzuspalten und nun die Beschränktheit des Eigentumsbegriffs über das soziale Teilelement zu begründen[49]. Allerdings ist hier die Brücke zur richtigen Lösung aufgezeigt. Wenn man nämlich wie hier[50] eine Aufspaltung des Eigentumsbegriffs in Einzelbefugnisse ablehnt, muß man auch eine Aufspaltung in verschiedene Elemente ablehnen. Was *von Lübtow* meint — wie auch alle anderen hier angeführten Autoren — mit seinem sozialen Element, ist im Grunde nichts anderes als die vom Gesetzgeber näher zu bestimmende Sozialbindung des Eigentums bei dessen Gebrauch (vgl. Art. 14 Abs. 2 Satz 2 GG), sowie die Schranken des Gebrauchs. Nur, daß dies alles dem Eigentumsbegriff immanent sein soll, ist aus den vorgenannten Gründen abzulehnen. Worum es geht bei der erforderlichen Trennung zwischen dem unabänderlichen Eigentumsbegriff einerseits und der jeweils näher zu konkretisierenden und konkretisierungsbedürftigen Eigentumsordnung andererseits, hat das BVerfG mehrfach dargelegt. Art. 14 Abs. 2 (und im Grunde auch schon Art. 14 Abs. 1 Satz 2 GG)[51] bedeutet nicht primär eine Anweisung für das konkrete Verhalten des Eigentümers, sondern in erster Linie eine Richtschnur für den Gesetzgeber, bei der Regelung des Eigentumsinhalts das Wohl der Allgemeinheit zu beachten. Es liegt hierin die Absage an eine Eigentumsordnung, in der das Individualinteresse den unbedingten Vorrang

---

[46] Vgl. hierzu unten 3.3.2 am Ende.
[47] Hierzu s. u. 3.4.1.
[48] *Wolff / Raiser* (A, FN 17), 174.
[49] *von Lübtow* (A, FN 16), 491.
[50] s. o. 2.
[51] Zum Verhältnis von Art. 14 Abs. 1 Satz 2. zu Abs. 2 GG vgl. unten 3.3.1.

vor dem Interesse der Gemeinschaft hat[52]. Der einzelne muß sich eben nach dem „Menschenbild des Grundgesetzes", das „nicht das eines isolierten, souveränen Individuums" ist, „diejenigen Schranken seiner Handlungsfreiheit gefallenlassen, die der Gesetzgeber zur Pflege und Förderung des sozialen Zusammenlebens in den Grenzen des bei dem gegebenen Sachverhalt allgemein Zumutbaren zieht, vorausgesetzt, daß dabei die Eigenständigkeit der Person gewahrt bleibt"[53]. Das ist die soziale Komponente *von Lübtows*, die aber nicht dem Eigentumsbegriff inhärent ist, sondern die, wie das BVerfG sagt, vom Gesetzgeber im Hinblick auf die Wertentscheidung des Grundgesetzgebers zu bestimmen, dem Eigentumsbegriff und dem Eigentümer *beizugeben* ist[54]. Dies folgt allein schon daraus, daß — wie vom BVerfG zu Recht betont — Art. 14 Abs. 1 Satz 2 und Art. 14 Abs. 2 in erster Linie sich an den Gesetzgeber wenden. Dieser muß bei der Ausübung der Eigentümerstellung dafür Sorge tragen, daß das Gemeinwohl beachtet wird. Das „Vehikel" hierzu ist die Eigentumsordnung.

3.2 Das Haben und das Ausnützendürfen

Das führt konsequent zu der Unterscheidung zwischen dem *Haben* des Eigentums einerseits *und* seinem *Ausnützen-Dürfen*. Im Rahmen dieser Unterscheidung kann nun *von Lübtows* Trennung zwischen einem individualistischen und sozialen Element sinnvoll verwendet werden, allerdings mit folgender, aus terminologischen und sachlichen Gründen gebotener Einschränkung. Die beiden „Elemente" dürfen nicht als Teile des einheitlichen und unveränderlichen Eigentumsbegriffs gesehen werden, sondern als Exemplifizierung dessen, was mit der Unterscheidung zwischen Haben und Ausnützen-Dürfen gemeint ist. Das Ausnützen-Dürfen ist im Rahmen der Sozialordnung als Konkretisierung der Wertentscheidung des Grundgesetzes zu sehen. Es hat nichts mit der Bündelungstheorie gemeinsam, weil klargestellt ist, daß der Zweck des Eigentums in seiner Zugehörigkeit zum Eigentümer als Rechtsstellungsfunktion liegt, und der Begriff des Eigentums ein notwendig einheitlicher ist, der selbst nicht einschränkbar, dem die soziale Komponente nicht wesensimmanent ist. Daß die Nutzungsmöglichkeiten

---

[52] BVerfGE 21, 83.
[53] BVerfGE 30, 20 unter Verweisung auf E 4, 15 f.
[54] Vgl. o. 3.1, sowie *Badura* (FN 7), 1 u. 2, der zu Recht darauf hinweist, daß sich erst gegen Ende des letzten Jahrhunderts die Frage stellte, wie weit aus Gründen sozialer Gerechtigkeit das Eigentum beschränkt werden müsse, und daß erst die Weimarer Reichsverfassung „die Eigentumsgarantie um die ausdrückliche Festlegung der Sozialbindung des Eigentums erweitert„ hat. Erst dann also hat man dem an sich unbeschränkten Eigentumsbegriff die Beschränkungen „beigegeben", wie sie heute dem GG selbstverständlich sind, was aber nichts mit Wesensimmanenz zu tun hat.

3. Inhaltsbestimmung und Sozialbindung des Eigentums

der Eigentümerstellung veränderbar und beschränkbar sind, ja sein müssen im Hinblick auf das Eingebettetsein des Individuums in die Gemeinschaft, wurde nie bestritten und ist auch nicht bestreitbar. Die Veränderung der Sozialstrukturen und damit der Anforderungen an den Staat haben es dabei mit sich gebracht, daß die Probleme des „Habens" fast völlig hinter denen des „Ausnützen-Dürfens" verschwinden[55] (was die Begriffsunklarheit zwischen Eigentum und Eigentumsordnung mit vermehrt haben mag). Art. 14 Abs. 1 Satz 2 und Abs. 2 GG beschäftigen sich deshalb auch ausschließlich damit[56], während das Haben des Eigentums notwendig in Art. 14 Abs. 1 Satz 1 GG mit angesprochen und garantiert wird insofern, als die Garantie des Eigentums ohne das „Haben" illusorisch wäre.

Auf Grund der im europarechtlichen Teil der Arbeit zu erörternden Art. 86 ff. EAGV ist in diesem Zusammenhang noch eine Abgrenzung zu der altrechtlichen Unterscheidung von *Ober- und Untereigentum* erforderlich.

Vor allem im früheren Lehensrecht bestand die Möglichkeit, daß das Haben des Eigentums und das Ausnützen-Dürfen vollkommen getrennt verschiedenen Personen zukam. Somit war die Stellung des auf das reine Haben beschränkten Eigentümers (den man materiell gesehen an sich fälschlich als Obereigentümer bezeichnete) ausschließlich passiv, die des Untereigentümers, dem das Ausnützen-Dürfen zustand, dagegen aktiv[57]. Der Untereigentümer hatte das inne, was man als wirtschaftliches Eigentum bezeichnen könnte, der Obereigentümer dagegen hatte nur noch eine materiell ausgehöhlte, im Grunde unbedeutende Rechtsstellung, ein nudum ius. Nun ist dieses Auseinanderfallen von Rechtsstellung und Ausübungsmöglichkeit, mit dem unsere gegenwärtige Eigentumsordnung zu Recht ein Ende gemacht hat, nach wie vor denkbar, insbesondere im öffentlichen Sachenrecht. Aber gerade das öffentliche Sachenrecht zeigt, daß unsere Eigentumsordnung das endgültige Auseinanderfallen von Haben und Ausnützen-Dürfen nicht will, daß hier vielmehr Art. 14 GG entgegensteht. Als Beispiel sei die besonders im Straßen- und Wegerecht stark hervortretende Überlagerung der privatrechtlichen Verfügungsbefugnis durch die öffentliche Zweckbindung genannt, die zu einem völligen Erliegen der privatrechtlichen Verfügungsbefugnis führen kann. Aber einmal zeigt gerade die Notwendigkeit der öffentlich-rechtlichen Zweckbindung, daß hier an sich gar keine Parallele zum Ober- und Untereigentum vorliegt, vielmehr die soziale Seite des Ausnützen-Dürfens bei ein- und demselben Eigentümer in Frage steht. Zum anderen hat der Gesetzgeber die hier vor-

---
[55] Vgl. *Hedemann* (A, FN 5), 7.
[56] Vgl. *Hamann / Lenz* (FN 1), 4 b dd zu Art. 14 GG.
[57] Vgl. allg. *Schloßmann* (A, FN 16), 380 ff.

liegende faktische Enteignungssituation erkannt und jeweils eine Regelung getroffen — die, wo sie noch fehlen sollte, im Hinblick auf Art. 14 Abs. 3 GG dann eben noch getroffen werden müßte —, die das Haben und das Ausnützen-Dürfen wieder vollkommen in einer Person vereinigt. So zieht z. B. Art. 13 Abs. 2 BayStrWG die Konsequenz aus Art. 6 und Art. 13 BayStrWG, indem hier dem Eigentümer die Möglichkeit zu einer angemessenen Entschädigung gegeben wird, sei es im Wege des Entgelts für den auf seinen Antrag vorzunehmenden Erwerb durch den Straßenbaulastträger, sei es im Wege der Enteignung[58]. Darüber hinaus ist festzuhalten, daß die Trennung in Ober- und Untereigentum schon aus folgendem Grund mit der Trennung Haben und Ausnützen-Dürfen im wesentlichen nichts gemeinsam hat, somit auch nicht verwechselt werden kann: Die Kategorien Haben und Ausnützen-Dürfen, so wie sie hier gebildet wurden, beziehen sich immer auf *einen* Rechtsträger, auf einen Eigentümer (was sich auch bei Miteigentümern nicht ändert, es tritt dann lediglich eine Beschränkung auf den Miteigentumsanteil ein). Die vom geltenden Recht grundsätzlich abgelehnten Kategorien Ober- und Untereigentum sind rein formal auf zwei Berechtigte, nämlich Ober- und Untereigentümer, bezogen. Die echten materiellen Probleme des Ausnützen-Dürfens, die sich aus Art. 14 Abs. 1 Satz 2 und Abs. 2 GG ergeben, sind damit nicht umgangen und auch nicht umgehbar. Sie stellen sich, zumindest theoretisch, bei jedem Berechtigten genauso — weit mehr natürlich beim Untereigentümer, der ja der allein Nutzungsberechtigte ist. Damit ist gleichzeitig dargetan, daß auf die Kategorien Ober- und Untereigentum zu Recht verzichtet werden kann und verzichtet worden ist, da ihnen im Lichte von Art. 14 GG gar keine Relevanz zukommt.

Im übrigen müßte die ständige Trennung von formaler Eigentümerstellung (Obereigentum) und wirtschaftlicher Eigentümerstellung (Untereigentum) mit dem geltenden Recht unvereinbar und daher als verfassungswidrig angesehen werden[59]. Dies gilt auch für die moderne Gefahr, die dem Eigentum durch die *Mitbestimmung* droht. Dabei soll hier nichts gegen die grundsätzliche Notwendigkeit der Mitbestimmung gesagt werden. Es wird lediglich die schlichte Feststellung getroffen, die sich zwangsläufig aus dem Vorhergesagten ergibt: die Mitbestimmung ist dort mit dem geltenden Recht nicht in Einklang zu bringen,

---

[58] Vgl. hierzu und insbesondere zur Problematik von Art. 13 Abs. 5 BayStrWG *Riegel*, Zur Frage der Verfassungsmäßigkeit von Art. 13 Abs. 5 BayStrWG, BayBgm. 1973, 36 f.; ders. (A, FN 2), 414 f.

[59] Dem steht die Trennung in diesem Sinne bei Sicherungseigentum etc. nicht entgegen, weil sie nur einen vorübergehenden, nicht auf Dauer angelegten Zustand darstellt; vgl. zu den Bedenken auch *Sontis* (FN 41), 982; sowie *Maunz*, Neue *Entwicklungen* im öffentlichen Bodenrecht, BayVBl. 73, 569 ff. (569); ders., *Bodenrecht* vor den Schranken des Grundgesetzes, DÖV 75, 1 ff. (1 f.) und *Riegel* (A, FN 2), 414 f.

3. Inhaltsbestimmung und Sozialbindung des Eigentums

wo sie einer Neueinführung der Kategorien Ober- und Untereigentum gleichkäme. An diesem Punkt müßten die grundsätzlich gerechtfertigten Bemühungen um eine betriebliche Mitbestimmung zum Bruch mit der Verfassung kommen. Das Montanmodell, bei dem Arbeitnehmer und Eigentümer in gleichem Verhältnis vertreten sind und ein neutrales Aufsichtsratsmitglied die entscheidende Stimme sein kann, stellt die äußerste Grenze dar[60].

Das Gleiche gilt für den Anfang 1974 vorgelegten Regierungsentwurf zur Mitbestimmung, wo die Grenze zur Enteignungssituation dadurch nicht überschritten wurde, daß bei Stimmengleichheit im paritätisch besetzten Aufsichtsrat der Hauptversammlung und damit den Eigentümern der Stichentscheid zukommt[61]. Der Hauptversammlung kommt damit dieselbe Rolle zu im Endeffekt wie dem neutralen Aufsichtsratsmitglied im Montanmodell. Dabei steht das Montanmodell, wo der Stichentscheid einem neutralen Mitglied zufällt, sogar näher an der Schwelle zur Enteignung als der Regierungsentwurf.

Es ist deshalb von vornherein allen Versuchen zu widerstehen, die Fragen der Mitbestimmung überhaupt aus dem Kontext des Art. 14 GG zu lösen, um somit die aufgezeigten Konsequenzen zu umgehen. Ähnliches gilt für die Lösungsversuche zu den Problemen des *Bodenrechts*. Hier müssen zweifellos die Möglichkeiten der Sozialbindung noch weiter ausgeschöpft werden als bisher, bzw. es müssen evtl. neue Formen der Sozialbindung gefunden werden. Eines aber geht nicht ohne Verstoß gegen das Grundgesetz: Die Einführung von Verfügungs- und Nutzungseigentum. Auch dies käme einer unzulässigen Neubegründung von Ober- und Untereigentum gleich, und stellt, wie noch zu zeigen ist, materiell einen Fall von Enteignung dar, läßt sich also nicht, wie es die Verfechter dieser Lösung wünschen, als entschädigungslose Sozialbindung betreiben. Die Verfügungsbefugnis ist untrennbar mit der Nutzungsbefugnis verbunden[62]. Letztere ist ja ein Unterfall der allgemeinen Verfügungsbefugnis und deren Verdrängung läßt sich „niemals als Eigentumsbindung rechtfertigen"[63]. Diese Ansicht wird voll

---

[60] Vgl. zur Frage der Montanmitbestimmung und Art. 14 GG *Kunze* (FN 4), 262 f. m. w. Nachw.; *Rittner* (FN 4), 384 zieht die Grenze offensichtlich weit früher, ohne allerdings sich zum Montanmodell zu äußern; im Entscheidenden besteht jedoch Übereinstimmung mit der hier vertretenen Auffassung; vgl. auch R. *Scholz* (FN 4), 94 f.

[61] Vgl. hierzu von den Presseartikeln *Biedenkopf*, Zwischen Utopie und Dilettantismus, Die Zeit v. 1. 3. 74, 6 f. sowie *Ballerstedt*, Unternehmensrechtliche Probleme des Entwurfs des Mitbestimmungsgesetzes ZRP 74, 290 ff. und R. *Scholz* (A, FN 4) passim sowie *Riegel* (A, FN 2), 417 ff. (418 f.).

[62] Vgl. *Weber* (A, FN 5), 319; *Riegel* (A, FN 2), 413 ff. sowie R. *Scholz* (A, FN 4), 77 ff., der allerdings von „Substanzeigentum" und „Funktionseigentum" spricht, womit jedoch nichts anderes gemeint ist als das hier verwendete Haben und Ausnutzendürfen.

bestätigt durch eine ganz bewußt und gezielt gewählte Formulierung des BVerfG zur Frage der Verfassungsmäßigkeit des Wohnraumkündigungsschutzgesetzes[64], denn in diesem Bereich geht es für jeden Vermieter und Mieter sehr fühlbar um die Frage von Nutzungs-(Problematik der Mieterhöhung) und Verfügungsbefugnis (Problematik des Kündigungsschutzes im engeren Sinn). Das BVerfG hat unter Hinweis auf seine frühere Rechtsprechung unmißverständlich ausgesprochen, daß sich das Privateigentum i. S. der Verfassung „in seinem rechtlichen Gehalt durch *Privatnützigkeit und grundsätzliche Verfügungsbefugnis über den Eigentumsgegenstand*" auszeichnet[65]. Das kann aber nicht anders verstanden werden als die hier vertretene Auffassung, daß Verfügungs- und Nutzungsbefugnis untrennbare Teile eines Ganzen, nämlich der Eigentumsgarantie, sind. Der gänzliche Wegfall der Verfügungsbefugnis stellt deshalb eine Enteignung dar, da die Nutzungsbefugnis allein nicht das Spezifikum der Eigentümerstellung i. S. Art. 14 GG ist.

Als Ergebnis ist deshalb festzuhalten, daß die Probleme des Ober- und Untereigentums nichts mit der hier getroffenen Unterscheidung von Haben und Ausnützen-Dürfen zu tun haben. Das Ausnützen-Dürfen ist vielmehr zu verstehen als der Rahmen, den der Gesetzgeber dem Eigentümer auf Grund Art. 14 Abs. 1 Satz 2 und Abs. 2 GG mit der Eigentumsordnung steckt, die eben das Eigentum im Wertsystem des Grundgesetzes ordnet, die die Verfügung über das Eigentum regelt. Somit gipfeln die Fragen des Ausnützen-Dürfens letztlich in dem Komplex der

3.3 Sozialbindung des Eigentums

3.3.1 *Grundlage: Art. 14 Abs. 2 und Abs. 1 Satz 2 GG*

Die Grundlage der Sozialbindung wird meist in Art. 14 Abs. 2 GG gesehen, während Art. 14 Abs. 1 Satz 2 GG allein auf Inhalt und Grenzen des Ausnützen-Dürfens bezogen sein soll[66]. Diese Unterscheidung ist jedoch im Ergebnis kaum klar durchzuhalten. Aus den vorhergehenden Ausführungen ergibt sich, daß sie der vorliegenden Arbeit nicht zugrunde gelegt wird. Das Ausnützen-Dürfen wird so gesehen,

---

[63] So mit Recht *Weber* (A, FN 5), 327; im Ergebnis ähnlich *Wipfelder* (A, FN 3), 760 f., allerdings (insofern konsequent) mit dem Vorschlag, daß Art. 14 GG de lege ferenda geändert werden muß, damit derartige Bestrebungen zulässig sind (aaO, 761). Hier wird jedenfalls das geltende Recht nicht unzulässig uminterpretiert; vgl. auch *Maunz* (FN 52, Entwicklungen), 569; *ders.* (FN 52, Bodenrecht), 2; vgl. auch *Rüfner* (A, FN 9), 594 (1. Sp.), der ebenfalls den Entzug der Verfügungsbefugnis (er spricht von Verfügungseigentum) als einen Fall entschädigungspflichtiger Enteignung ansieht.
[64] BVerfG, Beschl. v. 23. 4. 74, NJW 74, 1499 ff.
[65] BVerfG ebd., 1499 (r. Sp.).
[66] Vgl. statt vieler *Hamann / Lenz* (FN 1), 4 und 5 zu Art. 14.

wie es sich letztlich darstellt: als ein Teil des umfassenderen Begriffs der Sozialbindung. Diese hat ihre Rechtsgrundlage nicht allein in Art. 14 Abs. 2 GG, sondern auch und bereits in Art. 14 Abs. 1 Satz 2 GG. Es ist auch nicht einzusehen, weshalb Art. 14 Abs. 1 Satz 2 GG sich nur auf die Institutsgarantie, Art. 14 Abs. 2 GG und damit die Sozialbindung sich nur auf die Individualgarantie beziehen soll[67]. Dagegen spricht allein schon die enge Verknüpfung von Instituts- und Individualgarantie. Und beide Bestimmungen zielen auf die soziale Komponente des Eigentums ab, wie sie oben dargelegt wurde[68], so daß man im Ergebnis von einem einheitlichen „Sozialvorbehalt" des Art. 14 GG sprechen kann[69].

3.3.2 Definition der Sozialbindung?

Wie oben[70] schon ausgeführt, sieht das Grundgesetz den einzelnen nicht als isoliertes Individuum, sondern notwendig auch als Teil der Gemeinschaft. Der Mensch im Recht des Grundgesetzes steht somit in einem steten Spannungsverhältnis zwischen dem Recht auf individuelle Freiheit und der Pflicht zur Gemeinsamkeit, wobei allerdings im Zweifel die Vermutung für die Freiheit spricht. Allem voran steht die Achtung der Würde des einzelnen und die Garantie der freien Entfaltung der eigenen Persönlichkeit. Eigene freiheitlich-individuelle Betätigung muß jedoch dort ihre Grenze haben, wo die Freiheit der anderen bedroht ist. Diese „Generallinie" des Art. 2 GG findet sich für den wichtigsten Bereich der Sicherung des persönlichen Freiheitsraumes, der Eigentumsordnung, in Art. 14 GG wieder. Dem einzelnen wird das Eigentumsrecht garantiert. Ständiger Begleiter dieser Individualgarantie ist aber die Pflicht zur Berücksichtigung der Umwelt. So wie nichts die eigene Freiheit mehr sichern kann als das persönliche Eigentum, so ist andererseits wenig mehr geeignet, die Freiheit anderer zu bedrohen, als gerade die schrankenlose Ausnützung des Eigentums[71]. Der Gesetzgeber hat deshalb der Garantie des Art. 14 Abs. 1 Satz 1 GG die Grenzziehungsbefugnis und generelle Sozialpflichtigkeit des Eigentums beigegeben. Dies im Hinblick auf das Sozialstaatsprinzip, wonach dem Eigentümer „größere" Verantwortung der Gemeinschaft gegenüber und damit stärkere Beschränkung seiner freien Verfügungsmacht auferlegt wird als früher[72]. Der Privatnützigkeit des Eigentums wird sein sozialer Pflichtgehalt gegenübergestellt[73].

---
[67] So aber *Maunz / Dürig / Herzog* (A, FN 12) Rdnr. 31 zu Art. 14; vgl. aber ebd. Rdnr. 47, wo dies im auch hier vertretenen Sinne relativiert wird.
[68] s. o. vor 3.2.
[69] Vgl. *Leisner* (A, FN 5), 44.
[70] s. o. 3.1 am Ende.
[71] Vgl. *Gustav Radbruch,* Vom individualistischen zum sozialen Recht, in: Der Mensch im Recht, 2. Aufl., 37 f. (38).
[72] Vgl. BVerfGE 20, 361.

Dies alles will der Begriff der Sozialbindung zum Ausdruck bringen. Er umfaßt allgemein die Bindung des dem einzelnen zustehenden Eigentums in seinem weiten verfassungsrechtlichen Umfang an die Gemeinschaft[74]. Die theoretisch unbeschränkte Privatnützigkeit des Eigentums wird so in den unerläßlichen Bezug zur Gesellschaft integriert. Die Sozialbindung ist also mit den Worten *von Lübtows* umschreibbar als die soziale Achse im Koordinatensystem der Eigentumsordnung[75], deren andere Achse das Eigentumsrecht als solches darstellt. Daß diese Sozialbindung und alles was darunter zu verstehen ist, dem Eigentum *nicht wesensimmanent* ist, *sondern* vom Gesetzgeber beigegeben wird und, da sich Art. 14 Abs. 1 Satz 2 und Art. 14 Abs. 2 GG ja im Grunde primär an ihn, nicht an den Eigentümer wenden, *beizugeben ist,* wurde bereits im einzelnen dargelegt[76].

Mit der bisher vorgenommenen generellen Umschreibung dessen, was der Begriff Sozialbindung, der hier mit *Hamann / Lenz* i. S. von Gemeinschaftsbindung verstanden wird[77], allgemein beinhaltet, ist allerdings noch nichts darüber ausgesagt, welchen Bereich der Beschränkung der Privatnützigkeit die Sozialbindung umfaßt. Konkret gesprochen stellt sich das Problem unter dem Blickwinkel: wie ist der Begriff der Sozialbindung zu definieren und wie läßt sich die äußerste Grenze kennzeichnen. Wo liegt der Punkt, an dem Sozialbindung materiell gesehen in Enteignung umschlägt, auch wenn formell versucht werden sollte, als Sozialbindung hinzustellen, was Enteignung ist. Bei einem für unsere Rechts- und Gesellschaftsordnung so zentralen Begriff wie dem der Sozialbindung muß zumindest der Versuch einer positiven Definition unternommen werden. Sollte er scheitern, muß gesagt werden, weshalb. Es geht nicht an, sich von vornherein damit zu begnügen, Sozialbindung schlicht als das zu bezeichnen, was nicht Enteignung ist. Das wäre sehr bedenklich unter dem Gesichtspunkt der Rechtsstaatlichkeit. Einmal deshalb, weil sich damit eine beliebige Verschiebung der Sozialbindung problemlos bewerkstelligen ließe, denn die „Leerformel" würde nach wie vor passen. So könnte leicht auf „kaltem Wege" eine materielle Umschichtung erfolgen. Man deklariert als Sozialbindung, was bisher Enteignung war. Zum anderen, wenn schon der Versuch einer allgemein gültigen Definition mißlingen sollte, so muß es doch jedenfalls einige Kriterien geben, die ein Akt, der als Sozialbindung zu kennzeichnen ist, zu erfüllen hat. Das folgt allein schon daraus, daß die Sozialbindung ja auch — wie die Enteignung —

---

[73] Vgl. *Gustav Radbruch* (FN 71), 40, *Maunz* (A, FN 12), 176.
[74] Vgl. *M. Wolff* (FN 5), 10 ff.
[75] s. o. 3.1 am Ende und FN 49.
[76] s. o. 3.
[77] Vgl. *Hamann / Lenz* (FN 1), 5 zu Art. 14.

3. Inhaltsbestimmung und Sozialbindung des Eigentums 39

nur unter gewissen Voraussetzungen möglich sein darf, und nicht etwa eine allgemein hinzunehmende Kategorie der Eigentumsordnung sein kann. An diesem Anfangspunkt der Sozialbindung versagt dann übrigens schon die obige Leerformel.

Ein weiterer Gesichtspunkt für die Rechtfertigung und Notwendigkeit eines Definitionsversuchs der Sozialbindung ist die Systematik des Art. 14 GG. Art. 14 Abs. 1 Satz 2 und Abs. 2 GG stehen vor der Enteignungsregelung des Art. 14 Abs. 3 GG. Und da der Verfassungsgeber den Begriff der Enteignung ebensowenig näher umschrieben hat wie den der Sozialbindung, spricht nichts dafür, dennoch die Sozialbindung allein negativ von der Enteignung her zu kennzeichnen[78].

Wenn nach der freiheitlichen Grundintention der Verfassung auch im Spannungsverhältnis zwischen der individuellen Rechtsstellung des Eigentümers und der Pflicht zur Achtung des Gemeininteresses die Vermutung immer für die individuelle Freiheit spricht[79], dann zwingt dies zu der oben angedeuteten Annahme, daß die Sozialbindung rechtswidrig sein muß, wenn keine gewichtigen Gründe vorliegen, diesen roten Faden des Grundgesetzgebers in einzelnen Fällen zu durchreißen. Also unabhängig von der Möglichkeit, daß die Sozialbindung unter bestimmten Umständen deshalb rechtswidrig ist, weil sie materiell Enteignung darstellt. Unabhängig davon auch, daß andere Zeiten andere Sachzwänge mit sich bringen können, daß es historische Ereignisse geben kann, die „gesteigerte konkrete Sozialbedürfnisse" schaffen[80], darf die Sozialbindung doch nie ohne sachliche Notwendigkeit weiter gehen, als es in dem betreffenden Fall zwingend geboten ist[81]. Dies hat auch das BVerfG unter ausdrücklichem Dahinstehenlassen der Grenzziehung zwischen Sozialbindung und Enteignung betont. So hat es in der Entscheidung zum Viehseuchen-Gesetz ausgeführt, daß zwar dem Eigentümer, im Hinblick auf das Sozialstaatsprinzip und der daraus resultierenden größeren Verantwortung der Gemeinschaft gegenüber seiner freien Verfügungsmacht, stärkere Beschränkungen auferlegt werden müßten als früher. Aus diesen, der Sozialbindung zugrunde liegenden Gedanken ergäben sich aber gleichzeitig ihre Grenzen: „Angesichts der grundsätzlichen Entscheidung des Grundgesetzes zugunsten des Privateigentums darf eine Einschränkung im öffentlichen Interesse nur so weit gehen, als es der Schutz des Gemeinwohls zwingend erfordert, der Eingriff steht unter dem Gebot der *Verhältnismäßigkeit* und des *Übermaßverbots*[82]." Die gesetzlichen Eigentums-

---

[78] Vgl. auch *A. Hamann*, Zur Abgrenzung von Enteignung und Sozialbindung, NJW 1952, 401 ff. (402).
[79] Vgl. vorstehend.
[80] Vgl. *Leisner* (FN 5), 52 f.
[81] Vgl. BGH NJW 52, 973.

bindungen müssen deshalb immer sachgerecht, d. h. vom geregelten Sachbereich her geboten sein, und die Einschränkung der Eigentümerbefugnisse darf nicht über den Schutzzweck hinausgehen, dem die Regelung dient[83].

Dieser Grundtenor des BVerfG zu den Voraussetzungen der Zulässigkeit der Sozialbindung, der auch in jüngeren Entscheidungen immer wieder herausgehoben wird[84], enthält zwei wichtige Einzelaussagen. Einmal, daß Einschränkungen der Eigentümerbefugnisse Eingriffe in die Eigentümer*stellung* sind, was die hier vertretene Auffassung von der Sozialbindung und den Eigentumsbeschränkungen als dem Eigentumsbegriff *nicht inhärent*, bestätigt. Zum anderen, daß Sozialbindungsregelungen, weil sie eben jeweils einen Eingriff darstellen, dem Hauptgrundsatz rechtsstaatlichen Handelns genügen müssen: dem Grundsatz der Verhältnismäßigkeit (zu dem auch das Übermaßverbot und der Schutzzweckgedanke zu rechnen sind). Damit steht fest, daß Einschränkungen der Eigentümerstellung auf Grund Art. 14 Abs. 1 Satz 2 und Abs. 2 GG nur dann hinzunehmen sind, wenn sie dem Grundsatz der Verhältnismäßigkeit im weitesten Sinne entsprechen. Nur dann ist gewährleistet, daß ein gerechter Ausgleich zwischen dem „Freiheitsraum des einzelnen im Bereich der Eigentumsordnung und den Belangen der Allgemeinheit"[85] erzielt ist. Daß außerdem eine solche Regelung immer generellen Charakter haben muß und keine Einzelfallösung sein darf, ist selbstverständlich und bedarf keiner näheren Erörterung[86].

Während diese Kriterien für die Zulässigkeit der Sozialbindung überhaupt, ihren Ausgangspunkt, verhältnismäßig einfach und klar zu bestimmen sind, ist es für das Ausmaß möglicher Beschränkungen, den Endpunkt der Sozialbindung, ungleich schwerer. Eines jedoch steht fest. Dort, wo die Sozialbindung aufhört, Grenzziehung der Eigentümerstellung zu sein, wo sie nicht mehr ein *quantitatives* Problem der Individualgarantie ist, sondern in den *qualitativen* Bereich des Eigentums übergreift, kann keine Sozialbindung mehr vorliegen. Sobald der Kern des Eigentums getroffen wird, kann nicht mehr die Frage nach der Sozialbindung, sondern nur noch die nach der Enteignung gestellt werden. Somit entpuppt sich die Sozialbindung als Grenzziehungsproblem, nicht als Definitionsproblem[87]. Dies erklärt auch, weshalb das

---

[82] BVerfGE 20, 356 und 361 (Hervorhebung v. Verf.).
[83] Vgl. BVerfGE 25, 117 und 118.
[84] Vgl. BVerfGE 26, 222 und E 30, 20 und 21.
[85] BVerfGE 25, 117.
[86] Vgl. schon M. *Wolff* (FN 5), 9 unter Verweisung auf die abweichende Regelung des Art. 156 Abs. 1 Satz 2 WRV (S. 10).
[87] Vgl. *Leisner* (A, FN 5), 189 f. und 196.

3. Inhaltsbestimmung und Sozialbindung des Eigentums

BVerfG sich bisher nicht dazu geäußert hat, wo allgemein die Grenze zwischen Sozialbindung und Enteignung liegt[88]. Das ist positiv nicht möglich, weil eine generelle Definition der Sozialbindung und insbesondere ihrer äußersten Grenze nicht möglich ist. Es muß immer von Fall zu Fall entschieden werden, zu wessen Gunsten das Spannungsverhältnis zwischen Individual- und Gemeinschaftsinteresse zu lösen bzw. wie es zum Ausgleich unter gerechter Interessenabwägung zu bringen ist. Allein möglich und fruchtbar ist die Bildung von Fallgruppen, bezüglich derer auf die Literatur und die Rechtsprechung des BVerfG verwiesen werden kann[89]. Danach und nach dem Sinn der Sozialbindung kann zwar keine generelle Definition dieses Zentralbegriffs der Eigentumsordnung, wohl aber seine Grenzziehung gefunden werden. Sie liegt dort, wo qualitativ und materiell Enteignung vorliegt nach im folgenden noch kurz zu erörternden Kriterien. Wo also die Eigentumsgarantie zur Eigentumswertgarantie wird und die Entschädigungspflicht nach sich zieht[90]. Dabei ist immer zu beachten, daß die Sozialbindung mit den gesellschaftlichen Wandlungen ebenfalls Wandlungen unterliegt und notwendig unterliegen muß. Neuen geschichtlichen Situationen können und müssen neue Formen der Sozialbindung entsprechen. Eine solche Situation kann insbesondere auch die Tatsache des Gemeinsamen Marktes sein, wie noch zu zeigen sein wird. So läßt sich z. B. nicht bestreiten, um dies vorweg zu sagen, daß der Gemeinsame Markt insbesondere neue Formen des Wettbewerbs und dadurch bedingt neue Formen der Wettbewerbsbeschränkungen hervorgebracht hat[91]. Eine andere neue historische Gegebenheit, die neue Formen der Sozialbindung hervorruft und in stets steigendem Maße hervorrufen wird, sind die immer akuter werdenden Bedürfnisse des Umweltschutzes, die manche Autoren bereits wortschöpferisch von der „Ökologiepflichtigkeit des Eigentums" sprechen läßt[92]. Eines aber kann nach geltendem Recht keine gesellschaftliche Änderung mit sich bringen: als Sozialbindung zu bezeichnen, zu handhaben, was materiell Enteignung ist. Die äußerste Grenze steht ein für allemal fest wie der Begriff des Eigentums. Was an dessen Kern geht, ist und bleibt Ent-

---

[88] Vgl. BVerfGE 20, 356.
[89] Vgl. *Leisner* (A, FN 5), 189 ff.; *A. Hamann* (FN 78), 402 ff.; *Hedemann* (A, FN 5), 8 ff.; BVerfGE 8, 330; hierzu auch E 23, 314 und E 26, 338; des weiteren E 20, 333 f. und 361; E 21, 93, hierzu auch E 26, 222; E 22, 386.
[90] Vgl. *Leisner* (A, FN 5), 190.
[91] Vgl. *Mestmäcker*, Europäisches Wettbewerbsrecht 1974, 13 f., 17 f.
[92] Vgl. *Wegner*, Umweltschutz oder: Die Krise der freien Marktwirtschaft, ZRP 1973, 34 ff. (37); *Sauer*, Die Ökologiepflichtigkeit des Eigentums, Die Umwelt Heft 4/74, 47 f. Zur allgemeinen Forderung umweltschutzadäquater Interpretation von Rechtsnormen vgl. auch *Riegel*, Zur Auslegung des § 38 Wasserhaushaltsgesetz, NJW 74, 127 f. (128); *ders.*: § 38 WHG — ein stumpfes Schwert? Die Umwelt Heft 3/74, 50 f. (50).

eignung. *Quantitative* Änderungen also sind möglich und nötig. Eine *qualitative* Änderung der Sozialbindung aber bleibt mit der geltenden Eigentumsordnung unvereinbar.

3.4 Enteignung und Entschädigung (Art. 14 Abs. 3 GG)

Es hat schon immer Situationen gegeben, in denen es aus Gründen des Gemeinwohls nicht genügte, die Rechtsstellung des einzelnen Eigentümers zu beschränken, ihn in seinen Ausübungsbefugnissen sozial, also an das übergeordnete Gemeininteresse, zu binden, ihn in die Schranken der Sozialpflichtigkeit seines Eigentums zu weisen. Ein Blick auf die Geschichte des Art. 14 GG und seine Vorläufer genügt, um dies zu belegen[93]. Der Staat steht immer und künftig wohl in zunehmendem Maße vor der Notwendigkeit, die rein abwehrende Haltung der Sozialbindung mit der offensiven Haltung des aktiven Vorgehens gegen den Privateigentümer zu vertauschen. Dieser Wechsel von der Defensive zur Offensive ist gleichzeitig der Sprung von der Sozialbindung zur Enteignung[94]. Bei der Sozialbindung setzt der Staat Grenzpfähle, um die Gesamtheit vor den Gefahren schrankenloser Eigentumsausübung zu schützen. Bei der Enteignung greift er dagegen direkt in das Herz des Eigentums, um es selbst für die Gesamtheit in irgendeiner Form zu nützen und unter gleichzeitiger Aufhebung der Nutzungsmöglichkeiten des Eigentümers. Auch ohne die Existenz von Art. 14 Abs. 3 GG ist klar, daß in einem freiheitlichen Rechtsstaat ganz besondere Notsituationen vorliegen müssen, um dem Staat dieses offensive Vorgehen zu gestatten. Und es kann auch nicht angehen, daß dies ohne Folgen, d. h. ohne Entschädigung geschieht. Gerade aus diesen beiden Gründen muß größtmögliche Klarheit herrschen. Staat und Bürger müssen wissen, woran sie sind: was Enteignung ist, unter welchen Voraussetzungen und mit welchen Folgen sie vorgenommen werden kann. Jetzt muß Farbe bekannt werden. Wenn es bei der Sozialbindung noch anging, keine allgemeine Definition zu geben, weil sie als notwendige Beschränkung im Grunde eine Selbstverständlichkeit ist oder doch sein müßte und sich letztlich als reines Grenzziehungsproblem zur Enteignung darstellt, da sie das Eigentum als solches unangetastet läßt, so kann dies bei der Enteignung selbst, bei der Umkehrung des Eigentums, nicht mehr der Fall sein. Deshalb muß der Begriff der Enteignung unmißverständlich definiert werden. Der Übergang von der Sozialbindung zur Enteignung ist gleichzeitig der Übergang vom Grenzziehungs- zum Definitionsproblem.

---

[93] Hierzu vgl. *Weber* (A, FN 15), 331 f.
[94] Vgl. BVerfGE 20, 359.

3.4.1 Der Enteignungsbegriff

Das Grundgesetz enthält in Art. 14 ebensowenig eine Definition des Enteignungsbegriffs wie die Begriffe der Sozialbindung und des Eigentums vom Verfassungsgeber definiert wurden[95]. Unabhängig davon aber, wie nun im einzelnen die Enteignung zu kennzeichnen ist, muß davon ausgegangen werden, daß der Begriff der Enteignung ebenso ein für allemal unverrückbar feststeht, wie der Begriff des Eigentums. Man kann also an ihm ebensowenig manipulieren — etwa durch „Abstriche" zugunsten einer Ausdehnung der Sozialbindung — wie am Eigentum[96]. Daß die Enteignung nicht zugunsten der Sozialbindung veränderbar ist, folgt bereits daraus, daß bei der Enteignung ein qualitatives, bei der Sozialbindung dagegen ein quantitatives Problem in Frage steht. Daß der Begriff der Enteignung der Unwandelbarkeit des Eigentumsbegriffs folgt, gebieten die Gesetze der Logik. Die Enteignung ist die Umkehrung des Eigentums. Wenn jenes allgemein gültig feststeht, muß dies auch bei der Enteignung der Fall sein. Daß beides nicht beliebig veränderbar ist, folgt schließlich aktuell auch aus der grundsätzlichen Vermutung für die Freiheit des einzelnen, die das Grundgesetz ins Zentrum der Eigentumsordnung stellt[97]. Nach welchen Kriterien nun aber der Begriff der Enteignung festzulegen ist, darüber herrscht nach wie vor Unklarheit. Die Ansichten gehen insofern weit auseinander, als nach der einen Meinung die Enteignung nach formalen, nach der anderen dagegen nach materiellen Kriterien zu bestimmen ist.

Einigkeit besteht jedoch darüber, daß der klassische Eigentumsbegriff der heutigen Enteignungslehre, jedenfalls für den Umfang des „enteignungsfähigen" Vermögensbereiches, nicht mehr zugrundegelegt werden kann, da er als zu eng anzusehen ist. Hiernach war Enteignung lediglich der Entzug von Grundeigentum oder grundstücksgleichen Rechten. Enteignung war damit praktisch gleichgesetzt mit Übereignung[98]. Sowohl die Beschränkung auf dingliche Rechte als auch die Identifizierung mit der Übereignung kann heute nicht mehr aufrechterhalten werden.

---

[95] Vgl. *A. Hamann* (FN 78), 402 sowie *Schack*, Generelle Eigentumsentziehungen als Enteignungen, NJW 54, 577 ff. (577) und *Bauschke / Kloepfer*, Enteignung, enteignungsgleicher Eingriff, Aufopferung, NJW 71, 1233 ff. (1233).

[96] Vgl. *Leisner* (A, FN 5), 57 und *Pagenkopf* (FN 7), 1195; für letztere ist die hier gestreifte Gefahr aber an sich nicht so brennend, weil er — entgegen der hier vertretenen Auffassung — ausdrücklich den Eigentumsbegriff als beliebig verrückbar bezeichnet, indem er die jeweiligen politischen Anschauungen über die Rechtsstellung des Individuums in den Eigentumsbegriff hineinprojiziert (ebd., 1193).

[97] Vgl. *Dürig* (A, FN 14), 344 f.

[98] Vgl. *Leisner* (A, FN 5), 17; *Hamann / Lenz* (FN 1), 6 zu Art. 14; *Maunz / Dürig / Herzog* (A, FN 12), 74 zu Art. 14.

Entscheidend für die Enteignungsfähigkeit ist die Zugehörigkeit des jeweiligen Gutes zum Begriff des Eigentums. Enteignet kann alles werden, was den Schutz der Individualgarantie genießt, somit jedes vermögenswerte Rechtsgut[99]. Was eigentumsfähig ist, ist auch enteignungsfähig. Das wurde schon unter der Geltung der WRV erkannt[100]. Bei keinem vermögenswerten Rechtsgut kann deshalb von Sozialbindung gesprochen werden, wenn Enteignung vorliegt. Und diese ist eben rechtswidrig, wenn sie nicht unter den Voraussetzungen und mit den Folgen des Art. 14 GG vorgenommen wird. Allerdings ist es unscharf, hier von einer Wandlung des Enteignungsbegriffs zu sprechen, was nur auf die Vorstellung vom wandelbaren Eigentumsbegriff zurückgeführt werden kann[101]. Denn der Begriff der Enteignung ist als solcher unabhängig vom Umfang dessen, was enteignet werden kann, ebenso wie der Eigentumsbegriff unabhängig ist von dem, was diesem Begriff zuzuordnen ist. Das zeigt sich allein daran, daß noch lange nicht feststeht, *ob* tatsächlich ein konkreter eingerichteter und ausgeübter Gewerbebetrieb enteignet wurde, wenn man weiß, *daß* der eingerichtete und ausgeübte Gewerbebetrieb abstrakt dem Begriff des Eigentums zuzuordnen und damit enteignungsfähig ist.

Ebensowenig taugt heute die Identifizierung von Übereignung und Enteignung, worauf schon *Wolff* hingewiesen hat[102]. Zwar wird man grundsätzlich sagen müssen, daß dort Enteignung vorliegt, wo übereignet wurde (daß man bei der Sonderopfertheorie zumindest theoretisch zu einem anderen Ergebnis kommen kann, wird unten noch zu erörtern sein). Aber es ist umgekehrt nicht von vornherein dort Enteignung oder Enteignungsgleichheit auszuschließen, wo nicht übereignet wurde. Es kann hier genügen, auf zwei Situationen zu verweisen, die nicht an eine Übereignung geknüpft sind. So kann und wird i. d. R. Enteignung gegeben sein, wo die private Verfügungsbefugnis vollkommen durch öffentlich-rechtliche Zweckbindung auf Dauer überlagert und verdrängt wird. Desgleichen ist Enteignung durch Besteuerung dort anzunehmen, wo die Steuer zu einer „Erdrosselungssteuer" wird[103]. Diese Beispiele beleuchten jedoch eine Situation, die Hilfe bei der Bestimmung der Enteignung sein kann: Wenn das Eigentum entzogen wird, so besteht kaum Zweifel, daß der Kern des Eigentums nicht nur

---

[99] Hierzu vgl. o. 1.
[100] Vgl. *M. Wolff* (FN 5), 20 ff.
[101] Vgl. etwa *Kimminich*, Die öffentlich-rechtlichen Entschädigungspflichten, JuS 69, 349 ff. (355).
[102] Vgl. *M. Wolff* (FN 5), 21.
[103] Vgl. zu ersterem *Riegel* (FN 58), 36 f. (dort brauchte allerdings nicht entschieden zu werden, nach welchen Kriterien die Enteignung zu bestimmen ist, da der Gesetzgeber bei Art. 13 BayStrWG selbst davon ausgeht, daß grundsätzlich eine Enteignungssituation gegeben ist); zu letzterem vgl. *Leisner* (A, FN 1), 76 ff. (82 f.).

3. Inhaltsbestimmung und Sozialbindung des Eigentums

getroffen ist, sondern der Eigentümer aufhört, Eigentümer zu sein, eben weil er enteignet ist. Genauo enteignet ist er aber, wenn er faktisch aufhört, Eigentümer zu sein, weil seine Verfügungsbefugnis — sei es durch öffentlich-rechtliche Zweckbindung, sei es durch Steuern oder aus dritten Gründen — erstickt, erdrosselt wird. Wenn er so steht, als sei ihm sein Eigentum genommen, wenn er also ebensowenig mehr Eigentümer ist.

Wann aber ist dies der Fall? Kann es hierfür darauf ankommen, ob diese Situation durch Verwaltungsakt (Einzelakt) oder durch Gesetz (Allgemeinakt) geschaffen wird? Ob einer aus einer bestimmten Gruppe so gestellt wird? Ist entscheidend auf das formale Element des Einzel- bzw. Sonderopfers abzustellen, oder kommt es allein auf den materiellen Gesichtspunkt des Entzugs der Eigentümerstellung an? Nur diese im Zentrum der Enteignungsdiskussion stehenden Probleme sollen hier diskutiert werden. Bezüglich der im wesentlichen unstreitigen *Voraussetzungen* der Enteignung nach Art. 14 Abs. 3 Satz 1 und Satz 2 GG kann dagegen verwiesen werden auf die herrschende Lehre und Rechtsprechung[104].

Wie bereits mehrfach angedeutet, läßt sich das Meinungsfeld der Diskussion über die Kriterien der Enteignungssituation grob in zwei Hälften aufteilen: die formale und die materielle. Die formale Hälfte wird heute vor allem durch den BGH vertreten. Von ihm stammt die aus der Enteignungsdiskussion nicht mehr wegzudenkende *Sonderopfertheorie*. Die Grundlage hierzu findet sich in dem berühmten Beschluß des Großen Zivilsenats vom 9./10. 6. 1952[105]. Der BGH hat dort den Begriff der Enteignung wie folgt umrissen: „... Bei der Enteignung handelt es sich ... um einen gesetzlich zulässigen zwangsweisen staatlichen Eingriff in das Eigentum, sei es in der Gestalt der Entziehung oder der Belastung, der die betroffenen einzelnen oder Gruppen im Vergleich zu anderen ungleich, besonders trifft und sie zu einem be-

---

[104] Vgl. statt vieler *Weber* (A, FN 15), 378 ff.; *Maunz* (A, FN 12), 178 f.; *Kimminich* (FN 101), 355 f.; BVerfGE 24, 404 ff.; E 34, 139 ff. (146 f.) und jüngst in dem bedeutsamen Beschluß v. 12. 11. 1974 (1 BvR 32/68), NJW 75, 37 ff. = DÖV 75, 312 ff. m. zust. Anm. *Kimminich*, DÖV 75, 314 f. sowie *Martens*, Aus der Rechtsprechung des BVerfG, JR 75, 186 ff. (188), allerdings muß hier ausdrücklich die Methode *Schwerdtfegers* (FN 44), 218 f. (219) zurückgewiesen werden, der die Möglichkeit einer Verletzung von Art. 14 III GG durch die Einführung der paritätischen Mitbestimmung damit ausräumt, daß er einerseits richtig sagt, Enteignungen i. S. Art. 14 III GG dienten einem bestimmten Verwaltungszweck (218), und dann fortfährt: „Die qualifizierte Mitbestimmung dient mit Sicherheit keinem bestimmten Verwaltungszweck und ist schon deshalb keine Enteignung im Rechtssinne" (219). Wenn letzteres zutrifft, dann muß die Folgerung genau umgekehrt lauten, weil dann die Enteignung schon deshalb gegeben ist, wenn es an den Eingriffsvoraussetzungen i. S. Art. 14 GG fehlt.
[105] BGH (FN 7).

sonderen, den übrigen nicht zugemuteten Opfer für die Allgemeinheit zwingt ...". Seine Darlegungen gipfeln in dem klassisch gewordenen Satz: „Der Verstoß gegen den Gleichheitssatz kennzeichnet die Enteignung[106]." Diese Ausführungen sind teilweise als Verbindung formeller und materieller Gesichtspunkte verstanden und ausgelegt worden, wobei der Einzelakt lediglich das formelle, der Verstoß gegen den Gleichheitssatz dagegen das materielle Element der Sonderopfertheorie darstellen soll[107]. Dem kann nicht gefolgt werden. Der Verstoß gegen den Gleichheitssatz stellt keinerlei materielles Kriterium dar. Worin sollte dies denn liegen? Die Tatsache, daß jemand anstelle anderer betroffen wird von einer staatlichen Maßnahme, sagt über die Art und Schwere dieser Maßnahme gar nichts aus. Mehr als daß nun eben der eine statt des anderen (bzw. mehrere statt aller) einem bestimmten Eingriff in sein Eigentum ausgesetzt ist, gibt die Sonderopfertheorie nicht her. Der Hinweis auf den Gleichheitssatz ist materiell gesehen eine Leerformel. Allenfalls das Wort „Opfer" enthält ein materielles Moment. Aber die vom BGH bis in die jüngste Zeit immer mehr zur Pauschale werdende Verbindung des Opfers mit dem Verstoß gegen den Gleichheissatz[108] entleert selbst den Begriff des Opfers wieder jeden materiellen Inhalts. Gerade die Charakterisierung jeweils als „besonderes Opfer" belegt dies. Mit dem „besonders" meint der BGH den rein formalen Unterschied zu anderen Rechtsträgern, denen dieses Opfer nicht auferlegt wird. Darüber hinaus ist auch der Begriff des Opfers selbst sehr relativ. Ein Opfer ist letztlich ja auch, was der Sozialbindung zum Opfer fällt, was zwar entschädigungslos hinzunehmen ist, aber deswegen nicht weniger für den einzelnen ein Opfer darstellen kann.

Dies leitet gleichzeitig über zu dem Hauptansatzpunkt der Kritik an der Sonderopfertheorie. Während dieser Theorie einerseits die Klarheit und einfache Handhabung nicht abgesprochen werden kann, stellt sie andererseits doch die Abgrenzung von Sozialbindung und Enteignung u. U. vor unlösbare Probleme: Die im Grunde rein formale Theorie des BGH bindet den Begriff der Enteignung an den Kreis der Betroffenen. In der Konsequenz muß dies dazu führen, daß nur dann

---

[106] BGH NJW 52, 973 (Hervorhebung v. Verfasser); ein Fall, in dem die Sonderopfertheorie Eingang in die Gesetzgebung gefunden hat, ist Art. 17 Abs. 2 BayStrWG, wonach einem Anlieger eine Entschädigung („ein billiger Ausgleich") zu gewähren ist, wenn „durch die Änderung ... einer Straße dem Straßenanlieger ... *ein besonderes Opfer gegenüber der Allgemeinheit* auferlegt" wird.

[107] Vgl. *Maunz* (A, FN 12), 177.

[108] Vgl. BGH NJW 73, 326 wo es nur noch schlicht heißt: „... Voraussetzung eines solchen Anspruches (auf Enteignungsentschädigung — der Verf.) ist, daß dem Betroffenen durch diesen Eingriff ein besonderes, anderen nicht zugemutetes Opfer für die Allgemeinheit abverlangt wird." Bezüglich der mehr auf die Schwere des Eingriffs abstellenden Urteile vom 2. 5. 73 und der Kritik hierzu vgl. oben 3.1 und unten FN 113.

3. Inhaltsbestimmung und Sozialbindung des Eigentums

von Enteignung gesprochen werden kann, wenn durch die Maßnahme nicht alle Bürger überhaupt oder aber nicht alle Mitglieder einer Gruppe — falls im Einzelfall nur eine bestimmte Gruppe ansprechbar ist — in gleicher Weise dem staatlichen Eingriff ausgesetzt sind. Dort, wo der Vergleich zwischen Betroffenen und Nichtbetroffenen versagen muß, liegt dann nicht mehr der Ausgangspunkt der Enteignung vor, sondern es kann sich dann nur um eine Frage der Sozialbindung handeln[109]. Ein sehr anschauliches Beispiel hierfür ist der Fall der materiell unstrittig als Enteignung anzusehenden „Erdrosselungssteuer". Bei konsequenter Anwendung der Sonderopfertheorie kann sie aber nur als Sozialbindung gelten, da die Steuer alle Steuerpflichtigen gleichmäßig trifft[110]. Streng genommen muß diese Grenze zwischen Sozialbindung und Enteignung bereits dort liegen, wo die Zahl der Betroffenen größer ist als die der Nichtbetroffenen. Damit wäre eine für jede Regierung verlockende Basis geschaffen, die Konsequenzen der Enteignung zu umgehen[111].

Es wäre ungerecht und falsch, wollte man dem BGH vorwerfen, daß er diese Konsequenz seiner Theorie nicht scheut. Er hat diese Gefahr vielmehr selbst gesehen, und zwar in dem gleichen Beschluß, in dem er die Grundkonzeption der Sonderopfertheorie schuf. Der BGH hat unmittelbar nach der Bindung der Enteignung an den Verstoß gegen den Gleichheitssatz auf das „Grenzproblem" des Eingriffs in Gruppeneigentum hingewiesen[112]. Die Lösung muß der BGH dann letztlich doch in materiellen Momenten suchen. Diese faßt er dahin zusammen, daß der Gesetzgeber bei der inhaltlichen Begrenzung nicht den Wesensgehalt der Eigentumsgarantie antasten, die Substanz des Eigentums nicht angreifen darf[113]. Was aber soll dann die Sonderopfertheorie,

---

[109] Vgl. *Leisner* (FN 5), 132 ff. (135, 136 ff.); *ders.*, Der Sozialisierungsartikel als Eigentumsgarantie JZ 75, 272 ff. (273).

[110] Vgl. hierzu *Kimminich*, Rechtsgutachten zur Verfassungsbeschwerde der Landeshauptstadt München gegen das Urteil des BGH v. 5. 7. 73, Regensburg 1975 (hektographierte Fassung), 24 ff.

[111] Vgl. *Leisner* (A, FN 5), 141 f.

[112] BGH NJW 52, 973 (r. Sp.).

[113] BGH NJW 52, 973 (l. Sp.). Völlig eindeutig hat der BGH jüngst in NJW 73, 628 ausgeführt, daß „die Frage, ob einem Eigentümer etwas ‚genommen' wird, nicht nach formalen Gesichtspunkten zu beantworten" ist, um jedoch im zweiten Halbsatz in verwirrender Weise wieder den Verstoß gegen den Gleichheitssatz anzuführen, weil die Enteignung, obwohl doch nicht nach formalen Gesichtspunkten zu beantworten, sich danach richte, „ob in eine als Eigentum i. S. des Art. 14 GG geschützte Rechtsposition in einer Weise eingegriffen wird, die dem Betroffenen unter Verstoß gegen den Gleichheitssatz ein Sonderopfer auferlegt, oder den Wesensgehalt seines Rechtes antastet". Letzteres zeigt einen weiteren logischen Fehler des BGH: Er unterscheidet zwischen dem Sonderopfer und der Berührung des Wesensgehalts („oder"). Wenn aber der Wesensgehalt nicht berührt ist, dann liegt keine Enteignung vor, es sei denn das Sonderopfer geht an den Kern des Eigentums heran,

wenn sie grundsätzlich die Enteignung nach formellen Kriterien bestimmt, im Grenzfall jedoch auf die materiellen Gesichtspunkte der Substanz und des Wesensgehalts zurückgreifen muß. Eine Theorie muß sich ja gerade im Grenzfall bewähren.

Es ist nicht zu bestreiten, daß der BGH in dieser Verbindung auch in den Grenzfällen zum richtigen Ergebnis kommen kann und wohl auch immer gekommen ist. Und wenn man die in diesen Fällen notwendigen materiellen Kriterien gleich der Schweretheorie des BVerwG entnimmt, wonach die Enteignung danach zu bestimmen ist, ob die betroffene Rechtsposition in ihrer wirtschaftlichen Verwertbarkeit ausgehöhlt ist[114], dann braucht man sich vom Standpunkt der Rechtsprechung aus, die ja jeweils „nur" den Einzelfall zu lösen hat, im Grunde nicht eindeutig festzulegen. Es verwundert deshalb nicht, daß das BVerfG eine Entscheidung zugunsten einer dieser Theorien zu umgehen versucht und nicht klar sagt, ob die Enteignung nach formellen oder nach materiellen Kriterien zu bestimmen ist[115]. Die Lehre zumindest kann auf eine klare Entscheidung nicht verzichten, denn ihre Aufgabe ist es, generelle Lösungen zu suchen. Und ganz davon abgesehen, ist doch die Frage berechtigt, ob man nicht eine Theorie als unnötigen Ballast über Bord werfen kann und soll, wenn diese selbst sich der Mittel einer anderen Theorie bedient, um auch im Grenzfall zu gerechten Ergebnissen zu kommen. Die Lehre hat dies auch überwiegend unter Ablehnung der Sonderopfertheorie getan, wobei wohl bahnbrechend die Kritik *Stödters* an dem Grundsatzbeschluß des BGH war. Er hat unmißverständlich gezeigt, worauf es grundsätzlich bei der Bestimmung der Enteignung ankommt: Nicht den Verstoß gegen den Gleichheitssatz, sondern „die Intensität des hoheitlichen Eingriffs, seine Schwere und Tragweite gilt es festzustellen"[116].

Dies ist in der Tat das Entscheidende. Es kann nicht darauf ankommen, ob jemand ungleich getroffen wird, weil dies einmal für sich nichts darüber aussagt, ob denn dieser Eingriff nicht dennoch als zumutbar hinzunehmen ist und weil andererseits alles als zumutbar zu gelten hätte, wenn es nur alle gleichmäßig betrifft. Das birgt auf beiden Seiten zu viele Ungerechtigkeiten und Gefahren, die nur dann

---

was aber identisch ist mit der Berührung des Wesensgehalts; vgl. hierzu *Riegel*, Abschied von der Sonderopfertheorie, BayVBl. 73, 403 ff.

[114] Vgl. BVerwGE 5, 143; vgl. hierzu *Kimminich* (FN 101), 357.

[115] Vgl. z. B. BVerfGE 21, 131; ob in BVerfGE 24, 395, wo entscheidend auf die Tiefe des Eingriffs abgestellt wurde, eine generelle Hinwendung zur materiellen Theorie des BVerwG gesehen werden kann, läßt sich noch nicht beantworten. Hier wäre aber zumindest die Weichenstellung erfolgt.

[116] *R. Stödter* (FN 8), 100; vgl. auch jüngst *Maunz* (FN 4), 109, der ebenfalls darauf hinweist, daß „die Ungleichheit der Belastung für sich allein noch nicht die entschädigungspflichtige Enteignung von der entschädigungslos zu duldenden Sozialbindung abzugrenzen" vermag.

3. Inhaltsbestimmung und Sozialbindung des Eigentums

vermieden werden, wenn man vom unantastbaren Kern des Eigentums her argumentiert und deshalb auf die Schwere und Tiefe des Eingriffs abstellt. Dabei ist nicht von Bedeutung, wie man dies nun bezeichnen will, ob als Schwere-, Unzumutbarkeits-, Substanz- oder Aufopferungstheorie[117]. Alles läuft letzten Endes darauf hinaus, ob der unantastbare Kern des Eigentums erreicht ist und deshalb keinesfalls mehr Sozialbindung, sondern nur noch Enteignung in Frage stehen kann. Wann nun aber der Kern bzw. die Substanz des Eigentums erreicht ist, darauf kann es nur eine Antwort geben, wenn man sich die Funktion des Eigentumsbegriffs als umfassendste Rechtsstellung vor Augen hält. Sie kann nicht darin liegen, daß eine letztlich nur auf Zufälligkeiten beruhende Situationsgebundenheit des Eigentums ins Feld geführt wird. Das ist zwar auch ein — zumindest teilweise — materielles Kriterium, taugt aber schon wegen seiner Begrenztheit auf dingliche Rechte nicht für die hier erforderliche generelle Aussage[118]. Darüber hinaus aber ist die Rechtsstellung des Eigentümers als solche nicht an die zufällige Situation gebunden. Diese mag zwar im Einzelfall eine Art beigegebener Inhaltsbestimmung des betreffenden Eigentumsrechts aus der Natur der Sache sein, die grundsätzliche Rechtsstellung des Eigentümers vermag sie aber nicht zu beeinflussen. Auf die Beeinflussung der Rechtsstellung aber kommt es gerade an. Deshalb ist allein auf die Nutzungsmöglichkeit dieser Rechtsstellung abzustellen.

So läßt sich als Ergebnis zum Enteignungsbegriff folgendes festhalten: Der Kern des Eigentums ist dann erreicht, der Eingriff ist dann unzumutbar und nicht mehr lediglich Sozialbindung, wenn der Eigentümer seine Rechtsstellung und damit sein Eigentum praktisch nicht mehr nutzen kann. Wenn die Rechtsstellung ganz oder überwiegend ausgehöhlt ist und keine relevante wirtschaftliche Substanz mehr verbleibt. Die Unzumutbarkeit ist gleichzusetzen mit dem nicht mehr oder kaum mehr Verfügenkönnen[119]. Dann ist die Situation der Enteignung gegeben mit der Folge der jetzt zu erörternden Entschädigung.

3.4.2 Enteignung und Entschädigung

Die Enteignungsgarantie des Art. 14 Abs. 1 Satz 1 GG wäre ohne das Junctim des Art. 14 Abs. 3 Satz 2, HS 2 GG wertlos und nichts als eine

---

[117] Vgl. *Stödter* (FN 8), 136 ff.; *Kimminich* (FN 104), 356 f.
[118] Vgl. *Kimminich* (FN 101), 357.
[119] Deshalb stellt der gegenwärtig teilweise propagierte Lösungsversuch der Probleme des Bodenrechts durch öffentlich-rechtliches Verfügungseigentum und privatrechtliches Nutzungseigentum eine Enteignung dar; vgl. hierzu oben 3.2. Zur Identifizierung von Betroffensein der Rechtsstellung und Enteignungstatbestand auch *Kreft*, Die Bemessung der Enteignungsentschädigung in der Rechtsprechung des Bundesgerichtshofs DRiZ 73, 335 ff. (335, r. Sp.).

Farce. Was würde eine Eigentumsordnung sonst sein, die großartig Instituts- und Individualgarantie postuliert und doch im Ernstfall sich als hohl zeigt, weil sie „ungestraft" enteignen darf? Das Junctim sagt deshalb zum einen nur Selbstverständliches, den Gesetzen der Logik Folgendes aus. Zum anderen aber, und das überlagert sich mit dem Vorhergesagten, ist die Regelung der Enteignung und insbesondere das Junctim *der* Prüfstein dafür, wie ernst und ehrlich es dem Verfassungsgeber ist mit der Garantie des Eigentums. Bei der Enteignung schlägt die *Eigentumsgarantie* um in die *Eigentumswertgarantie*[120]. Die Enteignung ist auf Grund Art. 14 Abs. 1 Satz 1 GG unlösbar verknüpft mit der Entschädigung. Dies ist eine unumstößliche Erkenntnis der Eigentumsordnung des Grundgesetzes. Damit zeigt sich die Enteignung von ihrer richtigen Seite: sie stellt nicht etwa eine Möglichkeit dar, mit einem Abs. 3 zu nehmen, was in einem Abs. 1 gewährt wurde. Sie ist vielmehr gerade das Mittel zur Durchsetzung der Eigentumsgarantie. In ihr erfährt die Eigentumsgarantie ihre echte und tiefe Bestätigung[121]. Gerade weil dem so ist, drohen der Eigentumsgarantie mit die größten Gefahren von Regelung und Folgen der Enteignung her, die es hier kurz nach Art und möglicher Berechtigung zu untersuchen gilt.

Eine der Gefahren wurde bereits aufgezeigt. Sie bestünde in der konsequenten Durchführung der Sonderopfertheorie, die zur entschädigungslos hinzunehmenden Sozialbindung dort führen müßte, wo die materiell sich als Enteignung darstellende Maßnahme alle trifft, so daß von einem Verstoß gegen den Gleichheitssatz keine Rede mehr sein könnte. Eine zweite Gefahr liegt in dem Versuch, generell eine dritte Gruppe zwischen entschädigungspflichtiger Enteignung und „kostenloser" Sozialbindung zu bilden, die zwar nicht ganz entschädigungslos sein soll, für die aber die Entschädigung wesentlich geringer wäre, weil sie nicht unter Art. 14 Abs. 3 GG fallen soll[122]. Im Ergebnis läuft

---

[120] So die Formulierung des BVerfG in E 24, 397, die von *M. Wolff* (FN 5), 13 übernommen wurde, ebenso E 35, 361.

[121] Vgl. *Weber* (A, FN 15), 350 und 389 sowie *M. Wolff* (FN 5), 13 f. unter Hinweis auf eine Entscheidung des Schweizer Bundesgerichts und *Weber* (FN 5), 321; dies ist auch letztlich der Grund, weshalb das BVerfG in seinem Beschluß v. 12. 11. 74 (FN 104) dem Enteigneten einen unmittelbar aus der Eigentumsgarantie resultierenden Anspruch auf Rückübereignung zuspricht, wenn die Voraussetzungen der Enteignung nicht mehr vorliegen. Mit Recht sagt *Kimminich* (FN 104) 314, daß mit diesem volle Zustimmung verdienende Beschluß „das Bild der Eigentumsgarantie um ein wichtiges Detail ergänzt worden ist".

[122] Vgl. *Pagenkopf* (FN 30), 1195 und *A. Hamann* (FN 78, 401; ein mögliches gesetzliches Beispiel hierfür ist Art. 17 Abs. 2 BayStrWG, wonach dem Straßenanlieger, dem durch Änderung etc. einer Straße „ein besonderes Opfer gegenüber der Allgemeinheit auferlegt (ist), ... ein *billiger* Ausgleich zu gewähren (ist)". Aber das Wort „billig" kann hier nicht anders als i. S. der altrechtlichen „bilidan" verstanden werden, und bedeutet somit soviel wie „gerecht". Gerecht ist aber, soweit von einem Enteignungstatbestand

3. Inhaltsbestimmung und Sozialbindung des Eigentums

auch dieser Versuch darauf hinaus, die Enteignung zugunsten der Sozialbindung einzuschränken, wie von *Hamann* richtig gesehen wurde[123]. Dabei soll niemandem eine bestimmte Absicht unterstellt werden. Es geht hier nur darum aufzuzeigen, ob derartiges mit der Verfassung vereinbar ist. Daß die Enteignung sehr teuer sein und unter Umständen zu dem im Einzelfall unerfreulichen Ergebnis führen kann, daß eine an sich dringend notwendige Maßnahme unterbleiben muß, liegt auf der Hand. Es wäre deshalb verlockend, im Wege der Deklarierung als Sozialbindung solche Maßnahmen zu verbilligen[124]. Aber das ist nun einmal weder mit dem Wortlaut des Art. 14 GG vereinbar noch etwa aus der Entstehungsgeschichte des Art. 14 GG zu rechtfertigen. Daß eine Zwischengruppe zwischen Sozialbindung und Enteignung gebildet werden kann, ist nach der Systematik des Art. 14 GG nicht möglich. Was nicht Sozialbindung ist, ist Enteignung. Ein Drittes sieht die Verfassung nicht vor. Der Gedanke der Aufopferung i. S. § 75 Einl. ALR, der praktisch auf die Körperschäden beschränkt ist, vermag daran nichts zu ändern. Er ist als Besonderheit nicht der Ausdehnung fähig und vermag die Systematik des Art. 14 GG nicht zu sprengen. Das folgt schon daraus, daß der Begriff der Aufopferung als Ergänzung der von Art. 14 GG nicht geschützten Rechtsgüter Leben, Gesundheit etc. dient[125]. Im übrigen kann auch die Aufopferungsentschädigung nur dann gerecht sein, wenn sie den immateriellen Schaden soweit wie möglich materiell ausgleicht. Eine Unterscheidung unter dem Aspekt der Entschädigung ist sicher nicht gerechtfertigt, wobei hier nicht auf die Frage eingegangen zu werden braucht, ob die Differenzierung zwischen Enteignung und Aufopferung überhaupt notwendig und damit sinnvoll ist, wogegen sich manches anführen

---

auszugehen ist, allein die Entschädigung, die der Eigentumswertgarantie entspricht, die also den entzogenen Wert voll ersetzt. Dies ist auch die zutreffende Auffassung des BayObLG zur Höhe der Entschädigung bei Art. 17 Abs. 2 BayStrWG, wie sie im Urteil v. 5. 2. 1970 BayVBl. 70, 263 f. zum Ausdruck kommt, allerdings unter Bezugnahme auf Art. 159 Satz 1 BV, der das Abwägungsgebot des Art. 14 Abs. 3 GG nicht enthält und von einer „angemessenen" Entschädigung spricht. Doch kann im Ergebnis, wie oben dargelegt, für Art. 14 Abs. 3 GG nichts anderes gelten. Eine ganz andere Frage ist, ob der Gesetzgeber evtl. für Maßnahmen, die materiell Sozialbindung sind, dennoch Entschädigung gewähren kann. Das bleibt ihm natürlich unbenommen; vgl. hierzu auch *Maunz* (FN 4), 110 (r. Sp.). Mit der Abgrenzung Sozialbindung und Enteignung und mit der Tatsache, daß bei Enteignung der volle Wert des Enteigneten zu ersetzen ist, hat dies jedoch nichts zu tun.

[123] *A. Hamann* a.a.O.
[124] Vgl. *Leisner* (A, FN 5), 105 f., 111 f., 131 f.
[125] Vgl. *Bauschke / Kloepfer* (FN 95), 1236 f.; vgl. auch *Kimminich*, Entschädigung eines von Hochspannungsleitungen überzogenen Grundstücks des Erwerbers, NJW 73, 1479 ff. (1480, r. Sp.), der mit aller Deutlichkeit darauf hinweist, daß unter der Geltung von Art. 14 GG der Aufopferungsanspruch auf die Entschädigung für Beeinträchtigungen nichtvermögenswerter Rechte beschränkt bleiben muß.

läßt[126]. Im Ergebnis ist jedenfalls eine Aufweichung des Enteignungsbegriffs auf der Seite der Eigentumswertgarantie dogmatisch unzulässig.

Daß darüber hinaus die Sozialbindung nicht beliebig ausdehnbar und die Enteignung nicht beliebig einschränkbar ist, ergibt sich aus dem zum Begriff der Enteignung Gesagten. Es wird zwar immer neue Formen der Sozialbindung geben, ebenso wie der Kreis der unter den Begriff des Eigentums fallenden vermögenswerten Rechte nicht geschlossen ist. Aber der Begriff der Enteignung steht wie der Eigentumsbegriff ein für allemal fest. Wenn dem Eigentümer jede oder doch faktisch jede Verfügungsmöglichkeit über sein Eigentum genommen wird, dann liegt Enteignung vor und nicht Sozialbindung. Eine Zurückdrängung der Enteignung zugunsten der Sozialbindung ist somit schon rein begrifflich nicht möglich. Das verstieße auch gegen die Verfassung, denn dem Verfassungsgeber kann nicht unterstellt werden, daß er von einem jeweils beliebig festsetzbaren Begriff der Enteignung ausgegangen ist wider alle Grundsätze der Rechtsstaatlichkeit, zu der ja vor allem die Voraussehbarkeit gehört. Da er es unterlassen hat, die Zentralbegriffe Eigentum und Enteignung zu definieren, kann daraus nur geschlossen werden, daß er von jeweils vorgegebenen und feststehenden Begriffen ausgehen mußte, wenn er mit Art. 14 GG die Grundlage einer rechtsstaatlichen Eigentumsordnung legen wollte.

Da hiermit feststeht, daß es nicht vereinbar ist mit der Verfassung, Art. 14 Abs. 3 GG durch Ausdehnung der Sozialbindung — oder was qualitativ auf das gleiche hinausläuft — durch Zwischenschieben einer dritten Gruppe zu umgehen, bleibt nur noch die Frage zu erörtern, ob denn nicht im Einzelfall Enteignung überhaupt ohne Entschädigung möglich ist. Nebenbei sei erwähnt, daß es natürlich nicht um die strafrechtliche Konfiskation der instrumenta sceleris geht, denn es handelt sich dort nicht zum Art. 14 GG, sondern primär um Art. 18 GG, so daß auf diese Besonderheit im Rahmen der vorliegenden Arbeit nicht eingegangen zu werden braucht[127]. Es geht hier allein darum, ob der „Normalfall" Enteignung ohne Entschädigung zuläßt. Hier liefert die Vorgeschichte des Art. 14 GG immerhin Beispiele, die deshalb zu einer Rechtfertigung von Enteignung ohne Entschädigung durch historische Interpretation des Art. 14 GG — zu der seine Vorläufer ja unerläßlich sind —[128] führen könnten. Läßt man hierbei den Extremfall der nationalsozialistischen Zeit außer acht[129], so bleibt doch Art. 153 WRV

---
[126] Vgl. *Bauschke / Kloepfer* (FN 95), 1237 ff.
[127] Zur Frage der Konfiskation vgl. *Weber* (A, FN 15), 365 f., sowie *ders.* (A, FN 5), 320.
[128] Vgl. hierzu *Weber* (A, FN 15), 331 ff.
[129] Hierzu vgl. *Leisner* (A, FN 5), 34 ff.

3. Inhaltsbestimmung und Sozialbindung des Eigentums

als mögliche Rechtfertigung, wobei man sicher nicht von einem unrechtsstaatlichen Sonderfall sprechen kann. Gemäß Art. 153 Abs. 2 Satz 2 WRV erfolgte die Enteignung gegen Entschädigung, „soweit nicht ein Reichsgesetz etwas anderes bestimmt". Da Art. 153 Abs. 2 WRV keinerlei eingrenzende Voraussetzungen für ein solches Gesetz aufstellte, war also grundsätzlich entschädigungslose Enteignung möglich durch einfaches Reichsgesetz[130]. Es ist nicht notwendig, eine eingehende Interpretation des Art. 153 Abs. 2 Satz 2 WRV vorzunehmen. Ein Blick auf die Vorläufer des Art. 153 WRV sowie auf Art. 14 Abs. 3 GG zeigt, daß Art. 153 Abs. 2 Satz 2 WRV mit der Möglichkeit der entschädigungslosen Enteignung eine offensichtliche Ausnahme war und keinesfalls einer Auslegung des Art. 14 Abs. 3 GG zugrundegelegt werden kann.

Sowohl § 164 der Frankfurter Reichsverfassung von 1849 als auch Art. 9 der PrVU von 1850 verbanden die Enteignung notwendig mit der Entschädigung. § 164 der Frankfurter Reichsverfassung ließ die Enteignung „nur auf Grund eines Gesetzes und gegen gerechte Entschädigung" zu, was der »juste indemnité« der Déclaration des droits de l'homme von 1789 entsprach. Art. 9 der PrVU verlangte für die Enteignung „*vorgängige*, in dringenden Fällen *wenigstens vorläufig* festzustellende Entschädigung..."[131].

Diese wenigen Beispiele beweisen bereits, daß es bis zur Geltung des Art. 153 Abs. 2 WRV opinio communis war, daß eine Enteignung ohne Entschädigung nicht in Einklang stand (und steht) mit der Garantie des Eigentums[132]. Art. 153 Abs. 2 WRV ist, verfassungsgeschichtlich gesehen, ein „Unfall"[133]. Diese Bestimmung kann deshalb niemals historische Rechtfertigung für eine Interpretation des Art. 14 Abs. 3 GG dahingehend sein, daß die geltende Eigentumsordnung eine Enteignung ohne Entschädigung im Einzelfall zuließe. Im Gegenteil: Art. 14 Abs. 3 GG hat klar dieses verfassungsrechtliche Mißverständnis beseitigt und das alte Selbstverständnis wieder hergestellt, indem er — ähnlich dem Art. 9 PrVU — dem Enteignungsgesetz von vornherein die Rechtmäßigkeit nimmt, wenn es nicht gleichzeitig Art und Ausmaß der Entschädigung regelt.

Die Rechtsprechung hat auch die dieser Regelung und diesem Selbstverständnis entsprechende Konsequenz hinsichtlich der Anwend-

---

[130] Vgl. *M. Wolff* (FN 5), 17 f., bemerkenswert ist die restriktive Auslegung *Wolffs* bei Überführung von Unternehmen in Gemeineigentum, hierzu vgl. *Wolff* S. 17 FN 2 und S. 4 FN 1.
[131] Texte zitiert nach *Weber* (A, FN 15), 332, Hervorhebungen vom Verf.
[132] Vgl. *Weber* (A, FN 15), 334 f. und 384.
[133] Vgl. *Weber* (A, FN 15), 334, der Art. 153 Abs. 2 Satz 2 eine „merkwürdige und offenbar aus einem Mißverständnis des Verfassungsgebers erwachsene Bestimmung der Weimarer Verfassung" nennt.

barkeit vorkonstitutioneller Enteignungsgesetze gezogen. Soweit diese ohne Entschädigungsregelung erlassen wurden, führt Art. 14 Abs. 3 GG dazu, daß bei ihrer Anwendung die Entschädigung zu regeln ist. Soweit die Entschädigung ausdrücklich ausgeschlossen wurde und eine Ergänzung deshalb nicht möglich ist, kann auch keine Enteignungsmaßnahme mehr auf eine solche Norm gestützt werden[134]. Es kann somit angesichts des klaren Wortlauts von Art. 14 Abs. 3 GG kein Zweifel daran bestehen, daß jeder Versuch, materielle Enteignung ohne Entschädigung vornehmen zu wollen, eindeutig verfassungswidrig ist. Er ließe sich durch nichts rechtfertigen, weil er letztlich immer dazu führen würde, die Eigentumsgarantie auszuhöhlen. Ein solcher Versuch würde also sowohl gegen Art. 14 Abs. 3 als auch gegen Art. 14 Abs. 1 Satz 1 GG verstoßen.

Mit dieser Feststellung ist das Eigentum allerdings noch nicht voll gesichert, wie es der Garantie des Art. 14 Abs. 1 Satz 1 GG entspricht. Denn *daß* zu entschädigen ist, sagt nichts darüber aus, *wie* zu entschädigen ist. So wie versucht werden könnte, Art. 14 Abs. 3 GG dadurch zu umgehen, daß man den Bereich der Enteignung zugunsten der entschädigungslosen Sozialbindung zurückdrängt, so könnte man Art. 14 Abs. 3 GG auch dadurch leerlaufen lassen, daß man zwar die Notwendigkeit der Entschädigung einräumt, diese jedoch so tief ansetzt, daß von einer »juste indemnité« nicht mehr die Rede sein könnte. Hier besteht im Grunde eine größere Gefahr als bei den Versuchen, Entschädigung überhaupt zu negieren, gerade weil nicht auf den ersten Blick erkennbar ist, daß gegen Art. 14 Abs. 3 und damit gegen Abs. 1 Satz 1 GG verstoßen wird. Hier ist nun der Wortlaut des Art. 14 Abs. 3 GG leider nicht ganz eindeutig, wenn er in Satz 3 festlegt, daß die Entschädigung unter gerechter Interessenabwägung von Allgemeinheit und Beteiligten zu bestimmen ist. Nach Sinn und Zweck der Eigentumsgarantie kann aber kein Zweifel daran bestehen, daß die Entschädigung den Substanzverlust grundsätzlich voll abzugelten hat[135]. Alles andere würde die Eigentums- bzw. Eigentumswertgarantie (in die die Eigentumsgarantie bei der Enteignung umschlägt) unzulässig unterlaufen. Unzulässig deshalb, weil das Eigentum nicht bruchstückweise, sondern nur *voll* garantiert werden kann. Zu Recht führt *Rüfner* aus, daß die Notwendigkeit, einen bestimmten Gegenstand zu entziehen es nicht zu rechtfertigen vermag, dem Betroffenen durch Versagung des vollen

---

[134] Vgl. statt vieler *Kimminich* (FN 101), 355.
[135] Vgl. *Leisner* (A, FN 5), 109 ff. (110); ders., Grundeigentum und Versorgungsleitungen (Berlin) 1973, 14 f. m. w. Nachw.; *ders.*, Privateigentum ohne privaten Markt?, BB 75, 1 ff. (4 l. Sp.); *Kimminich* (FN 101), 357 f.; teilweise a. A. *Kreft* (FN 119), 337; wie hier *Rüfner*, Die Berücksichtigung der Interessen der Allgemeinheit bei der Bemessung der Enteignungsentschädigung, Festschrift Scheuner 1973, 511 f. (511, 513, 515, 520, 524) m. w. Nachw.

3. Inhaltsbestimmung und Sozialbindung des Eigentums

Wertausgleichs noch ein zusätzliches Opfer aufzuerlegen. „Der Enteignete soll sich an der Entschädigung nicht bereichern, er soll aber auch keinen Schaden haben, der anderen nicht zugemutet wird. Patriotischer Opfersinn wird von ihm nicht erwartet[136]."

An diesen Tatsachen vermag auch die etwas mißverständliche Haltung des BVerfG nichts zu ändern. Das BVerfG hat im Hamburger Deichurteil die Auffassung vertreten, daß der Enteignete nicht stets vollen Ausgleich für das Genommene erhalten müsse, daß der Gesetzgeber vielmehr je nach den Umständen „vollen Ersatz, aber auch eine darunter liegende Entschädigung bestimmen" könne[137]. Dies kann jedoch nicht als Grundtenor der Ansicht des BVerfG zur Entschädigungsfrage verstanden werden. Das BVerfG hat in der gleichen Entscheidung den Begriff der Eigentumswertgarantie verwendet[138]. Und der Wert des Eigentums ist nun einmal sein voller Wert. Was darunter bleibt, ist nur ein Teilwert und kann sich dementsprechend nur auf einen Teil des entzogenen Eigentums, nicht aber auf das ganze Eigentum beziehen. Die Eigentumswertgarantie ist ebensowenig spaltbar wie die Eigentumsgarantie. Es mag in Extremsituationen Fälle geben, wo eine Ausnahme vom Grundsatz der vollen Entschädigung im Hinblick auf das Verhältnis Gemeininteresse zum Individualinteresse gerechtfertigt ist. Das bedürfte jedoch als Ausnahme von der Regel besonders eingehender Begründung und wird immer schwer zu rechtfertigen sein[139]. Sollte das BVerfG seine Äußerung, von der unter dem vollen Ersatz liegenden Entschädigung nicht in dem hier aufgezeigten sehr restriktiven Sinn gemeint haben, wäre diese Ansicht allerdings zu revidieren. Aber es steht wohl außer Zweifel, daß es dem BVerfG ernst ist mit der Eigentums- und Eigentumswertgarantie.

Als Ergebnis ist deshalb festzuhalten, daß das Junctim des Art. 14 Abs. 3 GG im Lichte der Eigentumsgarantie des Art. 14 Abs. 1 Satz 1 GG *immer* Entschädigung verlangt und diese grundsätzlich dem *vollen* Wert des Entzogenen entsprechen muß.

---

[136] *Rüfner* (FN 135), 515.
[137] BVerfGE 24, 421.
[138] BVerfGE 24, 397; vgl. auch *Rüfner* (FN 135), 513, 524 f. der zu Recht auf die Besonderheiten dieses Falles hinweist und betont, daß Grundsatz bei der Enteignungsentschädigung der volle Wertausgleich sein müsse.
[139] So im Ergebnis und unter richtiger Eingrenzung der Tragweite des Hamburger Deichurteils *Rüfner* (FN 135), 519 ff. (524 f.).

C. Das Eigentum im europäischen Recht

1. Europäische und nationale Eigentumsordnung
(Zur Bedeutung von Art. 91 EAGV, Art. 83 EGKSV und Art. 222 EWGV)

Es steht außer jedem Zweifel, daß das europäische Recht expressis verbis weder eine Instituts- noch eine Individualgarantie des Eigentums kennt, denn es fehlt hier an einem eigenen Grundrechtskatalog. Die Europäischen Verträge stellen ein Verfassungswerk ohne Grundrechte dar, jedenfalls auf den ersten Blick. Gerade dies ist der Hauptansatzpunkt einer kaum mehr zu überschauenden Fülle von Abhandlungen zum Grundrechtsproblem allgemein im Europa-Recht, wobei für die einen die Diskussion bei der Feststellung des fehlenden Grundrechtskatalogs mehr oder weniger aufhört, während die Mehrzahl der anderen immer wieder versucht nachzuweisen, daß hier eben doch keine „Herrschaft ohne Grundrechte" vorliegt[1].

---

[1] Vgl. aus der Fülle der Abhandlungen: *G. Erler* und *W. Thieme,* Das Grundgesetz und die öffentliche Gewalt internationaler Staatengemeinschaften, in: VVDStRL Bd. 18, 7 ff. bzw. 50 ff.; *D. Küchenhoff,* Grundrechte und Europäisches Staatengemeinschaftsrecht, DÖV 63, 161 ff.; *Fuß,* Zur Rechtsstaatlichkeit der Europäischen Gemeinschaften, DÖV 64, 577 ff.; *Constantinesco,* Die Eigentümlichkeiten des Europäischen Gemeinschaftsrechts, JuS 65, 289 ff. und 340 ff.; *von Meibom,* Beiträge zum Europarecht, NJW 65, 465 ff.; *Badura,* Verfassungsstruktur in den Internationalen Gemeinschaften, VVDStRL Bd. 23, 34 ff. (66 ff., 77 ff.); *v. d. Groeben,* Über das Problem der Grundrechte in der Europäischen Gemeinschaft, in: Festschrift für Walter Hallstein, 226 ff.; *Schlenzka,* Die Europäischen Gemeinschaften und die Verfassungen der Mitgliedstaaten; *Gorny,* Verbindlichkeit der Bundesgrundrechte bei der Anwendung von Gemeinschaftsrecht durch deutsche Staatsorgane (11 ff., 132 ff., 138 ff.); *Pescatore,* Die Menschenrechte und die europäische Integration, Integration 69, 103 ff.; *ders.,* Gemeinschaftsrecht und staatliches Recht in der Rechtsprechung des Gerichtshofs der Europäischen Gemeinschaften, NJW 69, 2065 ff.; *Zuleeg,* Das Recht der europäischen Gemeinschaften im innerstaatlichen Bereich (KSE Bd. 9), 158 ff.; *von Meibom,* Der EWG-Vertrag und die Grundrechte des Grundgesetzes, DVBl. 69, 437 ff.; *Schwaiger,* Zum Grundrechtsschutz gegenüber den Europäischen Gemeinschaften, NJW 70, 975 ff.; *Spanner,* EWG-Recht und Grundrechtsschutz, BayVBl. 70, 341 ff.; *Zieger,* Das Grundrechtsproblem in den Europäischen Gemeinschaften (Recht und Staat Heft 384/385); *Rupp* (A, FN 11); *Mössner,* Die Rechtsprechung des Gerichtshofs der EG im Jahre 1970, AWD 71, 382 ff. (384); *Rittstieg,* Anmerkung zum U. d. EuGH vom 17. 12. 1970, RS 11/70, AWD 71, 183 ff.; *Schwaiger,* Mitgliedstaatliche Verfassungsmäßigkeit und sekundäres Gemeinschaftsrecht, AWD 72, 265 ff.; *Mössner,* Einschränkungen von Grundrechten durch EWG-Recht, AWD 72, 610 ff.; *Fuß,* Rechtsstaatliche

1.1 Die MRK als Ersatzgrundrechtskatalog?

Im Gegensatz zu den hier im Zentrum der Betrachtung stehenden Verträgen (EAGV, EGKSV und EWGV) gibt es in der MRK vom 4. November 1950 doch ein europäisches Gesetzeswerk, das die Instituts- und Individualgarantie des Art. 14 GG ebenfalls enthält. Zwar konnte man sich in der MRK selbst noch nicht auf die Eigentumsgarantie einigen, aber im 1. Zusatzprotokoll (ZPr.) vom 20. März 1952 wurde sie in Art. 1 ZPr. niedergelegt[2]. Es mangelt auch nicht an Versuchen, den fehlenden Grundrechtskatalog der Europa-Verträge durch die MRK und das 1. Zusatzprotokoll zu ersetzen. Teilweise wurden die Regelungen der Verträge sogar direkt an der MRK i. V. m. dem 1. ZPr. gemessen[3]. Letztlich führt dies aber zu nichts, weil, wie allgemein anerkannt, die Europäischen Gemeinschaften jedenfalls nicht unmittelbar an die MRK gebunden sind[4]. Auch die zwischenzeitlich erfolgte Ratifizierung der MRK durch Frankreich, und damit die Tatsache, daß nunmehr die MRK für alle Mitgliedstaaten verbindlich ist, vermag schon wegen der unbestrittenen Eigenständigkeit der Gemeinschaftsrechtsordnung keine direkte Bindung der Verträge an diesen Menschenrechtskatalog zu bewirken[5]. Es spielt deshalb *in diesem Zusammenhang*

Bilanz der Europäischen Gemeinschaften, Festschrift für G. Küchenhoff, 781 ff. (793 ff.); *Pescatore*, Le *Droit* de l'Intégration (Leiden 1972); *Ullrich*, Menschenrechte und europäisches Gemeinschaftsrecht, Diss. Saarbrücken 1973; *Zuleeg*, Das *Verhältnis* des Gemeinschaftsrechts zum nationalen Recht, JR 73, 441 ff.; *Erichsen*, Zum Verhältnis von EWG-Recht und nationalem öffentlichen Recht der Bundesrepublik Deutschland, Verwaltungsarchiv Bd. 64 (1973), 101 ff.; *Zieger*, Die *Rechtsprechung* der Europäischen Gerichtshofs, Jb. d. ö. R. n. F. Bd. 22 (1973), 299 ff.; *Riegel*, Zum Problem der allgemeinen Rechtsgrundsätze und Grundrechte im Gemeinschaftsrecht, NJW 74, 1585 ff.; ders., Allgemeine *Auslegungsgrundsätze* und Grundlagen des Gemeinschaftsrechts, BayVBl. 74, 33 ff.; ders., Das *Verhältnis* von europäischem Gemeinschaftsrecht zu dem Recht der Mitgliedstaaten und dem von Drittländern, BayVBl. 74, 358 ff.; *Benda / Klein*, Das Spannungsverhältnis von Grundrechten und internationalem Recht, DVBl. 74, 389 ff.; vgl. weiter die Nachweise u. zu FN 11.

[2] Zur Entstehungsgeschichte von Art. 1 ZPr. vgl. jüngst *Offermann-Clas*, Eigentum in den Europäischen Gemeinschaften, 1974, 117 ff. m. w. Nachw.; Offermann-Clas beschränkt ihre Untersuchung allerdings bezüglich des Gemeinschaftsrechts entgegen dem generellen Titel ausschließlich auf den EAGV.

[3] Vgl. *Escher*, Die Geltung der Europäischen Menschenrechtskonvention gegenüber den drei Europäischen Gemeinschaften, insbes. S. 25 ff.

[4] Vgl. *Schlenzka* (FN 1), 200 ff.; *Zieger* (FN 1), 18 f.; *Erler* (FN 1), 31 f.; *v. Meibom* (FN 1, EWG-Vertrag), 440; *Pescatore* (FN 1, Menschenrechte), 121; zur auch ansonsten unterschiedlichen rechtlichen Beurteilung im innerstaatlichen Recht der Mitgliedstaaten der EG vgl. *Offermann-Clas* (FN 2), 119 f. m. w. Nachw.

[5] Diese Ansicht wird durch das Urteil des EuGH v. 14. 5. 74 (RS 4/73) klar bestätigt, wenn er lediglich von einer „Berücksichtigung" internationaler Verträge spricht (hektogr. Fassung, S. 30); vgl. auch *Goose*, AWD 74, 489 ff. (490) in seiner Anm. zu vorgenanntem Urteil.

auch keine Rolle, ob man den Rechten der MRK unmittelbare Wirkung für den einzelnen Bürger verleiht oder nicht[6]. Andererseits läßt sich nicht leugnen, daß die Europäischen Gemeinschaften nicht in einem „luftleeren Raum" stehen und sich deshalb an allgemein anerkannten Rechtsgrundsätzen des Völkerrechts, ebenso wie des mitgliedstaatlichen Rechts orientieren müssen, sie zumindest nicht unbeachtet lassen dürfen[7].

Darauf hat der EuGH auch kürzlich mit aller Deutlichkeit hingewiesen, indem er ausführte, daß die internationalen Verträge über den Schutz der Menschenrechte, denen die Mitgliedstaaten beigetreten sind, Hinweise geben können, „die im Rahmen des Gemeinschaftsrechts zu berücksichtigen sind"[8]. Alles andere widerspräche auch dem Wesen einer Gemeinschaft, die aus freiheitlichen demokratischen Staaten entstanden ist, mag man dies nun als Loyalitätsgebot oder anders bezeichnen[9]. Es ist deshalb schon aus diesem Grunde einfach zu positivistisch, wenn man das Fehlen eines Grundrechtskataloges bzw. das Fehlen der ausdrücklichen Übernahme der MRK durch die Gemeinschaften schlicht mit einem notwendig daraus folgenden Mangel an Grundrechts-(und damit evtl. auch Eigentums-)Schutz gleichstellt[10]. Und es ist, nicht zuletzt auch im Hinblick auf das vorstehend erwähnte Urteil des EuGH v. 14. 5. 74[8], mehr als bedauerlich, daß das BVerfG in seinem Beschluß v. 29. 5. 74 diese positivistische Haltung übernommen hat und sogar — etwas, worauf wir überhaupt keinen Anspruch haben, wie von der abweichenden Meinung zu Recht hervorgehoben — die Zulässigkeit von Normenkontrollverfahren bezüglich des sekun-

---

[6] Vgl. hierzu einerseits *Vitta*, L'integrazione Europea, 36 ff. (44 f.), andererseits *Leisner*, AVR Bd. 11, 384 ff. (385).

[7] Vgl. *Wengler*, Grundrechtsminimum und Äquivalenz des Grundrechtsschutzsystems, JZ 68, 327 ff.; *Zieger* (FN 1), 23 f. u. 42 f.; vor allem auch *Zweigert* in Diritto delle Comunità Europee e Diritto degli Stati membri, 137 ff. (163 f.), der das Spannungsverhältnis klar herausstellt, indem er zu Recht darauf hinweist, daß die Gemeinschaftsorgane bei aller Respektierung der nationalen Verfassungsprinzipien diese eben gerade nicht anwenden.

[8] EuGH, U. v. 14. 5. 74 (RS 4/73), hektogr. Fassung, S. 30, abgedruckt in AWD 74, 487 ff. m. Anm. *Goose* = DVBl. 74, 672 ff. m. Anm. *Meier* = NJW 75, 518 f.

[9] Vgl. *v. Meibom* (FN 1, Beiträge), 446; *Thieme* (FN 1), LS I 2 u. S. 54 verleiht nicht zu Unrecht (wenn auch in der praktischen Konsequenz nur mit unterschiedlicher Intensität durchsetzbar) den in den Mitgliedstaaten übereinstimmenden Grundrechten den „Rang eines ungeschriebenen Verfassungsrechts der Staatengemeinschaft"; das muß dann genauso gelten, wenn diese Grundrechte in völkerrechtlichen Verträgen ihren Niederschlag gefunden haben; vgl. auch *Zweigert* (FN 7), 164.

[10] So aber *Rupp* (A, FN 11), 354; *Wengler*, Anm. zu BVerfG JZ 68, 99 ff. in JZ 68, 100 ff. (102); wie hier zu Recht auch *Ullrich* (FN 1), 56 f.; vgl. auch *Riegel* (FN 1, Verhältnis), 362, dem ausdrücklich zustimmend *Engels*, AWD 74, 553 ff. (555).

1. Europäische und nationale Eigentumsordnung

dären Gemeinschaftsrechts bis zum Inkrafttreten eines geschriebenen, dem GG adäquaten Grundrechtskataloges bejaht[11]. Bedauerlich auch im Hinblick auf die Entscheidung des gewiß nicht mit geringerer Weisheit als das BVerfG judizierenden Italienischen Verfassungsgerichtshofes v. 18. 12. 73, der zu Recht die Normenkontrolle bezüglich Sekundärrechts der Gemeinschaften für unzulässig erklärt hat[12]. Ebenso wie das Recht der Mitgliedstaaten als Auslegungsfaktor des Gemeinschaftsrechts unbestritten ist[13], wofür in Art. 215 EWGV sogar eine positive Grundlage zu finden ist, gilt dies auch für allgemein anerkannte Grundsätze des Völkerrechts, ohne daß es einer ausdrücklichen Bezugnahme in den Gemeinschaftsverträgen bedürfte[14]. Der EuGH hat bereits mit Urteil vom 12. 7. 57 entschieden, daß er bei der Lösung einer Frage, für die der Vertrag keine Vorschriften enthält, verpflichtet sei, „diese Frage von sich aus *unter Berücksichtigung der in Gesetzgebung, Lehre und Rechtsprechung der Mitgliedstaaten anerkannten Regeln zu entscheiden*"[15]. Ähnlich führte er im Urteil vom 10. 12. 57 aus, daß (im

---

[11] BVerfG NJW 74, 1679 ff. m. jeweils ablehnender Anm. *Meier*, NJW 74, 1704; *Riegel*, NJW 74, 2176 f.; *Golsong*, EuGRZ 74, 17 f.; *Bülow*, EuGRZ 74, 19 f.; *Louis*, EuGRZ 74, 20 f.; *Pestalozza*, DVBl. 74, 716 ff.; *Engels*, AWD 74, 553 ff.; *Emmerich*, JuS 75, 182; *Zuleeg*, DÖV 75, 44 f.; *Erichsen*, Verwaltungs-Archiv 1975 (Bd. 65), 177 ff.; *Deringer/Sedemund*, NJW 75, 482 ff. (die zu Recht darauf hinweisen, daß der Beschluß des BVerfG eine klare Vertragsverletzung darstellt (482, 483); scharf ablehnend auch *Ipsen*, BVerfG versus EuGH re „Grundrechte", EuR 75, 1 ff.
Zustimmend soweit ersichtlich nur *Rupp*, Zur bundesverfassungsgerichtlichen Kontrolle des Gemeinschaftsrechts am Maßstab der Grundrechte, NJW 74, 2153 ff., sowie *Schwaiger*, Zur normativen Grenze und innerstaatlichen Überprüfbarkeit sekundären Gemeinschaftsrechts, RIW/AWD 75, 190 ff.

[12] Ital. VerfGH, EuR 74, 255 ff., hierzu vgl. *Riegel* (FN 11), 2176 (r. Sp.), sowie *Ipsen* (FN 11), 2.

[13] Vgl. statt vieler *Zieger* (FN 1), 14 f. und passim; *Pescatore*, Das Zusammenwirken der Gemeinschaftsrechtsordnung mit den nationalen Rechtsordnungen, in: Gemeinschaftsrecht und nationale Rechte (KSE), Bd. 13, Schlußwort, passim; *Schlochauer*, Der Gemeinschaften-Gerichtshof als Integrationsfaktor, in: Festschrift für W. Hallstein, 438 ff.; *Jerusalem*, Das Recht der Montanunion, 83, sowie allgemein *Lecheler*, Der Europäische Gerichtshof und die allgemeinen Rechtsgrundsätze, passim (insbes. S. 56 ff.), und vgl. allg. zur Rolle des EuGH für die Fortbildung des Gemeinschaftsrechts *Bebr*, Judicial Control of the European Communities, 28.

[14] Statt vieler vgl. *Zieger* (FN 13), ebd.; *Seidl-Hohenveldern*, Das Recht der Internationalen Gemeinschaften, Rz. 1613; bezüglich der Einwirkung des Völkerrechts auf das Gemeinschaftsrecht sei verwiesen auf das Urteil des EuGH vom 12. 12. 72 (EuR 73, 144 ff.), wonach die Gültigkeit der Handlungen der Organe der Gemeinschaft i. S. Art. 177 EWGV an einer Bestimmung des Völkerrechts gemessen werden können, vorausgesetzt allerdings, daß diese Bestimmung die Gemeinschaft bindet und die Gemeinschaftsangehörigen sich hierauf berufen können (ebd., 144 LS 1, sowie 146 f.), vgl. hierzu auch die Anm. von *Millarg*, EuR 73, 148 ff. (150 f.); ebenso EuGH, U. v. 24. 10. 73 (RS 9/73), EuR 74, 36 ff., 36 (LS 4) und 43 f. m. Anm. Nicolaysen, EuR 74, 76 ff. (51); sowie jüngst EuGH, U. v. 14. 5. 74 (RS 4/73), S. 29 f. (hektogr. Fassung).

[15] EuGHE III, 118 (Hervorhebung v. Verfasser).

konkreten Fall) *„ein in allen Ländern der Gemeinschaft anerkannter Rechtsgrundsatz anzuwenden (sei)*, wonach eine schriftliche Willenserklärung wirksam wird, sobald sie ordnungsgemäß in den Machtbereich des Empfängers gelangt ist"[16]. Ebenso nahm er in den Urteilen vom 21. und 26. 6. 58 auf einen „in den Rechtsordnungen aller Mitgliedstaaten allgemein anerkannten Rechtsgrundsatz" Bezug[17], während er im Urteil vom 22. 3. 61 die Rechtmäßigkeit des rückwirkenden Widerrufs eines Verwaltungsaktes u. a. damit begründete, daß „die Rechtsordnungen aller Mitgliedstaaten den rückwirkenden Widerruf stets dann zu (lassen), wenn der betreffende Verwaltungsakt auf falschen oder unvollständigen Angaben der Beteiligten beruhte"[18]. Für den Bereich des Eigentumsrechts speziell ist hervorzuheben, daß der EuGH diesbezüglich vom Rückgriff auf die tragenden Grundsätze des Eigentumsrechts spricht[19]. Und im kürzlich ergangenen Urteil v. 14. 5. 74 setzt der EuGH dieses Grundrecht als im Gemeinschaftsrecht existent offensichtlich voraus, wenn er davon spricht, daß es berechtigt sei, in der Gemeinschaftsrechtsordnung für die in den Verfassungsordnungen aller Mitgliedstaaten geschützten Rechte wie Eigentum etc. lediglich bestimmte Begrenzungen vorzubehalten, „die durch die dem allgemeinen Wohl dienenden Ziele der Gemeinschaft gerechtfertigt sind, *solange die Rechte nicht in ihrem Wesen angetastet sind"*[20]. Gerade aus diesem Grund und insbesondere im Hinblick auf dieses Urteil des EuGH rennt das BVerfG offene Türen ein, wenn es in seinem Beschluß v. 29. 5. 74[11], der also nach dem Urteil des EuGH erging, zu betonen

---

[16] EuGHE III, 200 (Hervorhebung v. Verfasser).
[17] EuGHE IV, 257, 304, 408, 445, 483 und 523.
[18] EuGHE VII, 173.
[19] EuGHE VIII, 754.
[20] EuGH, U. v. 14. 5. 74 (RS 4/73), S. 30 (hektogr. Fassung), Hervorhebung v. Verf. Nachdem der EuGH hier eine Reihe von Grundrechten genannt hat, dürften auch endgültig die Bedenken und Ausführungen von *Ullrich* (FN 1), insbes. 55, 66, 68 widerlegt sein. Irgendwelche daraus abgeleiteten Befürchtungen zum Grundrechtsschutz im Gemeinschaftsrecht sind nach diesem Urteil (spätestens!), das *Ullrich* allerdings nicht mehr berücksichtigen konnte, nicht mehr berechtigt; a. A. jedoch *Meier* (FN 11), 1704 sowie *ders.* (FN 8), 674, und mit großem Nachdruck *Rupp* (FN 11), 2154; gegen diese Bedenken *Riegel* (FN 11), 2177; wieso insbesondere *Rupp* sich gegen den vom EuGH verwendeten Begriff des Wesensgehalts der Grundrechte wendet, ist nicht recht verständlich; die innerstaatlichen Gerichte einschließlich des BVerfG und auch die Literatur nehmen die Abgrenzung z. B. zwischen Sozialbindung und Enteignung immer entscheidend nach dem Begriff des Wesensgehalts vor, und alle kamen dabei stets zu vertretbaren Ergebnissen; wie hier sieht auch *Emmerich* die Bezugnahme auf die Wesensgehaltsschranke bei Grundrechtseingriffen ausschließlich positiv, denn entscheidend ist doch, daß der EuGH damit die auch für das innerstaatliche Recht geläufige Grenze bei Grundrechtseingriffen expressis verbis für das Gemeinschaftsrecht übernimmt, vgl. *Emmerich*, JuS 75, 181 f. (182, r. Sp.); ähnlich auch *Engels* (FN 11), 554 f. (555).

1. Europäische und nationale Eigentumsordnung

müssen glaubt, daß die Bindung an die Verträge nicht einseitig sei, sondern auch die Gemeinschaftsorgane sich sozusagen „grundrechtskonform" verhalten müßten[21]. Es kann deshalb kein Zweifel daran bestehen, daß das Europa der Gemeinschaften solche Rechtsgrundsätze grundsätzlich anzuerkennen hat, womit allerdings noch nicht gesagt ist, in welchem Umfang, insbesondere bezüglich der Eigentumsordnung. Nur nebenbei sei hier vermerkt, daß jedenfalls der Beitritt weiterer Staaten zu den Gemeinschaften an solchen Bindungen nichts zu ändern vermag[22].

1.2 Braucht das europäische Recht überhaupt eine eigene Eigentumsordnung?

Daß die Tatsache des fehlenden Grundrechtskatalogs als solche kein Hindernis sein kann für eine mögliche Eigentumsgarantie im europäischen Recht, wurde bereits als zu positivistisch abgelehnt.

Anders ist es dagegen mit der Bestimmung des Art. 222 EWGV und den Parallelvorschriften der beiden anderen Verträge. Hierin könnte evtl. eine Rechtfertigung dafür liegen, daß das Gemeinschaftsrecht gar keine eigene Eigentumsgarantie benötigt, weil entweder generell nur die mitgliedstaatlichen Eigentumsordnungen gelten sollen (dann natürlich beschränkt auf den jeweiligen mitgliedstaatlichen Hoheitsbereich), oder aber sogar die jeweilige mitgliedstaatliche Eigentumsgarantie direkt von den Gemeinschaften mit garantiert wird.

1.2.1 Geltungsbereich des Art. 222 EWGV und der Parallelbestimmungen

Bei der Prüfung dieser Bestimmungen ist zunächst der Umfang festzustellen, für den sie Geltung beanspruchen. Dies ist für den Bereich des EGKSV und des EAGV bereits aus dem Wortlaut klar. Während Art. 83 EGKSV sich nur auf die Eigentumsordnung der Unternehmen bezieht, die den Regeln des EGKSV unterliegen, bezieht sich die Eigentumsklausel des Art. 91 EAGV nur auf jene Gegenstände i. S. des EAGV, an denen kein Eigentum der Gemeinschaft besteht. Lediglich Art. 222 EWGV enthält eine allgemeine Formulierung ohne jede Einschränkung. Die wohl herrschende Ansicht legt diese Bestimmung zu Recht nach der Entstehungsgeschichte und dem Vergleich insbesondere mit Art. 83 EGKSV dahingehend aus, daß es hier doch primär um die Eigentums-

---
[21] BVerfG Beschl. v. 29. 5. 74 (FN 11), hektogr. Fassung, S. 11.
[22] Vgl. *Nass*, Die erweiterte Gemeinschaft zwischen Identität und Wandel, NJW 73, 393 ff. (393, 394) m. w. Nachw.

ordnung der wirtschaftlichen Unternehmen geht[23]. Das würde bereits bedeuten, daß eine unmittelbare Garantie des Art. 14 GG über Art. 222 EWGV selbst nach dem EWGV nicht umfassend wäre. Davon abgesehen aber besteht kein Zweifel daran, daß Art. 222 EWGV und die Parallelvorschriften keine unmittelbare Eigentumsgarantie zugunsten der Marktbürger enthalten, da diese Bestimmungen nicht an sie, sondern an die Mitgliedstaaten adressiert sind[24]. Die Marktbürger können sich also nicht über Art. 222 EWGV etc. auf Art. 14 GG berufen. Eine andere Frage ist, ob die nationale Eigentumsgarantie nicht wenigstens mittelbar durch Art. 222 EWGV etc. gewährleistet wird. Dies ist zu bejahen, denn in dem Maße, in dem die nationale Eigentumsordnung unberührt gelassen wird durch die Verträge, wird notwendigerweise auch deren Kern, nämlich Art. 14 GG „institutionell gemeinschaftsrechtlich respektiert"[25].

1.2.2 Notwendigkeit einer eigenen europarechtlichen Eigentumsgarantie

Das führt jedoch letztlich nicht weiter und macht deshalb den Nachweis einer eigenen *europarechtlichen* Eigentumsgarantie nicht überflüssig. Unabhängig von dem Streit, ob die nationale Eigentumsordnung gemeinschaftsrechtlich gesehen zukunftssicher ist oder nicht[26], kann es allgemein beim Problem des Grundrechtsschutzes im europäischen Recht nicht mehr darum gehen, diesen Schutz von der nationalen Ebene her zu lösen. Spätestens seit dem auf Vorlagebeschluß des VG Frankfurt vom 18. 3. 70 ergangenen Urteil des EuGH vom 17. 12. 70 (RS 11/70) dürfte kein Zweifel mehr daran bestehen, daß für diesen entscheidenden Interpreten des europäischen Rechts mitgliedstaatlichen Grundrechten — und damit auch Art. 14 GG — im Rahmen des Gemeinschaftsrechtsschutzes keine unmittelbare Relevanz zukommt[27]. Dies erklärt sich

---

[23] Vgl. *Burghardt* (A, FN 9), 27 ff.; hierzu *Deringer*, in: EuR 70, 291 ff.; *Ehle*, Klage- und Prozeßrecht des EWG-Vertrages, Rdnr. 17 zu Art. 220/222; *Quadri / Monaco / Trabucchi*, Commentario CEE zu Art. 222 insbes. Anm. 1, 4 und 5; *v. Groeben / v. Boeckh*, EWG-Kommentar Bd. 2, 2 zu Art. 222; *van der Meersch*, Droit des communautés européennes, Rz. 2050 und 2152; *Scherer*, Die Wirtschaftsverfassung der EWG, 175 (177, 179).

[24] Vgl. *Ehle* (FN 23), Rdnr. 18; *Burghardt* (A, FN 9), 71; *Quadri* u. a. (FN 23), Anm. 1 und 6; *Ipsen*, Europäisches Gemeinschaftsrecht, 725; EuGH E XII, 423 f. (Schlußantrag des GA Roemer); *Lecheler* (FN 13), 162; gegen diese h. M. *F. A. Mann*, Industrial Property and the EEC-Treaty, International and Comparative Law Quarterly 75, 31 f. (34 unter FN 4).

[25] Vgl. *Ipsen* (FN 24), 729.

[26] Vgl. einerseits *Burghardt* (A, FN 9), 68 f. und *Quadri* u. a. (FN 23), Anm. 6 andererseits *Stendardi*, Il regime di proprietà nei paesi membri delle Communità Economiche Europee in Il Diritto negli scambi internazionali 1963, 275 ff. (276 f., 280).

[27] EuGH E XVI, 1125 ff. = NJW 71, 343 f. = AWD 71, 181 ff. mit Anm. *Rittstieg* (183 ff.); vgl. auch *Schwaiger* (FN 1, Grundrechtsschutz), 977; vgl.

1. Europäische und nationale Eigentumsordnung

aus der voll zu billigenden Grundeinstellung des EuGH, wonach Gemeinschaftsrecht in erster Linie aus sich heraus zu interpretieren ist, was nur eine logische Folge der Ansehung des Gemeinschaftsrechts als eigene Rechtsordnung darstellt. Es ist auch kaum zu erwarten (und aus Gründen eines einheitlichen europäischen Grundrechtsschutzes auch nicht wünschenswert), daß der EuGH von seiner Auffassung zum Verhältnis von Europarecht und staatlichem Verfassungsrecht abweicht[28]. Das Verhältnis der beiden Rechtsordnungen läßt sich wohl insgesamt mit *Pescatore* als »système de complémentarité avec prééminence du droit communautaire« bezeichnen[29]. Daß der EuGH diesen Vorrang des Gemeinschaftsrechts immer konsequenter ausbaut, beweist wohl nichts mehr als sein Urteil v. 12. 7. 73, wo er ausführt, daß „eine Entscheidung nach Art. 93 Abs. 2 EWGV mit der die Kommission die Aufhebung oder Umgestaltung mitgliedstaatlicher Beihilfen anordnen, auch die Verpflichtung der Mitgliedstaaten zur Rückforderung vertragswidrig gewährter Beihilfen umfassen (kann)"[30]. Ganz abgesehen davon, daß er der Diskussion um das Vorrang-Problem „weitgehend das Wasser abgegraben" hat, indem er in der vom VG Frankfurt angegriffenen Entscheidung vom 17. 12. 70[27] ausdrücklich betont hat, daß die Beachtung der Grundrechte zu den vom Gerichtshof zu wahrenden allgemeinen

---

aber schon EuGH E VI, 920 f. (U. v. 15. 7. 60), wo der EuGH bereits darauf hinwies, daß er „bei der Prüfung der Rechtmäßigkeit einer Entscheidung der Hohen Behörde weder zur Auslegung noch zur Anwendung von Art. 14 des deutschen Grundgesetzes schreiten" kann (921), sowie EuGH E IX 5 f. (U. v. 5. 2. 63) Leitsatz 3, wo der EuGH unmißverständlich ausführte, daß es sich bei der EWG um eine neue Rechtsordnung des Völkerrechts handle, zu deren Gunsten die Staaten in begrenztem Rahmen ihre Souveränitätsrechte eingeschränkt hätten und daß insbesondere das Gemeinschaftsrecht von der mitgliedstaatlichen Gesetzgebung unabhängig sei und dem einzelnen eigene Pflichten wie eigene Rechte auferlegt, was im berühmten Costa gegen E.N.E.L.-Fall, EuGH E X, 1253 ff. (1256 f., LS 3, sowie 1269 f.) bestätigt wurde. Vgl. auch EuGH E XIII, 608 sowie XIV, 216 f. (LS 1) und XV, 1 (LS 1) und 14, wo insbesondere auf den Grundsatz des Vorrangs des Gemeinschaftsrechts hingewiesen wird, desgleichen XVI, 451 (LS 1), wo hervorgehoben wird, daß die Mitgliedstaaten keine eigene Rechtssetzungsbefugnis mehr haben, soweit eine Übertragung auf die Gemeinschaft vorliegt.

[28] Vgl. auch den dies als Selbstverständlichkeit hinstellenden Bericht „Wesen und Tragweite des EWG-Rechts", in: JP Nov./Dez. 1972, 1 ff.; zustimmend zu dieser Haltung auch *Fuß* (FN 1, Bilanz), 794; ebenso dezidiert für den Vorrang des Gemeinschaftsrechts *Ullrich* (FN 1), 163 ff. (169!).

[29] *Pescatore* (FN 1, Droit), 33, 37; vgl. hierzu *Riegel* (FN 1, Verhältnis), 359 m. w. Nachw.

[30] EuGH U. v. 12. 7. 73 (RS 70/72), NJW 74, 435 ff. = EuR 73, 342 ff. m. Anm. *Millarg*; dieses Urteil kann als ein gutes Beispiel für die Richtigkeit der Ausführungen *Del Bos* gelten: »... il trasformasi dei rapporti contrattuali in rapporti istituzionali è sempre in grado di dar vita ad impegni supranazionali«, in: Quadri-Monaco-Trabucchi, Commentario CECA, Einleitung S. 3, wobei für das Gemeinschaftsrecht hinzukommt, daß hier die Institutionalisierung einer hierarchistischen Über- und Unterordnung von Anfang an gegeben war, vgl. Quadri-Monaco-Trabucchi, ebd.

Rechtsgrundsätzen gehört[31], was er jüngst im U. v. 14. 5. 74 deutlich wiederholt hat[32]. Die Behauptung *Ullrichs,* daß die von vielen Autoren aufgestellte These, wonach die allgemeinen Rechtsgrundsätze der Mitgliedstaaten zum ungeschriebenen Gemeinschaftsrecht gehörten, einer Begründung entbehrte, ist einfach unzutreffend[33]. Diese Behauptung fußt auf der ständigen Rechtsprechung des EuGH, wie durch das Urteil vom 14. 5. 74 erneut bewiesen. Auch der Vorlagebeschluß des VG Frankfurt zum BVerfG[34], und der darauf ergangene Beschluß des BVerfG v. 29. 5. 74 werden trotz aller Bedauerlichkeit nichts an der Rechtsprechung des EuGH ändern[35]. Der Frage, ob die Wesensgehaltsgarantie des Art. 79 Abs. 3 GG eine Schranke für den europäischen Gesetzgeber ist — der hier nicht näher nachgegangen zu werden braucht[36] —, kommt wohl schon wegen der politischen und wirtschaftlichen Unmöglichkeit, notfalls die Verträge wegen eventueller Verfassungswidrigkeit des Zustimmungsgesetzes aufzukündigen, kaum mehr praktische Bedeutung zu[37]. Auch das BVerfG hat in seinem formell und materiell nicht zu rechtfertigenden Beschluß v. 29. 5. 74[11], der

---

[31] So mit Recht *Rittstieg* (FN 27), 183; sowie *Meier,* Die Europäische Rechtsprechung zu den allgemeinen Problemen der politischen und rechtlichen Integration, NJW 73, 923 ff. (924 r. Sp.).

[32] EuGH v. 14. 5. 74 (RS 4/73), S. 30 (hektogr. Fassung), hierzu s. auch D am Ende.

[33] *Ullrich* (FN 1), 66.

[34] VG Frankfurt AWD 71, 541 ff., hierzu vgl. *Schwaiger* (FN 1), Verfassungsmäßigkeit; *Riegel,* Zum Verhältnis von EWG-Recht und staatlichem Verfassungsrecht, BayVBl. 73, 96 ff. und *Meier,* FN 31 (924 f.).

[35] BVerfG NJW 74, 1697 (s. FN 11).

[36] Nach wie vor stark betont wird die Wesensgehaltsschranke von *Zuleeg* (FN 1), 161 f. und in: Die Kompetenzen der Europäischen Gemeinschaften gegenüber den Mitgliedstaaten, Jb. d. ö. R. d. Gegenwart Bd. 20, 1 ff. (28 f.). Nebenbei sei hier bemerkt, daß *Zuleegs* Lösung, die innerstaatlichen Stellen sollten in Kollisionsfällen das Gemeinschaftsrecht nicht anwenden dürfen (Kompetenzen, 31), Art. 5 EWGV doch zu wenig berücksichtigt. Es ist um so bedauerlicher, daß diese Lösung vom BVerfG im Beschluß v. 29. 5. 74 (FN 11) und damit der Verstoß gegen Art. 5 und 7 EWGV, der bei Nichtanwendung eindeutig gegeben wäre, sanktioniert wurde, obwohl überhaupt kein Rechtsschutzbedürfnis hierzu besteht.

[37] In diesem Zusammenhang ist besonders der Zwischenbericht der Enquête-Kommission des Deutschen Bundestages zu Fragen der Verfassungsreform interessant (veröffentlicht in: „Zur Sache", Themen Parlamentarischer Beratung, Bonn, Heft 1/73). Zur Frage des Art. 24 GG wurde klargestellt, daß zwischenstaatliche Einrichtungen nicht nur die nach Art. 24 Abs. 1 übertragenen Hoheitsrechte, sondern originäre Befugnisse haben (ebd., 60). Außerdem war die Kommission der Ansicht, daß das Europäische Gemeinschaftsrecht dem nationalen Verfassungsrecht vorgeht. Das Problem des Art. 79 Abs. 3 GG wurde ausdrücklich offengelassen, um nicht zu sagen, dahingestellt (ebd., 62); vgl. auch *Ipsen* (FN 24), 716 f., der sich zu Recht gegen die Überbetonung dieser Seite der Grundrechtsdiskussion wendet und wie hier die Diskussion allein im Rahmen des Gemeinschaftsrechts führt.

Zur Frage der politischen Auswirkungen einer Nichtigerklärung des Zustimmungsgesetzes vgl. auch *Benda / Klein* (FN 1), 395.

1. Europäische und nationale Eigentumsordnung

unter Verstoß gegen die Rechtsprechung des EuGH und gegen die Bestimmungen der Art. 5 und 7 EWGV die Zulässigkeit der Normenkontrollklage gegen sekundäres Gemeinschaftsrecht bejaht (und zwar auflösend bedingt durch Inkrafttreten eines dem GG adäquaten geschriebenen gemeinschaftsrechtlichen Grundrechtskatalogs), eine — an sich allein zulässige — Prüfung des primären Gemeinschaftsrechts wohl aus den vorgenannten Gründen nicht vorgenommen[38]. Aber gerade deshalb ist es um so wichtiger zu wissen, wie es um die europäischen Grundrechte steht.

Dies ist eine weitere Rechtfertigung für die vorliegende Arbeit. Ebensowenig, wie nun Art. 222 EWGV und seine Parallelvorschriften eine europarechtliche Eigentumsordnung ersetzen können, folgt bereits aus dem Vorhergesagten, daß sie keinesfalls eine solche verbieten wollen. Der beste Beweis hierfür ist in den Art. 86 ff. EAGV zu sehen. Hier liegt sogar der Ansatzpunkt einer beschränkten Eigentumsordnung. Es findet sich allerdings auch hier (wie, was bereits gesagt werden kann, auch im übrigen nirgends im Gemeinschaftsrecht) weder eine § 903 BGB noch eine Art. 14 GG ähnliche Bestimmung. Die Gründe, weshalb das Europa-Recht auf eine eigene zivilrechtliche Umschreibung des Eigentumsbegriffs verzichten kann, wurden bereits angeführt[39]. Aber daß das Gemeinschaftsrecht das Institut Privateigentum kennt, zeigen gerade die Art. 86 ff. EAGV. Wäre der Gemeinschaftsgesetzgeber nicht von einer umfassenden Verfügungsbefugnis des Eigentümers ausgegangen, hätte er das Eigentum an den besonderen spaltbaren Stoffen nicht auf die Gemeinschaft zu übertragen brauchen. Damit ist allerdings nicht gesagt, in welchem Umfang der Gemeinschaftsgesetzgeber das Eigentum als schutzwürdig ansieht, wo er die Grenzen des Eigentums zieht, und ob er überhaupt von einer Vermutung für die Eigentümerrechte ausgeht etc.

Dies alles gilt es nun darzulegen. Das Gemeinschaftsrecht soll daraufhin untersucht werden, ob und gegebenenfalls wie weit man von einer gemeinschaftsrechtlichen Individualgarantie sprechen kann, bzw. in welchem Umfang eine rechtsstaatlichen Erfordernissen genügende Eigentumsordnung des Europarechts vorliegt. Möglicherweise kann so auch eine auf Art. 14 GG beschränkte Antwort auf die Befürchtungen bezüglich des Grundrechtsschutzes im europäischen Recht gewissermaßen als Nebenprodukt gefunden werden.

Damit wird gleichzeitig ein hypothetisches Vorgehen abgelehnt. Es soll nicht abstrakt im Wege der Rechtsvergleichung etc. versucht werden aufzuzeigen, weshalb eine Eigentumsgarantie im Europarecht

---

[38] BVerfG (FN 11), hektogr. Fassung des Beschlusses S. 8.
[39] Vgl. oben A 3.

vorhanden sein müßte, wie es jüngst wieder bezüglich des Gleichheitssatzes unternommen wurde[40]. Diese Methode ersetzt die konkrete Untersuchung nicht, und sie erweist sich als überflüssig, wenn die Untersuchung zeigen sollte, daß die einzelnen, das Eigentum berührenden Bestimmungen, überhaupt nur auf dem Boden einer gemeinschaftsrechtlichen Eigentumsgarantie verständlich sind.

2. Das Eigentum im EAGV

Von den drei Gemeinschaftsverträgen enthält lediglich der EAGV ein dem Eigentum gewidmetes Kapitel. Kapitel VIII EAGV trägt die Überschrift: Das Eigentum. Etwas ähnliches findet sich nirgends in den beiden anderen Verträgen. Die Art. 86 ff. EAGV haben nicht zuletzt deshalb eine starke Anziehungskraft auf die Fachwelt ausgeübt. Während dem Problem des Eigentums im Gemeinschaftsrecht *generell* bisher, soweit ersichtlich, keine Arbeit gewidmet wurde[2], erfuhren die Eigentumsprobleme im EAGV von Anfang an eine umfangreiche und vielzählige Erörterung. Aus diesen beiden Gründen empfiehlt es sich, mit der Erörterung des Eigentums im EAGV zu beginnen. Dabei kann angesichts der bereits vorliegenden zahlreichen Abhandlungen der Akzent auf die Frage gelegt werden, ob die Art. 86 ff. EAGV und evtl. weitere, das Eigentum berührende Regelungen im EAGV ganz oder teilweise eine allgemeine Schlußfolgerung für das Verständnis der Rolle des Eigentums im Gemeinschaftsrecht überhaupt zulassen, oder ob nicht vielleicht zumindest bezüglich der Art. 86 ff. ein absoluter Sonderfall vorliegt.

2.1 Die Regelung der Art. 86 ff. EAGV

Die Art. 86 ff. EAGV haben nicht zu Unrecht gleich nach ihrem Inkrafttreten eine große Faszination auf die Juristen bewirkt. Wurde doch hier in Art. 86 der Gemeinschaft ein Eigentum an den besonderen spaltbaren Stoffen i. S. Art. 197 EAGV kraft Gesetzes zugewiesen, dem in Art. 87 EAGV jeglicher wirtschaftliche Wert genommen wird. Denn

---

[40] Vgl. *Feige*, Der Gleichheitssatz im Recht der EWG, insbes. 127 ff. (189 f.) (damit soll allerdings nicht behauptet werden, daß *Feige* keine konkrete Untersuchung des EWGV auf den Gleichheitssatz hin vorgenommen hätte. Vielmehr schließt sich die Herleitung des Gleichheitssatzes im EWGV im Wege der Lückenausfüllung über Art. 215 Abs. 2 EWGV analog an eine bei ihm negativ verlaufene konkrete Untersuchung der Bestimmungen des EWGV auf den Gleichheitssatz hin an (73 f.).
Aber es soll hier davor gewarnt werden, die Grundrechtsprobleme in erster Linie als Probleme der Rechtsvergleichung etc. zu sehen, anstatt die Lösung, wie insbesondere auch *Ipsen* (FN 24), 716 f. zu Recht betont, durch Messung der Grundrechte am Gemeinschaftsrecht selbst zu suchen; vgl. auch *Riegel* (FN 1, Grundrechte), 1585.

2. Das Eigentum im EAGV

Art. 87 EAGV berechtigt allein die möglichen Besitzer besonderer spaltbarer Stoffe zu unbeschränktem „Nutzungs- und Verbrauchsrecht", weshalb von vielen Autoren auch Art. 87 EAGV als der Ausgangspunkt für die Interpretation des achten Kapitels im EAGV angesehen wird, bzw. als der eigentliche Inhalt dieser Eigentumsregelung[41]. Hier ist eine Eigentumsform kodifiziert, die ein totales Auseinanderfallen von Haben und Ausnützen-Dürfen bei zwei Rechtsträgern zum Inhalt hat. Derartiges glaubte man mit dem Inkrafttreten des BGB überwunden zu haben, denn das geltende Recht hat mit der historisch einzig greifbaren Parallele des altrechtlichen Ober- und Untereigentums aus guten Gründen Schluß gemacht[42]. Zum Verständnis der Art. 86 ff. EAGV wurde deshalb auch immer wieder auf diese Parallele hingewiesen[43], um auf diesem Umweg und mit Hilfe von Art. 87 EAGV als „Kern" der Art. 86 ff. EAGV[44] den Beweis zu versuchen, daß das Eigentum i. S. Art. 86 EAGV gar nicht als Eigentum gemeint sei, sondern lediglich als absolute Kontrolle des Verfügenden, und daß deshalb dieser „Untereigentümer" des Art. 87 EAGV eben doch im Grunde der wahre Eigentümer sei. Aber eine solche Konstruktion ist nun einmal mit dem geltenden deutschen Recht und auch den Rechtsordnungen der übrigen Mitgliedstaaten[45] nicht vereinbar. Die Rechtshistorik vermag zwar zum Verständnis beizutragen, nicht aber den Bruch mit dem geltenden Recht zu legitimieren[46]. Die Frage, ob Art. 86 EAGV mit Art. 14 Abs. 3 GG vereinbar ist, läßt sich damit nicht beantworten und hat im Gegenteil die ganze Diskussion verdunkelt.

[41] Vgl. *Knappmann*, Das Eigentum im Euratom-Vertrag und der Besitz im Atomgesetz im Vergleich zu den gleichlautenden Begriffen im BGB; *Böhm*, Die juristische Problematik des europäischen Kernbrennstoffeigentums, NJW 61, 1553 (1554), *Schnorr*, Die Eigentumsordnung im Euratom-Vertrag, Wirtschaftsdienst 61, 124 ff. (126). Zum Inhalt der Art. 86 ff. EAGV allgemein, dessen Erörterung im einzelnen wegen der anderweitig vielfältigen Darlegungen hier unterbleiben kann, vgl. neben den angeführten vor allem *Vedel*, Le régime de propriété dans les Traité Euratom, AFDI 1957, 586 ff. und *Haedrich*, Das Eigentum der Europäischen Atomgemeinschaft an Kernbrennstoffen, in: Festschrift für C. F. Ophüls, 51 ff.; *Lukes*, Die Eigentumsregelung für die besonderen spaltbaren Stoffe im Euratomvertrag, in: Zweites Deutsches Atomrechts-Symposium (künftig zitiert Symposium), 1974, 35 ff.; *Lukes* untersucht die Eigentumsfrage jedoch nicht im Hinblick auf Art. 14 Abs. 3 GG, so daß seine Ausführungen für die vorliegende Untersuchung nicht von unmittelbarer Bedeutung sind.
[42] Hierzu vgl. oben B, 3.2.
[43] Vgl. *Böhm* (FN 41), 1556; *ders.*, Die Internationale Regelung der Eigentumsverhältnisse im Bereich der friedlichen Verwendung der Atomenergie, 81 ff.; *Escher* (FN 3), 29 f.; *Knappmann* (FN 41), 31 f.
[44] Vgl. *Schnorr* (FN 41), 126.
[45] Vgl. *Haedrich* (FN 41), 57, es kann aber im einzelnen hier auf sich beruhen.
[46] Dies hat *Herpers*, Artikel 86 des Europäischen Atomgemeinschaftsvertrages (EAGV) und Artikel 14, Absatz 3 des Grundgesetzes (GG), ZgStW Bd. 123, 339 ff. (343), klar nachgewiesen und ergibt sich auch aus dem oben B 3.2 zum Ober- und Untereigentum Gesagten.

2.1.1 Art. 86 und 87: ein Fall von Sozialbindung?

Diese Feststellung gilt vor allem für diejenigen Autoren, die in Art. 86 und 87 EAGV eine zulässige Sozialbindung des Eigentums i. S. Art. 14 Abs. 1 Satz 2 und Abs. 2 GG sehen, sofern eine nähere dogmatische Begründung abgegeben wird[47]. Dafür, daß keine Enteignung, sondern lediglich ein Fall von Sozialbindung vorliegen soll, werden im wesentlichen drei Begründungen angeführt.

Zum einen — und das ist das häufigst gebrauchte Argument — heißt es, wie oben bereits angedeutet, daß doch das Eigentum der Gemeinschaft i. S. Art. 86 EAGV nicht als Eigentum zu sehen sei, sondern sich als Verfügungsverbot für die nach Art. 87 EAGV Nutzungsberechtigten darstelle. Dabei sind die Äußerungen z. T. sehr widersprüchlich. So sagt *Schnorr* einerseits, daß es abwegig wäre, hier von Enteignung zu sprechen, wo das Eigentum der Gemeinschaft doch rein formaler Natur sei, andererseits versteht er dennoch das Eigentum i. S. Art. 86 EAGV im wörtlichen Sinn, bezeichnet die Stellung des Besitzers i. S. Art. 87 EAGV als eigentumsähnlich und hebt die juristische Besonderheit der Art. 86 und 87 EAGV mehr oder weniger als zukunftsweisend hervor[48]. Daß gerade letzteres nicht der Fall ist, wird noch zu erörtern sein. *Böhm* dagegen zieht die gleiche Begründung für die Sozialbindung heran, betont aber andererseits, daß hier das geltende Recht verlassen wird[49]. Immer wieder aber taucht das Argument auf, hier sei Eigentum genannt, was sich nur als Verfügungsverbot darstelle[50]. Daß diese „weil nicht sein kann, was nicht sein darf"-Argumentation nicht richtig ist, hat *Herpers* überzeugend nachgewiesen[51]. Zu Unrecht verweisen auch alle diese Autoren ständig auf den bei *Vedel* angeführten, von der französischen Regierung stammenden Begriff der «technique juridique»[52]. Gerade *Vedel* hat aufgezeigt, daß das Eigentum i. S. Art. 86 EAGV

---

[47] An einer solchen Begründung für ihre Ansicht fehlt es z. B. bei *Burghardt* (A, FN 9), 25; *Schlenzka* (FN 1), 193 unter FN 9, beide verweisen zur Begründung lediglich auf Art. 87 EAGV, allerdings wird umgekehrt genauso ohne Begründung behauptet, Art. 86 EAGV verletze Art. 14 Abs. 3 GG, vgl. z. B. *D. Küchenhoff* (FN 1), 164.

[48] *Schnorr* (FN 41), 128 und 129.

[49] *Böhm* (FN 43, Internationale Regelung), 87 ff. und *ders.* (FN 41), 1558.

[50] Vgl. *Badura* (FN 1), 83; *Escher* (FN 3), 29 und die in FN 47 und 49 Genannten.

[51] *Vedel* (FN 41), 589.

[52] Vgl. *Vedel* (FN 41), 595 f.; hierzu auch *Haedrich* (FN 41), 56 f. sowie *Herpers* (FN 46), 344 f. Gerade auch *Böhm* erkennt unter Verweisung auf *Vedel* deshalb an, daß richtiges Eigentum anzunehmen sei, vgl. *Böhm* (FN 43), 86; gegen die Heranziehung des Begriffes „Eigentum" in Art. 86 EAGV als Auslegungskriterium *Lukes* (FN 41), 48 u. 52 f., der auch die Kontrollbefugnisse etc. der Gemeinschaft nicht als eigentumsrelevant anerkennt (53 f.), andererseits zu dem Ergebnis kommt, daß man als Inhalt des Gemeinschaftseigentum an den besonderen spaltbaren Stoffen „die Summe der Eingriffsbefugnisse und Verfügungsbeschränkungen" verstehen müsse

2. Das Eigentum im EAGV

wörtlich zu verstehen ist, weil es insbesondere sämtliche Aufsichts- und Kontrollrechte beinhaltet[53], ganz abgesehen davon, daß *Vedel* eindeutig den Tatbestand der Enteignung bejaht, worauf noch zurückzukommen ist.

Wenn nun aber echtes Eigentum der Gemeinschaft vorliegt, dann ist es schon aus Gründen der Systematik des Art. 14 GG unmöglich, noch von Sozialbindung zu sprechen. Da außerdem, wie in Teil B nachgewiesen[54], eine neue Form der Sozialbindung in Gestalt der Aufspaltung von Ober- und Untereigentum mit dem geltenden Recht unvereinbar ist, verneinen diese Autoren zu Unrecht das Vorliegen der Enteignung.

Eine besondere Begründung für die Verneinung der Enteignung bringt *Knappmann*, die deshalb eine eigene Stellungnahme verdient, weil sie beweist, wie groß die *Gefahr einer konsequenten Durchführung der Sonderopfertheorie ist*. Es wurde oben darauf hingewiesen, daß die Sonderopfertheorie auf Grund ihrer rein formalen Kriterien streng theoretisch bei Gruppenbetroffensein nie zur Enteignung kommen kann, weil dann ja alle von der Maßnahme gleichermaßen betroffen sind. Daß dies nicht richtig sein kann, wurde auch vom BGH erkannt, weshalb er in solchen Fällen auf materielle Kriterien abstellen muß[55]. Nicht gesehen wurde dieses Problem offenbar von *Knappmann*, der die Sonderopfertheorie rigoros anwendet. Er begründet das Nichtvorliegen der Enteignung wörtlich wie folgt: „... *Die Regelung des Euratom-Vertrages bezieht sich aber unterschiedslos auf alle Verbraucher und Erzeuger von besonderen spaltbaren Stoffen. Von diesen Beschränkungen wird also der Kreis dieser Rechtsträger einheitlich beschlossen. Deshalb sind diese Bindungen*, die im Interesse der Allgemeinheit erfolgten, *Ausfluß der Sozialpflichtigkeit des Eigentums*, die wegen der besonderen Gefährlichkeit des Kernmaterials hier auch weitreichende Schranken zuläßt. *Eine Enteignung ist nicht anzunehmen*[56]." Eine solche Abgrenzung der Sozialbindung zur Enteignung aber ist, wie oben dargelegt, nicht zu billigen[55].

(53, 56, 59); ebenso *Everling*, Die Eigentumsproblematik bei besonderen spaltbaren Stoffen, in: Symposium, 89 ff. (91 f.); ähnlich *Offermann-Clas* (FN 2), 130 ff. (134, 139 f., 147).
Die Diskussion all dieser Thesen auf dem Zweiten Deutschen Atomrechtssymposium hat gezeigt, daß die Problematik nach wie vor streitig ist, und man insbesondere nicht so ohne weiteres am Terminus „Eigentum" vorbeikommt, vgl. die Diskussionsbeiträge von *Matthies* und *Oboussier* (103 f.), sowie von *Pelzer* (107 f.).
[53] Vgl. *Vedel* (FN 41), 395 »... que la propriété de la Communauté, n'ayant en ellemême aucune valeur économique, *la perte de cette propriété* ... n'est susceptible d'entraîner l'allocation d'aucune indemnité« (Hervorhebung v. Verf.). *Vedel* geht also davon aus, daß Enteignung vorliegt, die allerdings unter den besonderen Umständen keine Entschädigung nach sich ziehen soll.
[54] B. 3.2.
[55] B. 3.4.1.
[56] *Knappmann* (FN 41), 55 (Hervorh. v. Verf.).

Eine dritte, ebensowenig zu akzeptierende Begründung dafür, daß lediglich Sozialbindung vorliegen soll, wird darin gefunden, daß der Tatbestand der Enteignung mit einem Güterbeschaffungsvorgang verknüpft wird, der aber nicht gegeben sei, da die Gemeinschaft keinen Wertzuwachs erhalte[57]. Nun ist zwar der Güterbeschaffungsvorgang ein Indiz für das Vorliegen von Enteignung, aber dieser enge klassische Enteignungsbegriff umfaßt längst nicht alle Möglichkeiten von Enteignung[58]. Diese ist vielmehr dann anzunehmen, wenn dem Betroffenen alle oder doch die entscheidende Verfügungsbefugnis genommen wird[59]. Zwar erhalten bzw. behalten die Besitzer i. S. Art. 87 EAGV die wirtschaftliche Substanz der besonderen spaltbaren Stoffe, aber es fehlt ihnen doch das Mitentscheidende, nämlich das Haben und das Verfügenkönnen. Die rein wirtschaftliche Nutzung ist nicht das Charakteristikum der Eigentümerstellung, wenn das Haben und das Verfügenkönnen fehlen: Der Besitzer i. S. Art. 87 EAGV ist deshalb nicht mehr als Besitzer, er ist kein Eigentümer. Und es ist auch durch nichts erwiesen, daß der Gemeinschaftsgesetzgeber die „Untereigentümer" des Art. 87 EAGV als echte Eigentümer verstanden wissen und gar eine neue Eigentumsform einführen wollte.

2.1.2 Art. 86: ein Fall von Enteignung?

Auch die Begründungen der Autoren, die zwar nicht von einer zulässigen Sozialbindung, sondern vom Tatbestand der Enteignung ausgehen, sind hinsichtlich der Übereinstimmung mit Art. 14 Abs. 3 GG sehr verschieden. Zunächst wird darauf hingewiesen, daß bezüglich der deutschen Besitzer eine Enteignung schon deshalb nicht vorliege, weil diese ja vor Inkrafttreten des EAGV kein Privateigentum an den besonderen spaltbaren Stoffen innehatten[60]. An diesem Einwand ist soviel richtig, daß zumindest nach der Rechtsprechung des BVerfG der Schutz des Art. 14 GG primär auf die jeweils gegenwärtige Situation abstellt, so daß beim Inkrafttreten des EAGV vor allem Art. 12 GG, nicht aber Art. 14 GG berührt werden konnte. Aber es ist doch nicht zu übersehen, daß die deutschen Besitzer niemals Eigentum erwerben können, auch nicht nach den §§ 947, 948 BGB[61], so daß Art. 14 Abs. 3 GG auf jeden Fall für diesen Bereich im Raume steht.

---

[57] Vgl. *Escher* (FN 43), 29 f.
[58] Dies hat *Haedrich* (FN 41), 63 richtig erkannt, der deshalb das Vorliegen der Enteignung im Ergebnis bejaht, jedoch in den Art. 87 und 89 EAGV die Art. 14 III GG genügende Entschädigung sieht.
[59] Vgl. oben B. 3.4.1.
[60] Vgl. *Zieger* (FN 1), 55 unter FN 257, *Ipsen* (FN 24), 726; *Erler* (FN 1), 28 spricht dagegen klar von einem „stets weiter wirkenden vertraglichen Enteignungsakt ex lege", ohne sich allerdings zur Frage zu äußern, ob in den Art. 87 ff. eine Entschädigung i. S. Art. 14 III GG gesehen werden kann.

Dagegen wird nun aber insgesamt vorgebracht, daß doch die Art. 88 und 89 EAGV eine Art. 14 Abs. 3 GG genügende Entschädigung enthielten, so daß sich also die deutsche Eigentums- und Eigentumswertgarantie voll durch die Art. 86 ff. EAGV bestätigt fänden[62]. Daß aber der Sinn der Art. 88, 89 EAGV überhaupt nicht darin besteht, eine Entschädigung für vorangehende Enteignung zu liefern, hat *Vedel* überzeugend nachgewiesen. Sinn der Art. 88 und 89 (in Fortsetzung des Art. 87 EAGV) ist es vielmehr einmal, jeden Sozialisierungsverdacht zu entkräften, andererseits handelt es sich hier um eine klare Zuweisung der Risiken und Chancen an die Besitzer[63]. Von einer Entschädigung kann nach allem nicht gesprochen werden.

2.1.3 Eigene Lösung

Es bleibt noch die insgesamt am besten vertretbare Ansicht *Vedels*, daß hier *ein Fall entschädigungsloser Enteignung* vorliegt[64]. Doch braucht hierauf aus folgenden Erwägungen nicht näher eingegangen zu werden: Einmal schon deshalb — wenn es nicht aus Gründen der Begriffsklarheit nötig gewesen wäre nach den unter B) entwickelten Kriterien aufzuzeigen, daß keinesfalls von Sozialbindung gesprochen werden kann, wo Enteignung vorliegt — weil in den Art. 86 ff. EAGV eine Lösung getroffen wurde, die zu dem gewünschten Zweck außer Verhältnis steht. Darüber sind sich alle Autoren einig[65]. Nun stehen aber nach h. M. und der Rechtsprechung des BVerfG sowohl Sozialbindung als auch Enteignung unter dem Gebot der Verhältnismäßigkeit[66]. Schon deshalb wären hier sowohl Sozialbindung als auch erst recht Enteignung als rechtswidrig anzusehen. Das Problem ist auch nicht über Art. 15 GG zu lösen, denn ein Sozialisierungsmodell war nicht gewollt und ist gerade durch Art. 87 ff. EAGV widerlegt[67]. Zum

---

[61] Vgl. *Haedrich* (FN 41), 61; dies gilt jedoch dort nicht, wo durch Vermischung etc. ein Endprodukt entsteht, das kein besonders spaltbarer Stoff i. S. Art. 197 EAGV mehr ist, vgl. *Lukes* (FN 41), 70 m. w. Nachw.

[62] Vgl. *Zieger* (wie FN 60); *Ipsen* (wie FN 60); *Haedrich* (FN 41), 63 f.; *Schlenzka* (FN 1), 193 unter FN 9, zur Regelung der Art. 88 und 89 i. e. vgl. *Schnorr* (FN 41), 126; *Herpers* (FN 46), 346; *Vedel* (FN 41), 591 ff.

[63] Vgl. *Vedel* (FN 41), 591 f., auch *Herpers* (FN 46), 346 hat richtig erkannt, daß dies keine Entschädigungsregelung darstellt, ohne allerdings auf die von *Vedel* hervorgekehrte Bedeutung der Art. 88 und 89 EAGV einzugehen.

[64] Vgl. *Vedel* (FN 41), 595.

[65] Vgl. *van der Meersch* (FN 23), Rz. 2902; *Vedel* (FN 41), 587; *Böhm* (FN 43), 42 und 84 f.; *Herpers* (FN 46), 340; *Haedrich* (FN 41), 54 f.; *Knappmann* (FN 41), 16 f.; *Lukes* (FN 41), 63 f.

[66] Vgl. z. B. BVerfGE 24, 404 (zur Enteignung), BVerfGE 18, 132, E 25, 117 (zur Sozialbindung).

[67] Der Gedanke des Art. 15 GG klingt z. B. an bei *Ipsen* (FN 24), 726; *Vedel* (FN 41), 587 f. hat den Gedanken des Sozialisierungsmodells überzeugend widerlegt, vgl. auch *Badura* (FN 1), 82 f.

anderen — und dies ist das stärkere Argument — zeigt die Entstehungsgeschichte der Art. 86 ff. EAGV, daß hier ein in der Geschichte der europäischen Verträge wohl einmaliger Sonderfall eines notwendigen politischen Kompromisses vorliegt. Nun kann man dem entgegenhalten, daß letztlich alle drei Verträge auf politischen Kompromissen beruhen. Aber dabei darf man nicht übersehen, daß der EAGV eben eine besonders brisante Materie regelt und es nicht nur die politischen Interessen der (damals) sechs Signatarstaaten, sondern die besonderen Wünsche der Vereinigten Staaten zu berücksichtigen galt, die ihr Vorbild der Eigentumsverhältnisse an den spaltbaren Stoffen i. S. Art. 197 EAGV schließlich durchsetzten[68]. Die Art. 86 ff. EAGV sind deshalb primär als eminent politischer Kompromiß zu verstehen, nicht als juristisches Faktum, noch gar als juristische Neuerung. Die Politik hat hier unter dem Zwang, eine Lösung, die für alle gleichermaßen akzeptabel ist, zu finden, alle am geltenden Recht orientierten juristischen Denkmodelle gesprengt. Es handelt sich in der Tat um »... un certain nombre de considérations quelque peu contradictoires, voire irréconciliables par des solutions juridiques classiques«[69]. Damit muß man sich begnügen, wenn man nicht unzutreffenden Erwägungen zum Opfer fallen will. Es geht nicht an — und irgendwo vergibt sich der Jurist wohl etwas dabei — mit aller Gewalt versuchen zu wollen, einen nur politisch voll zu verstehenden Sondertatbestand juristisch in den Griff bekommen zu wollen. Eines aber gilt es festzuhalten unter ausdrücklicher Zurückweisung von *Schnorrs* Meinung, hier liege eine beachtenswerte neue Eigentumsform vor[70]. Gerade die Geschichte der Art. 86 ff. EAGV und das Ringen um eine Lösung zeigen, daß hier *kein Modellfall europäischer Sozialisierung* gegeben ist. Das beweist auch die Regelung der Art. 87 ff. EAGV i. Vbdg. mit Art. 91 EAGV, der ja integrierender Bestandteil des Kapitels VIII im EAGV ist: ohne daß man

---

[68] Zur Geschichte des EAGV vgl. vor allem *Böhm* (FN 43), 68 ff.; *v. d. Meersch* (FN 23), Rz. 2888, 2896; *Vedel* (FN 41), 587 f.; *Haedrich* (FN 41), 53; *Schnorr* (FN 41), 127; *Knappmann* (FN 41), 13 ff., 17 f.; *Offermann-Clas* (FN 2), 126 ff.; zu dem besonderen Aspekt der Zusammenarbeit mit den U.S.-Behörden vgl. auch *Lukes* (FN 41), 60 f.

[69] *v. d. Meersch* (FN 23) Rz. 2896, deshalb kann *Quadri* u. a. (FN 23) Anm. 1 zu Art. 222 zugestimmt werden, wenn sie von einem „diritto di proprietà sui generis" sprechen; ähnlich auch *Offermann-Clas* (FN 2), 157, die darauf hinweist, daß es sich beim Eigentum i. S. Art. 86 EAGV um ein „atypisches Gebilde" handelt, „das durch wirtschaftspolitische Gegebenheiten zustandegekommen ... (und) einer Einordnung nicht zugänglich ist".

[70] *Schnorr* (FN 41), 129, vgl. hierzu auch den bei *Böhm* (FN 43), 105 zitierten Satz *Kruses*, wonach „die rechtliche Sonderstellung der Kernbrennstoffe in den allgemeinen Güterordnungen der Staaten im internationalen Handelsverkehr ... offensichtlich (ist)". Auch *Vedel* hat von Anfang an die Betonung mehr auf die unstreitig an sich interessanten juristischen Fragen allgemein gelegt, als auf die Probleme der Enteignung und Sozialbindung, die im Zentrum der Erörterung bei den deutschen Autoren stehen.

auf die Frage der Entschädigung hier einzugehen braucht, anerkennt der EAGV trotz des eindeutigen Sonderfalls, den er zu regeln hat, das Privateigentum als Instituts- und Individualgarantie[71]. Das wird auch die anschließende Erörterung der übrigen das Eigentum betreffenden Regelungen im EAGV zeigen.

Eine Bemerkung aber kann vorweg noch getroffen werden. Man sollte sich generell vor einer Überbewertung der Probleme des EAGV hüten. Einmal deshalb, weil, wie dargelegt, hier die Politik ein erdrückendes Übergewicht hat. Zum anderen aber, weil die Atomgemeinschaft in einer nicht zu verheimlichenden Dauerkrise steht und sich nur noch von einer „Rettungskonferenz" zur anderen schleppt[72].

2.2 Die anderen Eigentumsregelungen im EAGV

Von den Art. 86 ff. EAGV abgesehen, enthält der EAGV in den Kapiteln II, III, IV, VI und VII verschiedene Tatbestände, die Probleme der Sozialbindung bzw. der Enteignung aufwerfen. Da es sich nicht um allzu viele Bestimmungen handelt und außerdem in einigen Kapiteln sowohl Enteignungs- als auch Sozialbindungsprobleme auftauchen, bietet sich ein dem Aufbau des EAGV angeglichenes Vorgehen an.

2.2.1 Die Verbreitung der Kenntnisse (Kapitel II EAGV)

Eine erste, die Eigentumsgarantie berührende Regelung beinhaltet die Mitteilungspflicht an die Kommission nach Art. 16 EAGV, die sich auf zwei verschiedenartige Patente und Gebrauchsmuster bezieht, nämlich einmal solche, „die für das Kerngebiet eigentümlich" (Abs. 1), und solche, die „zwar nicht für das Kerngebiet eigentümlich" sind, jedoch mit der Entwicklung der Kernenergie *unmittelbar* zusammenhängen *und* hierfür von *wesentlicher* Bedeutung sind (Abs. 2, Hervorhebung v. Verf.).

---

[71] Im Ergebnis so auch *Ipsen* (FN 24), 729.
[72] Vgl. die eindeutigen Berichte in Le Monde Diplomatique; als Beispiele seien angeführt: LMD Janvier 1973, 26 mit der Überschrift »Euratom impasse totale« in LMD, Février 1973, 27 heißt es dann im Hinblick auf d. zwischenzeitl. Konferenz: Euratom, Nouvel Echec, u. so verwundert es nicht, wenn der vorläufig rettende Konferenzbeschluß vom 5. 2. 73 von *Lavallard* als »un programme sans projets ambitieux« bezeichnet wird, LMD Mars 1973, 38; an anderer Stelle charakterisiert *Lavallard* das Programm als gerade ausreichend, um nicht zu viel Personal zu entlassen (»... l'Euratom a enfin un programm pluriannuel, mais juste suffisant pour ne pas l'obiger à licencier trop de personnel«), La Liquidation de l'eldo, LMD Juin 1973, 30, vgl. andererseits schon *Deringer* und *Sedemund*, NJW 72, 996 (r. Sp.) wo von einem „Zustand der Aushöhlung von Euratom" die Rede ist, sowie *Meier*, Die Beendigung der Mitgliedschaft in der Europäischen Gemeinschaft, NJW 74, 391 ff. (392), der von einem „Schattendasein" der Atomgemeinschaft spricht; und jüngst *ders.*, Die Europäische Gemeinschaft im Übergang, RIW/AWD 75, 65 ff. (65).

Für beide Absätze ist zunächst zu sagen, daß sie sich direkt nur an die Mitgliedstaaten wenden. Für den Patentinhaber, der vor der Mitteilung an die Kommission um seine Zustimmung angegangen wird, bedeutet dies jedoch möglicherweise eine von seiner Kontrolle unabhängige Verbreitung der Patente und so evtl. eine Einkommensminderung. Art. 16 Abs. 4 EAGV zeigt aber, daß solche Befürchtungen unbegründet sind, denn die Mitteilung erfolgt nur zu Dokumentationszwecken. Diese sind zur Erfüllung der Aufgaben des Art. 2 EAGV unerläßlich und können anders nicht effektiv durchgesetzt werden. Es bestehen deshalb keine Bedenken gegen ein solches Verfahren. Von einer Verletzung der Eigentumsgarantie (die ja Patente etc. umfaßt) kann keine Rede sein. Dieses Verfahren ist auch im Falle des Abs. 2 nicht unverhältnismäßig, da die Einschränkung hinsichtlich des Kreises der mitzuteilenden Patente etc. sich aus dem Wortlaut des Abs. 2 ergibt und die Erstreckung der Mitteilungspflicht auf dieses Patent gerechtfertigt ist, soweit ein unmittelbarer Zusammenhang mit der Entwicklung der Kernenergie innerhalb der Gemeinschaft besteht, was ja Voraussetzung für die Mitteilungspflicht ist.

Es sei in diesem Zusammenhang auf die Rechtsprechung des BVerfG zur Frage der Akteneinsicht im Patenterteilungsverfahren in der BRD verwiesen, die ja im Grunde viel weiter geht, als die Regelung des Kapitels II EAGV, weil gemäß Art. 7 § 1 Abs. 2 Patent-Änderungsgesetz nach Ablauf bestimmter Fristen *jedermann* freie Akteneinsicht hat. Dennoch hat das BVerfG hierin zu Recht keinen Verstoß gegen Art. 14 GG gesehen, weil — genau wie in Art. 16 EAGV — dem Informationsbedürfnis der Wirtschaft Rechnung zu tragen und dies nicht unter Verstoß gegen Art. 14 GG durch die Akteneinsicht geschehen ist[73]. Es kann deshalb mit Sicherheit unterstellt werden, daß das BVerfG in Art. 16 EAGV — die Zuständigkeit zur Prüfung unterstellt — aus den gleichen Gründen und in Übereinstimmung mit der obigen Argumentation keinen Verstoß gegen Art. 14 GG sähe.

Die Gefahr einer unkontrollierten Ausnutzung der auf dem Wege der Mitteilungspflicht erlangten Kenntnisse wird durch Art. 16 Abs. 4 Satz 2 EAGV gebannt: Eine Nutzung der mitgeteilten Erfindungen kann nur mit Zustimmung des Anmelders (also des Inhabers der Patente bzw. Gebrauchsmuster, die Mitgliedstaaten sind ja lediglich Mitteiler) erfolgen, womit die Verfügungsbefugnis des Eigentümers geachtet wird, oder nach Maßgabe der jetzt zu besprechenden Art. 17 ff. EAGV.

Im Falle der *Art. 17 ff. EAGV* kann allerdings von einer sich auch im Rahmen des Art. 14 Abs. 1 Satz 2 und Abs. 2 GG haltenden Sozial-

---

[73] BVerfG E 36, 281 ff. (292 f.).

2. Das Eigentum im EAGV

bindung nicht mehr gesprochen werden, weil dem Eigentümer die Bestimmung über die Verfügung seines Eigentums so weitgehend genommen wird, daß der Kern des Eigentums als getroffen anzusehen ist[74]. Daran vermögen die einschränkenden Voraussetzungen, unter denen die Lizenz von Amts wegen erteilt werden kann, insbesondere Art. 17 Abs. 1 lit. b ii und iii nichts zu ändern. Diese Voraussetzungen, wonach die Lizenz von Amts wegen nur erteilt werden darf, wenn u. a. in einem Mitgliedstaat die entsprechenden Bedürfnisse in der Entwicklung der Kernenergie auf dem Sektor der Erfindung nicht gedeckt sind (ii) *und* (alle Voraussetzungen von lit. b müssen kumulativ erfüllt sein) der Patentinhaber trotz Aufforderungen es nicht unternommen hat, diese Bedürfnisse selbst oder durch einen Lizenznehmer zu decken (iii), verhindern lediglich, daß die enteignende Maßnahme nicht von Anfang an wegen Unverhältnismäßigkeit rechtswidrig ist, weil z. B. die Lizenz von Amts wegen vergeben wird, ohne daß ein Bedürfnis i. S. Art. 2 EAGV hierfür besteht.

In *Art. 22 EAGV* zeigt sich aber, daß die Eigentums- und Eigentumswertgarantie voll anerkannt wird, denn hiernach erhält der Patentinhaber auf jeden Fall eine Entschädigung. Art. 22 EAGV erfüllt damit zwei Funktionen. Einmal ist er ein Indiz dafür, daß Art. 17 EAGV als Enteignungstatbestand anzusehen ist. Die Zubilligung der Entschädigung zeigt weiter, daß man bei der Abfassung des EAGV davon ausgegangen ist, daß Eigentum nicht „ungestraft" genommen werden kann. Dies beweist die Anerkennung der Eigentumsgarantie und daß man es ernst mit ihr meint. Art. 22 EAGV sagt allerdings nichts über die Höhe der Entschädigung. Das tut jedoch auch Art. 14 Abs. 3 GG nicht eindeutig. Aber ebensowenig wie bei Art. 14 Abs. 3 GG Zweifel darüber bestehen können, daß die Entschädigung grundsätzlich vollen Wertausgleich bringen muß, kann dies auch hier nicht der Fall sein. Wer die Eigentums- bzw. Eigentumswertgarantie anerkennt, kann dies nur voll tun. Die Tatsache, daß Art. 22 EAGV zunächst die gütliche Einigung über die Entschädigungshöhe anstrebt durch einen Schiedsausschuß, dessen Entscheidung bei Vorliegen neuer Tatsachen überprüfbar ist (Art. 23 EAGV, eine Bestimmung, die gedankliche Ähnlichkeit mit § 323 ZPO aufweist), zeigt zur Genüge, daß hier keine der Eigentumswertgarantie nicht entsprechende Entschädigung gewollt ist. Da die festzusetzende Entschädigung für den Fall des Scheiterns der gütlichen Einigung von den zuständigen innerstaatlichen Stellen erfolgt, ist im übrigen hierfür der Schutz des Art. 14 GG über den dann beschreitbaren innerstaatlichen Rechtsweg gegeben[75].

---

[74] Für Enteignung in diesem Fall auch *Ipsen* (FN 24), 727 sowie *Schlenzka* (FN 1), 193.

Wie ernst es den Schöpfern des EAGV mit der Eigentumswertgarantie ist, zeigt auch Art. 28 EAGV, wonach die Gemeinschaft den Schaden zu ersetzen hat, der durch unbefugte Nutzung von bestimmten Patenten erfolgt, die durch die Mitteilung der Patente etc. an die Kommission ermöglicht wurde. Da der Schaden zu ersetzen ist, der *hieraus* entsteht, kann wiederum kein Zweifel am vollen Schadensersatz bestehen, denn nur dieser ist als der Schaden zu verstehen, der aus der unbefugten Nutzung entstanden ist. Nebenbei sei auch verwiesen auf Art. 27 EAGV. Die Bestimmung ist zwar für diese Arbeit nicht von unmittelbarer Bedeutung, da es hier um Ersatz von Schaden nach den Rechtsvorschriften der Mitgliedstaaten geht, womit Art. 14 GG ohnehin voll gewährleistet ist. Insoweit ist das zu 2.2.2 angedeutete Problem der Geltung nationaler Grundrechte bei der mitgliedstaatlichen Durchführung von Gemeinschaftsrecht nicht relevant, da man hier von einer Globalverweisung auf innerstaatliche Rechtsvorschriften, also auch auf Art. 14 GG ausgehen muß. Doch ist dies eine mittelbare Eigentumsgarantie, wie sie bereits aus den Vorschriften der Art. 91 EAGV, 83 EGKSV und 222 EWGV abgeleitet wurde[76].

2.2.2 Die Regelungen des Gesundheitsschutzes und der Investitionen (Kapitel III und IV EAGV)

Gegen beide Kapitel bestehen vom Standpunkt des Art. 14 GG aus keine Bedenken. Was die Grundnormen für den Gesundheitsschutz betrifft, so ist zu sagen, daß die Gemeinschaft auf Grund der besonderen Gefahren, die von ionisierenden Strahlen ausgehen, nicht nur berechtigt, sondern sogar verpflichtet ist, zur Verteidigung der Gesundheit Normen aufzustellen, die einer möglichen Schädigung vorbeugen. Es handelt sich hier grundsätzlich um Fälle zulässiger Sozialbindung, allein schon auf Grund des „defensiven" Charakters dieser Bestimmungen[77]. Bereits nach der Definition der Grundnormen im Art. 30 EAGV bestehen gegenüber einer solchen Auslegung keine Bedenken[78]. Soweit dagegen Durchführungsmaßnahmen nach Art. 33 EAGV eigentumsberührenden Charakter haben können, greift wiederum Art. 14 GG direkt ein, soweit man sich auf den der wohl h. A. entsprechenden Standpunkt stellt, daß bei innerstaatlichen Durchführungs- und Ausführungsbestimmungen die innerstaatlichen Grundrechte voll eingreifen, da in diesem Fall innerstaatliche Maßnahmen inmitte stehen,

---

[75] Vgl. auch *Ipsen* (FN 24), 727; zum Problem der Geltung nationaler Grundrechte bei der Durchführung von Gemeinschaftsrecht durch mitgliedstaatliche Organe s. u. zu 2.2.2.
[76] s. o. 1.2.
[77] Vgl. oben die erörterten Ausführungen des BVerfG, B. 3.3.2 am Ende.
[78] Vgl. auch *Ipsen* (FN 24), 726.

2. Das Eigentum im EAGV

und dies nach der vorgenannten Ansicht das ausschlaggebende Kriterium für die uneingeschränkte Anwendbarkeit von Art. 14 GG ist[79]. Schließt man sich jedoch der wohl überzeugenderen, auch gemeinschaftsfreundlicheren, gegenteiligen Auffassung an, wonach der mitgliedstaatliche Gesetzgeber bei Ausführungs- und Durchführungsbestimmungen entsprechend dem Vorrang des Gemeinschaftsrechts nur den gemeinschaftsrechtlichen Rahmen zu beachten hat[80], so ist allein auf die gemeinschaftsrechtliche Berücksichtigung der Eigentumsgarantie abzustellen.

Im Ergebnis kann diese Streitfrage *hier* auf sich beruhen. Eine Verletzung von Art. 14 GG ist nicht gegeben, wenn der *defensive* Charakter der Art. 30 ff. EAGV nicht verlassen wird, und andere Maßnahmen decken diese Bestimmungen nicht. Darüber hinaus läßt sich ernsthaft nicht behaupten, daß die Art. 30 ff. Maßnahmen zuließen, die einen wirtschaftlich sinnvollen Einsatz des Eigentums und generell die Verfügungsbefugnis zum Erliegen brächten.

Die Bestimmungen der Art. 40 ff EAGV, insbesondere Art. 41 EAGV über die Anzeigepflicht bei Investitionsvorhaben, sind nach der Rechtsprechung des BVerfG zum Verhältnis von Art. 14 und Art. 12 GG nicht unter dem Aspekt des Art. 14 GG, sondern primär unter dem des Art. 12 GG, nach der Auffassung *Ipsens* dagegen im Lichte von Art. 2

---

[79] So z. B. *Schwaiger* (FN 1), 977 f. m. w. Nachw.; von dieser Ansicht wurde auch in der dieser Arbeit vorangegangenen gleichnamigen Dissertation ausgegangen, von der ich zwischenzeitlich abgegangen bin, unabhängig davon, daß das Problem, wie oben ausgeführt, hier dahinstehen kann; vgl. *Riegel* (FN 1, Grundrechte), 1589; eine Mittelmeinung vertritt *Zuleeg* (FN 1, Verhältnis 447), der einerseits die mitgliedstaatliche Legislative bei der Ausführungsgesetzgebung an die nationale Verfassung binden will, andererseits aber eine Durchbrechung der nationalen Verfassung gestattet, über Art. 24 Abs. 1 GG, wenn im Einzelfall das Gemeinschaftsrecht eine Ausführungsgesetzgebung verlangt, „die nur unter Zuwiderhandlung gegen Verfassungsbestimmungen erlassen werden kann". Das läuft im Endeffekt aber auf die hier vertretene Auffassung hinaus, denn wo sich kein Konflikt mit der nationalen Verfassung ergibt, ist die Betonung der Bindung an diese ein Scheinproblem. Was diese Unterscheidung fruchten soll, ist deshalb nicht recht ersichtlich. Dagegen hat das BVerfG in seinem Beschluß v. 29. 4. 74 (FN 11), von dem man nur hoffen kann, daß er baldmöglichst aus dogmatischen sowie aus Gründen des Rechtsschutzbedürfnisses revidiert wird, ausdrücklich die Bindung der nationalen Organe an das GG bei Ausführung des Gemeinschaftsrechts betont. Diesem insgesamt nicht überzeugenden Beschluß kann aus den o. a. sowie den in NJW 74, 1589 angeführten Gründen nicht gefolgt werden; wie hier im Ergebnis auch *Ullrich* (FN 1), 173.

[80] So *Ipsen* (FN 24), 738; ebenso *Riegel*, ebd. (FN 79); im Ergebnis wie hier wohl auch *Oldekop*, Die Richtlinien der Europäischen Wirtschaftsgemeinschaft, Jahrb. d. ö. R. n. F. Bd. 21, 55 ff. (99), wenn er schreibt, daß die Ausführungsbestimmungen nicht von den Richtlinien isoliert betrachtet werden können und erstere mit *Sohier-Mégre* »nationales quant à la forme, mais communautaires quant à leur fondement et leur contenu matériél« bezeichnet; vgl. auch *Erichsen* (FN 11), 180 f. m. w. Nachw.

Abs. 1 GG zu betrachten[81]. Die Streitfrage kann in diesem Zusammenhang auf sich beruhen. Selbst wenn man die Eigentumsfrage durch Art. 40 ff. EAGV berührt sähe (im Hinblick darauf, daß bei Investitionen die Ausnutzung und Erweiterung des vorhandenen Eigentums in Frage steht, ist dies sicher vertretbar), so bestünden doch keine Bedenken dagegen, Art. 41 EAGV als zulässige Form der Sozialbindung anzusehen. Dies vor allem unter Berücksichtigung von Art. 2 lit. e EAGV, wonach durch geeignete Überwachung die zweckgebundene Verwendung von Kernstoffen zu gewährleisten ist. Die Pflicht zur Meldung von Investitionsvorhaben ist dafür allein geeignet und damit auch nicht unverhältnismäßig. Anders ist nicht mit Sicherheit festzustellen, ob in neuen Zweigbetrieben evtl. eine zweckfremde Verwendung von Kernstoffen stattfindet.

2.2.3 Die Regelung der Versorgung mit Grundstoffen etc. (Kapitel VI EAGV)

Eine erste, das Eigentum möglicherweise einschränkende Bestimmung enthält Art. 52 Abs. 2 lit. b EAGV, wonach allein die Agentur (Art. 53 EAGV) das Recht hat, Verträge über die Lieferung von Erzen, Ausgangsstoffen oder besonderen spaltbaren Stoffen aus Ländern innerhalb oder außerhalb der Gemeinschaft abzuschließen. Unabhängig davon, daß auch diese Regelung primär nach Art. 2 Abs. 1 GG zu beurteilen ist[82], steht sie doch unter dem in Art. 52 Abs. 1, sowie Art. 2 lit. d EAGV niedergelegten „Grundsatz des gleichen Zugangs zu den Versorgungsquellen durch eine gemeinsame Versorgungspolitik". Unter diesem Aspekt können ebenfalls keine Bedenken gegen die zulässige Eigentumsbindung, soweit sie überhaupt anzunehmen ist, bestehen. Die gleichmäßige Versorgung kann nicht anders wirksam garantiert und durchgesetzt werden, als über eine zentrale Versorgungsstelle. Dies ist die Aufgabe der Agentur.

In Art. 52 Abs. 2 lit. b EAGV wird außerdem ein Bezugsrecht der Agentur geschaffen, das sich auf die in Art. 57 Abs. 1 lit. a und b EAGV genannten Rechte bezieht. Dieses Bezugsrecht wird dadurch sichergestellt, daß gemäß Art. 57 Abs. 2 EAGV die Agentur mit den Erzeugern von Erzen etc. Verträge abschließt, zu deren Anbietung die Erzeuger verpflichtet sind. Diese dem innerstaatlichen Vorkaufsrecht gleichende Bestimmung, die in Art. 59 EAGV gewissermaßen verlängert wird, wurde teilweise als Erwerb durch Enteignung im öffentlichen Interesse bezeichnet[83], während sie von anderer Seite primär unter dem Gesichts-

---

[81] Zur Ansicht des BVerfG vgl. oben B. 1.3, zur Kritik hieran und für die Anwendung von Art. 2 Abs. 1 GG vgl. *Ipsen* (FN 24), 722.

[82] Vgl. *Ipsen* (FN 24), 722.

[83] Vgl. *v. d. Meersch* (FN 23), Rz. 2828 m. w. Nachw.

2. Das Eigentum im EAGV

punkt des Art. 2 Abs. 1 GG gesehen wird[84]. Die Aufspaltung zwischen dem Blickwinkel des Art. 2 Abs. 1 GG und dem des Art. 14 GG ist jedoch im Fall des Anbietungszwangs auf Grund Art. 57 Abs. 2 EAGV problematisch. Bei dem alleinigen Vertragsabschlußrecht ist die Trennung möglich, es braucht deshalb dort nicht näher darauf eingegangen zu werden. Jetzt aber geht es darum, daß bereits gegenwärtiges Eigentum einem bestimmten Käufer anzubieten ist. Es wird also gerade das Kriterium angesprochen, das für den Tatbestand der Enteignung als entscheidend herausgestellt wurde: die Verfügungsbefugnis über das Eigentum[85]. Aus diesem Grund vermag der Hinweis auf Art. 2 Abs. 1 GG den Blick nicht von Art. 14 GG wegzulenken. Zur Freiheit des Verfügenkönnens gehört unlösbar verquickt die Freiheit, *ob* man überhaupt *und mit wem* man verfügen (veräußern etc.) will. Diese Freiheit ist aber in Art. 57 Abs. 2 EAGV genommen. Deshalb muß hier von Enteignung ausgegangen werden. Während der umgekehrte Fall, in dem einem Monopolanbieter der Kontrahierungszwang auferlegt wird, um so eine Versorgung aller sicherzustellen, sich noch als Sozialbindung (im wesentlichen gegründet auf Verhinderung eines Machtmißbrauchs) darstellt, kann dies beim vorrangigen Abschluß*recht* eines Monopolisten (der Agentur) nicht mehr gesagt werden. Art. 57 Abs. 2 EAGV ist deshalb ein Enteignungstatbestand.

Aber auch hier bestehen keine Bedenken unter dem Gesichtspunkt des Art. 14 Abs. 3 GG. Die allgemein geäußerten Befürchtungen *Schlenzkas* finden keine Bestätigung[86]. Was zunächst die Frage der Verhältnismäßigkeit der Enteignung betrifft, so ist auf Art. 62 EAGV zu verweisen. Aus dieser Vorschrift ergibt sich, daß Art. 57 Abs. 2 EAGV nicht ohne zwingenden Grund der Agentur das Bezugsrecht verschafft (Art. 62 Abs. 1), und daß in einer Reihe von Fällen den Erzeugern die betreffenden Stoffe ausdrücklich zu belassen sind (Art. 62 Abs. 2). Die Entschädigung für die Enteignung durch Zwangsverkauf dagegen liegt im Preis, der von der Agentur zu entrichten ist. Und an der Angemessenheit der Entschädigung können angesichts der Regelung der Art. 67 - 69 EAGV keine Zweifel bestehen. Gemäß Art. 67 EAGV bestimmen sich die Preise grundsätzlich nach dem marktwirtschaftlichen Prinzip von Angebot und Nachfrage. Art. 68 EAGV räumt der Kommission zwar eine dirigistische Möglichkeit zur Preisfestsetzung ein. Diese dient jedoch allein dem Ziel, den den gesamten EAGV beherrschenden Grundsatz des gleichen Zugangs zu sichern (arg. Art. 68 Abs. 1 und 3 EAGV) und ist deshalb zulässig, denn Art. 67 EAGV steht selbst unter dem Vorbehalt der Sicherung des gleichen Zugangs zu den Stoffen,

---

[84] Vgl. *Ipsen* (FN 24), 722.
[85] s. o. B. 3.4.1 am Ende.
[86] Vgl. *Schlenzka* (FN 1), 193.

wie die Anführung von Art. 60 EAGV ergibt und im übrigen aus der Aufgabenstellung des Art. 2 EAGV folgt. Ähnlich ist auch Art. 69 EAGV zu sehen. Dabei ist zusätzlich zu beachten, daß Art. 69 EAGV wohl nur dann zur Anwendung kommen kann, wenn sowohl das freie Spiel des Art. 67 EAGV als auch das punktuelle Eingreifen des Art. 69 EAGV versagen. Allein schon die Rangfolge der Art. 67 - 69 EAGV zeigt, daß hier vom Grundsatz des Interventionsminimums auszugehen ist. Die nächst schwerere Stufe kann erst beschritten werden, wenn die vorhergehende nicht mehr ausreicht. Somit bestehen auch aus dieser Sicht keine Bedenken.

2.2.4 Die Regelung der Überwachung der Sicherheit (Kapitel VII EAGV)

Die Art. 77 ff. EAGV beinhalten ein letztes Eigentumsproblem des EAGV. In den Art. 78 ff. EAGV sind Bestimmungen normiert, die in Form von Melde- (Art. 78 EAGV), Vorlage- (Art. 79 EAGV), Hinterlegungs- (Art. 80 EAGV) und Duldungspflichten (Art. 81 EAGV) starke Einschränkungen der Eigentümerfreiheit bedeuten[87]. Sie stehen aber alle unter der Notwendigkeit der zu gewährleistenden Sicherheit des Art. 77 EAGV. Die Besonderheit der Materie, die hier in Händen von Privateigentümern liegt, rechtfertigt solche Einschränkungen, die zur Erreichung des durch Art. 77 EAGV gesetzten Zieles auch nicht unverhältnismäßig sind. Es handelt sich somit auch in diesem Fall um eine zulässige Form der Sozialbindung, denn die Frage der enteignungspflichtigen Verfügungsbeschränkung stellt sich hier noch nicht. Daß die Beschränkungen zum Teil bisher unbekannter Art sind, hat seinen Grund in der erwähnten außergewöhnlichen Materie, die in noch höherem Maße als der EWGV, aber auch als der ebenfalls eine besonders bedeutsame Materie regelnde EGKSV, neue, ungewohnte Formen der Sozialbindung hervorrief, so wie es bereits oben zu den beiden im Anschluß zu erörternden Verträgen angedeutet wurde[88].

2.2.5 Zwischenergebnis

So kann als erstes Teilergebnis der Untersuchung des Eigentums im Gemeinschaftsrecht folgendes festgehalten werden: Die Art. 86 ff. EAGV sind ein nur politisch voll zu begreifender Spezialfall, der die herkömmlichen juristischen Denkformen sprengt und sich auch nicht in Struktur und Aufbau des Art. 14 GG integrieren läßt. Im übrigen aber sind aus der Sicht des Art. 14 GG keine grundsätzlichen Bedenken gerechtfertigt. Zwar enthält der EAGV z. T. erhebliche Einschränkungen der Eigentümerbefugnisse. Hierbei handelt es sich jedoch um aus der

---

[87] Vgl. auch *Ipsen* (FN 24), 727.
[88] s. o. B. 3.3.2 (am Ende).

Besonderheit der Materie resultierende Formen der Sozialbindung, die unter den gegebenen Umständen als zulässig zu erachten sind. Hier liegt ein Fall vor, wo eine neue geschichtliche Situation neue Möglichkeiten und Notwendigkeiten der Sozialbindung hervorrief[89], ohne daß die Schwelle zur Enteignung überschritten wird.

Soweit jedoch der Tatbestand der Enteignung gegeben ist, ist der Gedanke des Art. 14 Abs. 3 GG entweder durch direkte Zubilligung einer Entschädigung gewahrt (Art. 17 und 22 EAGV), oder aber diese Entschädigung ist in der Gesamtregelung mittelbar enthalten, wenn sie auch nicht ausdrücklich als solche bezeichnet wird. Den Bedenken *Schwaigers* bezüglich der Garantie von wirtschaftlichen Freiheitsrechten innerhalb des EAGV kann nicht gefolgt werden[90]. Insbesondere enthält auch die Regelung der Art. 86 ff. EAGV keinen Modellfall für gemeinschaftsrechtliche Sozialisierungsbestrebungen.

3. Das Eigentum im EGKSV

Im Gegensatz zum EAGV gibt es im EGKSV keinen Abschnitt, der für einen bestimmten Sektor der Montanindustrie eine besondere Eigentumsregelung enthielte. Mit Ausnahme von Art. 83 EGKSV sucht man das Wort Eigentum überhaupt vergeblich. Lediglich Art. 66 § 5 Abs. 5 EGKSV verwendet einmal den Begriff „Eigentümer". Daß dies jedoch nicht den Ausschluß von Regelungen bedeutet und bedeuten kann, die materiell Fragen des Eigentums i. S. Art. 14 GG an den Industriezweigen betreffen, für die der EGKSV gilt, ist selbstverständlich, weil das Gegenteil unmöglich ist. Wo der Umgang mit dem Eigentum im weitesten Sinne geregelt wird, steht das Eigentum selbst im Raum. Art. 83 EGKSV, der die Eigentumsordnung an den Montanunternehmen unberührt läßt, kann deshalb — wie bereits oben eingangs zu Teil C angeführt, nicht dahin verstanden werden, daß damit auf europäischer i. S. von gemeinschaftlicher Ebene keine Eigentumsprobleme mehr auftauchen könnten. Im Gegenteil, bereits die vorweg kurz (soweit für die Arbeit von direkter Bedeutung) anzusprechenden Grundbestimmungen des EGKSV zeigen, daß hinter allem der Kerngedanke der Forderung des Wohles aller Betroffener steht[91], zu dessen Ziel es aber ohne Eingriffe nicht geht, die mehr oder weniger schmerzhaft sind. Man ist versucht, das hehre Wort vom Arzt zu zitieren, der verletzen muß, um zu heilen. Es wird zu zeigen sein, ob dies zutrifft,

---
[89] s. o. B. 3.3.2 (am Ende).
[90] Vgl. *Schwaiger* (FN 1, Verfassungsmäßigkeit), 267.
[91] Vgl. *Koppensteiner*, Das Subventionsverbot im Vertrag über die Europäische Gemeinschaft für Kohle und Stahl, 154.

und ob insbesondere die „Verletzungen" in einem richtigen Verhältnis stehen zu den gewünschten Zielen.

3.1 Grundbestimmungen des EGKSV

Geht man vom Wortlaut des Art. 83 EGKSV aus, so steht zunächst fest, daß der Vertrag zumindest zwei mögliche Eigentumsordnungen voraussetzt und grundsätzlich anerkennt, nämlich öffentliches und privates Eigentum[92]. Anders hätte diese Bestimmung keinen Sinn. Wenn der Vertrag die Eigentumsordnung der Mitgliedstaaten unberührt lassen will, muß er dies für jede mögliche tun. Allerdings wird man eine Einschränkung machen können, die sich logisch aus der Situation beim Vertragsabschluß im Hinblick auf die im wesentlichen bei allen Mitgliedstaaten gleiche Garantie des Privateigentums ergibt: *eine Eigentumsordnung, die jegliches Privateigentum total negiert, wird von Art. 83 EGKSV (und genauso von Art. 222 EWGV) kaum unberührt sein können.* Ohne daß dies hier im einzelnen angeführt werden müßte, greift wohl der Gedanke der clausula rebus sic stantibus bei dieser äußersten Grenze ein[93]. Zu Recht betont auch *Mestmäcker*, damit die hier vertretene Auffassung stützend, daß derjenige, der „die wirtschaftspolitische Neutralität des Rechts als Prinzip formuliert, den rechtlichen Gehalt der europäischen Verträge (leugnet)". Und weiter: „Selbst wenn die These von der wirtschaftspolitischen Neutralität einer nationalen Verfassung richtig wäre, würde das nicht notwendig die wirtschaftspolitische Neutralität des Vertrages implizieren, der wirtschaftliche Ziele normiert[94]." Wenn aber, wie im folgenden dargelegt wird, eines der Grundprinzipien des EGKSV die freie Wettbewerbswirtschaft ist, so setzt dies notwendig auch Privateigentum voraus[95]. Dies ist im Grunde genauso selbstverständlich, wie umgekehrt die Anerkennung von Privateigentum notwendig einen freien Markt als eine grundsätzlich nur privatorientierte und -bestimmte Wettbewerbswirtschaft bedingt[96]. Es kann jedoch auf sich beruhen, da die „Neutralitätsklausel" des Art. 83 EGKSV jedenfalls einen ersten wichti-

---

[92] Vgl. *Stendardi* (FN 26), 278.

[93] Vgl. im einzelnen *Stendardi* (FN 26), 278 sowie *v. Brunn*, Die Verpflichtung der EWG-Staaten zur Wettbewerbswirtschaft, in: Kartellrundschau Heft 6, 35 f., der klar darauf hinweist, daß sich das Sozialisierungsverbot nicht mit Art. 83 EGKSV ausräumen läßt; die Frage der clausula rebus sic stantibus wird indirekt für den Bereich des EWGV angesprochen von *v. d. Groeben* (FN 1), 236; vgl. auch *Meier* (FN 72), 392 (r. Sp.); der ausdrücklichen Ablehnung von *Stendardis* Ansicht durch Quadri-Monaco-Trabucchi (FN 30), 4 zu Art. 83 (S. 1202) kann dagegen mit der Argumentation *v. Brunns* nicht gefolgt werden.

[94] *Mestmäcker* (B, FN 91), 29.

[95] Vgl. auch unten 4.1.1.

[96] Vgl. *Leisner* (B, FN 135, Privateigentum), insbes. S. 4 f.

3. Das Eigentum im EGKSV

gen Schluß zuläßt: nur eine liberale Verfassung — womit, wie soeben gesagt, keinesfalls liberalistisch bis zur Negierung westeuropäischen Selbstverständnisses gemeint ist — kann einen derartigen Spielraum gewährleisten[97]. Dieser erste Grundsatz des EGKSV verdichtet sich in einigen anderen Grundbestimmungen zu einer Vermutung für das Privateigentum. Dies stellt sich als eigentlicher Grundpfeiler der Eigentumsordnung des EGKSV dar[98].

Das beweist bereits Art. 2 EGKSV. Nach Absatz 1 dieser Bestimmung ist es Aufgabe der Europäischen Gemeinschaft für Kohle und Stahl, im Rahmen eines umfassenden Diskriminierungsverbots „zur Ausweitung der Wirtschaft, zur Steigerung der Beschäftigung und zur Hebung der Lebenshaltung in den Mitgliedstaaten beizutragen". Eine solche Formulierung zeigt, daß das Wohl des einzelnen im Vordergrund steht und das ist in einer freiheitlich verstandenen und — wie auch im EGKSV — gewollten Ordnung mit der Bildung oder dem Belassen von Eigentum in der Hand des einzelnen untrennbar verknüpft. Dagegen läßt sich nun einwenden, daß auch eine sozialistische Ordnung die in Art. 2 Abs. 1 EGKSV postulierten Ziele zu verwirklichen trachtet, wenn man auch glaubt, daß hierzu Privateigentum nicht notwendig ist. Daß aber dem EGKSV eine solche Auffassung nicht zu Grunde liegt, folgt nicht nur aus dem bereits besprochenen Art. 83 EGKSV, sondern vor allem auch aus Art. 4 EGKSV. Die dortigen Diskriminierungsverbote sind nur verständlich in bezug auf eine marktwirtschaftlich orientierte Privatwirtschaft auf der Grundlage des Privateigentums. Hier soll ja verhindert werden, daß zwischen den verschiedenen Unternehmen bzw. Erzeugern sowohl auf der Ebene aller Mitgliedstaaten als auch innerhalb eines Mitgliedstaates und zwischen Anbietern und Abnehmern nicht marktwirtschaftlich bedingte Unterschiede und Spannungen entstehen. Da aber Art. 4 ausdrücklich in Art. 2 EGKSV angeführt ist, kann kein Zweifel daran bestehen, daß die Ziele des Art. 2 EGKSV über die individuellen Kräfte der Marktwirtschaft erreicht werden sollen, nicht aber durch staatlichen Dirigismus. Art. 2 postuliert ja auch die Ziele „auf der Grundlage eines gemeinsamen Marktes". Dirigismus soll lediglich dafür eingesetzt werden, daß die Voraussetzungen der marktwirtschaftlichen Situation auch immer gegeben sind und nicht durch übermächtige Monopolisten etc. selbst zerstört werden. Denn auch der private Dirigismus muß vermieden werden[99]. Um dies zu erreichen, sind aber staatliche Eingriffe unerläßlich. So

---

[97] Vgl. auch *Ophüls*, Das Wirtschaftsrecht des Schuman-Plans, NJW 51, 381 ff. (381).
[98] Vgl. *Stendardi* (FN 26), 278 auf 279.
[99] Vgl. auch *Ophüls*, Juristische Grundgedanken des Schumanplans, NJW 51, 239 f. (291), *Krawielicki*, Finanzielle Ausgleichseinrichtungen im Recht der Montanunion, in: Festschrift für Otto Riese, 151 ff. (161).

gesehen stellt sich Art. 4 EGKSV (dessen Buchstabe c noch näher zu erörtern sein wird), als eine im Grunde ordoliberalistische Norm dar. Dann kann aber auch Art. 2 Abs. 2 EGKSV nicht anders verstanden werden als dahingehend, daß die Gemeinschaft die Voraussetzungen für einen sich im übrigen selbststeuernden Wirtschaftsmechanismus liefern will, womit ein weiterer Beweis für die ordoliberalistische Grundtendenz der Gemeinschaft für Kohle und Stahl geliefert ist[100], denn der Wettbewerb ist ein wichtiges Prinzip des EGKSV.

Natürlich ist diese Grundtendenz „gemäßigt"[101]. Einmal schon aus der Art. 83 EGKSV zu Grunde liegenden Notwendigkeit, Eigentumsordnungen verschiedener Art zu respektieren, zum anderen aus der besonderen Situation des Marktes für Kohle und Stahl. Hier bestehen zwar keine Probleme in dem Ausmaß wie bei der Euratom-Gemeinschaft, aber die bekannten Versorgungsschwierigkeiten und insbesondere Standortprobleme im Hinblick auf die Kohle und Erzvorkommen lassen sich nicht leugnen und nicht umgehen. Gerade diesen Problemen will sich die EGKSV denn auch stellen, wie vor allem der Aufgabenkatalog des Art. 3 EGKSV (insbesondere lit. a - o, während lit. e vor allem sozialer Natur ist, wozu in gewisser Hinsicht auch lit. f zu rechnen ist, und lit. g eine andere, noch zu erörternde Grundtendenz des EGKSV erkennen läßt) zeigt. Derart bedingte Einschränkungen der freien Marktwirtschaft, die auf den Interessen der Allgemeinheit beruhen, vermögen aber den Charakter der Marktwirtschaft selbst nicht zu ändern[102]. Im Gegenteil, das Gesamtwohl verlangt in solchen Situationen Eingriffe in die Freiheit der einen, damit deren Freiheit nicht zur Unfreiheit der anderen und damit letztlich zu einer Selbstzerstörung der freien Marktwirtschaft wird[103]. Aus diesem Grunde schließt eine markt-

---

[100] So der EuGH in st. Rspr., vgl. z. B. E IV, 301; V, 4 und 24; VI, 545; vgl. auch *Ophüls* (FN 99), 291; *ders.*, Grundzüge europäischer Wirtschaftsverfassung, ZgesHR Bd. 124, 136 ff. (161) sowie Quadri / Monaco / Trabucchi (FN 30), S. 12 f.

[101] *Ophüls* (FN 97), S. 381; *ders.* (FN 100), 148 spricht deshalb auch stets nur von einem „gemäßigten Liberalismus" bzw. von einer „gemäßigt-liberalen Wirtschaftsordnung", die er schließlich insgesamt als „Mischsystem" bezeichnet, ebd. 152 f. (153); *Badura* (FN 1), 77 f. (78) spricht im Sinne des Ordoliberalismus von einer „geordneten" oder „geregelten" Wettbewerbswirtschaft; *v. Brunn* (FN 93), 33 f., spricht von einem „wirtschaftsnahen Pragmatismus". Dies ist die logische Folge aus der Tatsache, daß der Wettbewerb kein Selbstzweck sein kann, sondern Mittel zur Verwirklichung der Ziele des Vertrages ist, vgl. Quadri / Monaco / Trabucchi (FN 30), 12 f. (13).

[102] Vgl. *Koppensteiner* (FN 91), 88.

[103] Zu Recht weist *Ophüls* (FN 99), 291 darauf hin, daß die innerstaatlichen Eingriffsbefugnisse z. T. weit über die dem zuständigen Gemeinschaftsorgan durch den EGKSV verliehenen Befugnisse hinausgehen; vgl. auch *Badura* (FN 1), der insbesondere auf den Aspekt der neuen geschichtlichen Situation verweist (hierzu 2.1.2.5 und Teil B 3.3.2) sowie Quadri / Monaco / Trabucchi (FN 30), 13.

wirtschaftliche, liberale Ordnung staatliche Eingriffe nicht nur nicht aus, sondern setzt diese im Gegenteil als unerläßlich voraus, um den Ordnungsrahmen vorzugeben und zu gestalten, „der die Freiheit der Entscheidung eines jeden Wirtschaftssubjekts erzwingt und garantiert"[104].

Hier muß jedoch sofort eine Einschränkung gemacht werden: Wenn der materielle Eigentumsschutz auf Gemeinschaftebene nicht hinter dem innerstaatlichen Schutz zurückbleiben soll, dürfen als erste Grundbedingung die der Gemeinschaft zugestandenen Eingriffsbefugnisse nicht über das erforderliche Maß hinausgehen. Der Grundsatz der Verhältnismäßigkeit muß immer gewahrt sein. Daß aber gerade der Grundsatz der Verhältnismäßigkeit der, soweit es sich um Eingriffe handelt, identisch ist mit dem Grundsatz des Interventionsminimums, vom EGKSV sehr ernst genommen wird, zeigt die Tatsache, daß er als einer der tragenden Grundpfeiler des Vertragswerkes ausgestaltet ist[105]. Wie oben angedeutet, läßt bereits Art. 3 lit. g EGKSV diese Grundtendenz erkennen. Hiernach soll die Erzeugung auf dem Kohle- und Stahlsektor so gefördert werden, daß Schutzmaßnahmen gegen Konkurrenzindustrien nicht mehr erforderlich sind. Damit zeigt sich, daß die Gemeinschaft wirklich eine freie Marktwirtschaft will, mit der Dauerschutzmaßnahmen zugunsten der einen und zu Lasten der anderen unvereinbar sind. Diese Maßnahmen sollen deshalb nur vorübergehend sein. Allerdings soll die Wirtschaftsordnung der EGKS nicht den Untergang im Prinzip noch leistungsfähiger Industrien bewirken dürfen, weshalb die Schutzmaßnahmen bis zur Wiederherstellung der Konkurrenzfähigkeit andauern sollen. Daß es nur um solche noch leistungs- und wettbewerbsfähige Industrien gehen kann, ist an sich selbstverständlich. Es folgt aber auch aus den Übergangsbestimmungen, insbesondere § 29 Abs. 1, wo von Unternehmen die Rede ist, „die nach der in § 1 dieses Abkommens vorgesehenen Anpassung in *der Lage wären, dem Wettbewerb* standzuhalten". Nebenbei sei hier bemerkt, daß aus der Bestimmung des Art. 3 lit. g EGKSV i. Vbdg. mit dem aufgezeigten Sinn der Schutzmaßnahme ein weiterer Beweis dafür gegeben ist, daß die EGKS das Institut Privateigentum will und es für schutzbedürftig ansieht. Von diesem Aspekt abgesehen, zeigt die Tatsache, daß die Schutzmaßnahmen nur vorübergehend sein sollen, gerade eine erste Bestätigung des den EGKSV beherrschenden Grundsatzes des Interventionsminimums.

---

[104] W. *Hallstein*, Die Europäische Gemeinschaft, 1973, 118.
[105] Das wird auch von der h. M. bestätigt, vgl. z. B. *Ophüls* (FN 99), 291; ders. (FN 97), 382; ders. (FN 100), 161 f.; *Badura* (FN 1), 79 f.; *Krawielicki* (FN 99), 162.

Noch wesentlich klarer aber zeigt sich dieses für das Prinzip der Marktwirtschaft wie für den Eigentumsschutz gleichermaßen unerläßliche Interventionsminimum bei Art. 5 EGKSV. Diese Bestimmung stellt zwar einseitig die Generalklausel für die der Gemeinschaft zur Verfügung gestellten Eingriffe dar, legt diese aber gleichzeitig in die Grenzen des Verhältnismäßigkeitsprinzips. Zunächst bestimmt Art. 5 Abs. 1 EGKSV, daß die Eingriffe der Gemeinschaft zur Erfüllung ihrer Aufgaben *begrenzt* sein müssen. Diese Begrenzung wird man in zweifacher Hinsicht verstehen müssen. Nämlich einmal zeitlich, zum anderen aber auch materiell hinsichtlich der Tiefe des Eingriffs. Eine rein zeitliche Begrenzung würde auch nicht viel nützen, da diese zur Leerformel werden könnte. Wenn ein Eingriff nur schwer genug ist, kann er schon nach kurzer Zeit eine für den Betroffenen existenzvernichtende Wirkung haben. Viel bedeutsamer als die rein zeitliche Begrenzung ist deshalb für den Begriff der Verhältnismäßigkeit und des Interventionsminimums die Begrenzung nach der *Eingriffsschwere*. Daß vor allem auch diese Begrenzung gewollt ist, zeigt Art. 5 Abs. 2 EGKSV. Gemäß dessen Unterabsatz 3 greift die Gemeinschaft „in die Erzeugung und den Markt nur *dann* direkt ein, *wenn es die Umstände erfordern*"[106]. Damit dies nicht in der Praxis zu einer Farce werden kann, bestimmt der nachfolgende Unterabsatz 4, daß die Gründe für das jeweilige Einschreiten bekanntzugeben sind. Der gleiche Unterabsatz bringt einen weiteren Beweis für den das Handeln der Gemeinschaft bestimmenden Grundsatz des Interventionsminimums. Um die Beachtung der Bestimmungen des EGKSV zu gewährleisten, ergreift die Gemeinschaft nur die Maßnahmen, die hierzu erforderlich sind. Das kann nichts anderes heißen, als daß nur die Maßnahmen ergriffen werden, die zur Erreichung des Zieles adäquat, also verhältnismäßig i. S. von nicht zu weit in das Eigentum eingreifend, sind. Die hier vorgenommene Interpretation des Art. 5 EGKSV, soweit er das Verhältnismäßigkeitsprinzip betrifft, wird wohl nirgends besser gestützt, als in der Anlage II zum EGKSV, den Schrott betreffend. Gemäß Ziff. 1 der Anlage II ist die Hohe Behörde (jetzt die Kommission) befugt, darüber zu wachen, daß die im Hinblick auf die Schrottverteilung im weitesten Sinn von den Mitgliedstaaten erlassenen Vorschriften „keinen stärker einschränkenden Charakter haben, als es ihr Zweck erfordert". Wenn das zuständige Gemeinschaftsorgan eine derartige Verhältnismäßigkeitsüberprüfung bei den Mitgliedstaaten vornimmt, dann setzt dies voraus, daß der EGKSV bzw. die Gemeinschaft selbst diesen Grundsatz zu dem seinen bzw. ihren gemacht hat, was ja auch der Fall ist. Man kann nicht bei anderen kontrollieren, was man selbst nicht beherzigt und für notwendig erachtet.

---

[106] Hervorhebung vom Verfasser.

3. Das Eigentum im EGKSV

Mit dem bisher Gesagten ist die Frage des Eigentums im EGKSV natürlich noch nicht endgültig beantwortet. Es läßt sich jedoch bereits folgender Grundsatz aufstellen: *Der EGKSV wird beherrscht vom Prinzip der Verhältnismäßigkeit und des Interventionsminimums.* Sollten einzelne Eingriffstatbestände des EGKSV nun ergeben, daß sie unverhältnismäßig sind, weil sie entweder ohne Grund von unbegrenzter Dauer sind, oder den einzelnen schwerer als unbedingt erforderlich treffen, dann bestehen aus der Perspektive des Art. 14 GG schon deshalb keine Bedenken, weil der betreffende Tatbestand schon wegen Nichtübereinstimmung mit einer Grundsatznorm rechtswidrig ist. Es handelt sich, da hier das Primärrecht geprüft wird, insofern um ein Problem der verfassungswidrigen Verfassungsnorm, das dem deutschen Recht seit langem bekannt ist. An Art. 14 GG brauchen diese Tatbestände dann gar nicht mehr gemessen zu werden, da hier ein vollkommen gleichwertiger Schutz besteht durch den Grundsatz des Interventionsminimums. Die Probleme des Art. 14 GG stehen jedoch weiter im Raum, wenn eine Norm die Hürde der Verhältnismäßigkeit übersprungen hat.

Hinsichtlich des Ganges der Untersuchung ist noch eine Vorbemerkung angebracht: Im Gegensatz zum EAGV, wo keine Gründe ersichtlich waren, bei der Erörterung der Eigentumsprobleme von der Systematik des EAGV abzuweichen, empfiehlt sich beim EGKSV ein anderes Vorgehen, was auch bei der Besprechung des EWGV der Fall sein wird. Den beiden letztgenannten Verträgen ist eines gemeinsam! Sie enthalten beide eine Fülle von Vorschriften, die sich effektiv als eigentumsfördernd bzw. eigentumserhaltend darstellen. Viele Bestimmungen stellen auch eine Mischform dar, soweit sie sich teils eigentumsfördernd, teils eigentumsbeeinträchtigend auswirken. Ihre Einordnung ist schwerpunktmäßig vorzunehmen. Jedenfalls ist es auf Grund dieser Besonderheit anders als beim EAGV hier angezeigt, statt nach der Systematik des EGKSV primär danach zu unterscheiden, ob es sich um Bestimmungen handelt, die das Eigentum der Marktbürger fördern, oder um solche, die es beeinträchtigen oder gar zerschlagen. Bei der Auslegung der einzelnen Bestimmungen, die sämtlich im Dritten Titel des EGKSV zu finden sind, wird dabei immer auch besonders die Überschrift dieses Titels mit zu beachten sein, der mit den Worten „Wirtschafts- und Sozialbestimmungen" u. a. zum Ausdruck bringt, daß die Wirtschaft zum Wohle aller da ist. Es wird sich zeigen, daß dies vor allem für die Diskussion der Vorschriften von Bedeutung ist, die das Eigentum und die Eigentumsfreiheit einschränken.

3.2 Eigentumserhaltende bzw. eigentumsfördernde Bestimmungen

3.2.1 Die Schaffung finanzieller Einrichtungen

Die Grundbestimmung für diesen weiten und nicht allzu präzisen Begriff[107] ist in Art. 53 EGKSV zu finden. Hiernach kann die Hohe Behörde (jetzt die Kommission) unter bestimmten formellen Voraussetzungen „die Schaffung jeder Art von gemeinsamen finanziellen Einrichtungen für mehrere Unternehmen genehmigen", wenn sie dies für notwendig erachtet i. S. Art. 3 EGKSV und mit den übrigen Bestimmungen für vereinbar hält (Art. 53 Abs. 1 lit. a). Außerdem kann sie aus den gleichen Gründen und unter der Voraussetzung der einstimmigen Zustimmung des Rates „selbst jede Art finanzieller Einrichtungen schaffen" (Art. 53 Abs. 1 lit. b). Was es mit diesen finanziellen Einrichtungen auf sich hat, läßt der Wortlaut des Art. 53 EGKSV an sich offen. Eine Präzisierung, welcher Art sie sein sollen, ist wohl schon auf Grund der Formulierung *„jede Art* finanzieller Einrichtungen", die in beiden Alternativen verwendet wird, unmöglich. Nach dem ganzen Sinn der Bestimmung, einen dem deutschen Staatsrecht vergleichbaren horizontalen (zwischen den Unternehmen, Art. 53 Abs. 1 lit. a) bzw. vertikalen Finanzausgleich (zwischen der Gemeinschaft und den Unternehmen, Art. 53 Abs. 1 lit. b), zu schaffen, kommt es auch weniger auf die Art als auf den Zweck einer solchen Einrichtung an. Der Zweck aber ergibt sich klar aus dem Wortlaut der Bestimmung. Ohne im einzelnen zu den im Rahmen dieser Arbeit nicht primär interessierenden Abgrenzungsproblemen und technischen Einzelheiten Stellung zu nehmen[108], läßt sich dieser Zweck für beide Alternativen (eine Unterscheidung ist erst bei der Frage der Eigentumsbeschränkung notwendig, da Art. 53 EGKSV auch in dieser Richtung zu erörtern ist) kurz wie folgt umreißen: Einem oder mehreren Unternehmen, das aus marktbedingten Gründen in Schwierigkeiten geraten ist, soll durch andere Unternehmen oder durch eine Einrichtung der Gemeinschaft selbst finanziell unter die Arme gegriffen werden, wenn anders die Ziele des Art. 3 EGKSV nicht zu erreichen sind[109].

Auf der *Seite der Unterstützten* ergeben sich, da ihnen ja nur geholfen wird, ihr Eigentum zu erhalten, keine Bedenken aus der Sicht des Art. 14 GG. Mögliche Probleme für den Fall zu sehr in die unter-

---
[107] Zur Kritik der Terminologie vgl. *Krawielicki* (FN 99), 151.
[108] Vgl. *Krawielicki* (FN 99), 151 ff.
[109] Vgl. *Krawielicki* (FN 99), 152 f., sowie EuGH E IV, 299, wo es heißt, „daß die in Art. 53 EGKSV vorgesehenen finanziellen Einrichtungen der Aufbringung und Verteilung von Geldmitteln dienen, und zwar insbesondere in Form von Preisausgleich und Ausgleichszahlungen", ähnlich auch EuGH E VI, 254 (Leitsatz 5) sowie 290 im Hinblick auf den Schrottausgleich — zu den Grundsätzen bei der Handhabung der finanziellen Einrichtungen vgl. auch EuGH E VIII, 657 (Leitsätze 1 und 2) und 686 ff.

nehmerische Freiheit zur Verfügung (und insofern evtl. in die Eigentumsfreiheit) eingreifender Bedingungen lösen sich schon vor der Schwelle des Art. 14 GG durch den im EGKSV geltenden Grundsatz des Interventionsminimums. Was nicht in einem angemessenen Verhältnis zu den Vertragszielen steht, verstößt gegen den Vertrag selbst. Finanzielle Einrichtungen dürfen auch nicht generell als Wirtschaftslenkungsmittel verwendet werden, sondern immer nur, soweit es für die Ziele des Art. 53 EGKSV erforderlich ist, wobei der Kommission allerdings ein gewisser Ermessensspielraum offensteht. Denn es kommt nach dem Wortlaut lediglich darauf an, ob die Kommission dies für erforderlich hält. Doch ist dies im Einzelfall konkret nachprüfbar und im übrigen bietet die notwendige *einstimmige* Zustimmung des Rates (im Fall des hier vordringlich problematischen lit. b) die beste Gewähr dafür, daß keine generelle Wirtschaftslenkung betrieben, sondern die Erforderlichkeit i. S. Art. 3 EGKSV streng beachtet wird.

Auf der *Seite der Unterstützenden* sieht die Sache dagegen anders aus. Hier gilt es jedoch zu unterscheiden zwischen den beiden Tatbestandsalternativen. Soweit die Unternehmen im Falle lit. a die Einrichtung auf freiwilliger Basis schaffen, stellen sich allenfalls Fragen des Art. 14 GG über Art. 65 EGKSV. Direkt wird Art. 14 GG insoweit nicht berührt. Anders im Falle lit. b: Wenn oben für diese Alternative des Art. 53 EGKSV von einem vertikalen Finanzausgleich gesprochen wurde, so bedarf dies doch einer Präzisierung. Eine genaue Parallele zum bundesstaatlichen vertikalen Finanzausgleich ist nicht gegeben. Die Gemeinschaft sorgt hier lediglich für die „finanzausgleichende Institution" als solche. Die Mittel für die zu unterstützenden Unternehmen kommen von den anderen Unternehmen wie bei lit. a (arg. Art. 49 EGKSV). Es liegt also materiell betrachtet in beiden Fällen eine Art horizontaler Finanzausgleich vor, mit dem bedeutsamen Unterschied jedoch, daß es sich bei lit. b um einen Zwangsausgleich handelt, während bei lit. a alles freiwillig geschieht. Damit stellt sich bei lit. b der Ausgleichsbetrag für die unterstützenden Unternehmen im Grunde als *Zwangsabgabe* dar und deshalb als möglicher Eingriff in die Eigentumsfreiheit. Hier aber bestehen vom innerstaatlichen Recht her keine Bedenken. Soweit sich diese Abgabepflichten als reine Vermögensbeeinträchtigung darstellen, wird Art. 14 GG überhaupt nicht berührt. Nach der Rechtsprechung des BVerfG sind deshalb „Vermögensbeeinträchtigungen durch Auferlegung von Geldleistungspflichten i. d. R. nicht an Art. 14 GG zu messen"[110]. Daß auch keinesfalls der Bereich der

---
[110] BVerfGE 27, 343. Zum Problemkreis der Auferlegung von Geldleistungspflichten und Art. 14 GG vgl. auch *Klein*, Bodenwertzuwachssteuer und Art. 14 GG, DÖV 73, 433 ff. (434) sowie die in A, FN 3 Genannten; vgl. auch jüngst BVerfGE 36, 383 ff. (400), wo ausgeführt wird unter Hinweis auf die ständige Rechtsprechung, daß Art. 14 GG „jedenfalls nicht vor der Auf-

Enteignung durch die Verpflichtung zur Leistung öffentlicher Abgaben tangiert wird, hat das BVerfG schon früher entschieden[111]. Davon kann im Falle des Art. 53 Abs. 1 lit. b EGKSV keine Rede sein, weil allein schon die Einbettung in den Aufgabenkatalog des Art. 3 EGKSV sowie der Zweck des Art. 53 dafür sorgen, daß die zur Abgabe bzw. Unterstützung anderer herangezogenen Unternehmen nicht selbst *dadurch* zu unterstützungsbedürftigen Unternehmen werden. Eine solche schizophrene Handhabung des Mittels der finanziellen Einrichtungen läßt sich nicht unterstellen. Im Ergebnis ist es deshalb gerechtfertigt, Art. 53 EGKSV zu den eigentumserhaltenden Vorschriften zu zählen, da das der Hauptzweck dieser Bestimmung ist und auch bei der Zwangsfinanzierung keine unzulässigen Eingriffe gegenüber den Beitragspflichtigen erfolgen.

Finanzielle Ausgleichseinrichtungen sind noch Gegenstand verschiedener anderer Bestimmungen, die in anderem Zusammenhang besprochen werden. Soweit es sich dabei jedoch nur um Abgabenprobleme handelt, wird auf das hier Gesagte verwiesen werden können. Letzteres gilt insbesondere für die Ausgleichskassen des § 24 Abs. 3 lit. b der Übergangsbestimmungen, wo ausdrücklich davon gesprochen wird, daß die Finanzierung durch eine Umlage auf die inländische Erzeugung erfolgt. Bedenken von Art. 14 GG aus gesehen bestehen hiergegen aus den obengenannten Gründen nicht. Im übrigen ist das Problem für den Bereich der Übergangsbestimmungen obsolet geworden.

3.2.2 Investitionen und finanzielle Hilfe (Art. 54 ff. EGKSV)

In der Reihe der überwiegend als eigentumsfördernd zu nennenden Vorschriften ist als nächstes Art. 54 EGKSV zu nennen.

Gemäß Abs. 1 dieser Bestimmung kann die Kommission Investitionen durch Kreditbewilligung oder Übernahme von Bürgschaften erleichtern. Mit den gleichen Mitteln kann sie gemäß Art. 54 Abs. 2 EGKSV solche Programme unterstützen, die primär den Zielen des Art. 3 lit. c und d EGKSV dienen. Bis hierher ist Art. 54 EGKSV insoweit ausschließlich eigentumsfördernd, als in beiden Fällen das Handeln der Kommission auf Produktionssteigerung und damit zwangsläufig auf Einkommensmehrung der Beteiligten gerichtet ist. Das Eigentum wird jedenfalls weder geschmälert noch wird die Verfügungsbefugnis und damit die Eigentümerstellung irgendwie beschränkt. Bedenken vor allem unter dem Gesichtspunkt des Art. 2 Abs. 1 GG werden dagegen vorgebracht gegen die Absätze 3 bis 5 des Art. 54 EGKSV[112]. Hier liegt in der Tat

---
erlegung solcher Abgaben und Umlagen (schützt), die einen verhältnismäßig geringen Umfang haben".

[111] BVerfGE 2, 259.

3. Das Eigentum im EGKSV

eine recht weitgehende Investitionskontrolle vor, die über die Beschränkung der allgemeinen Handlungs- und Wirtschaftsfreiheit eine Beschränkung der Eigentümerstellung bedeutet. Dabei ist jedoch folgendes zu berücksichtigen: Einmal steht die Kontrolltätigkeit der Kommission unter dem Grundsatz des Interventionsminimums[113]. Ganz abgesehen davon bringen sowohl Abs. 3 als auch Abs. 5 selbst Voraussetzungen für das Handeln der Kommission. Zwar ist die Voraussetzung des Abs. 3 relativ weit gefaßt, doch läßt sich eine jeweilige Konkretisierung für den Einzelfall an Hand verschiedener Investitionsprogramme ohne weiteres herbeiführen. Demgegenüber ist bei Abs. 5 die Rechtsfolge sehr weitgehend. Daß von der Gemeinschaft selbst für solche Vorhaben, die mit dem EGKSV in Widerspruch stehen, keine Mittel bereitgestellt werden, ist noch nicht zu beanstanden, denn dies ist eine Selbstverständlichkeit. Niemand finanziert den Abbruch des eigenen Hauses, wenn es in Ordnung ist. Daß aber dem Unternehmen jegliche Fremdfinanzierung untersagt wird, bedeutet einen sehr starken Eingriff in die Handlungsfreiheit. Doch da es sich nicht um ein vollkommenes Investitionsverbot handelt, das wohl dann zu rechtfertigen wäre, wenn schwerwiegende Verstöße gegen den Vertrag die Folge wären und evtl. sogar einen Kumulationseffekt hätten, zeigt sich zum einen die Beherzigung des Grundsatzes des Interventionsminimums. Zum anderen aber, soweit nicht überhaupt nur noch die Gesichtspunkte der Art. 2 Abs. 1 GG oder 12 GG anzuführen sind[114], kann von einer enteignungsgleichen Verfügungsbeschränkung des vorhandenen Eigentums nicht die Rede sein, nachdem nur die Fremdfinanzierung untersagt wird[115]. Insgesamt betrachtet ist auch Art. 54 EGKSV eher als eigentumsfördernd denn als eigentumsbeschränkend anzusehen. Über allen Kontrollen stehen die Absätze 1 und 2, die die wirtschaftliche Verwertung des Eigentums fördern, wenn auch nur — was wiederum selbstverständlich ist — soweit es den Vertragszielen dienlich ist.

Als eine sich zumindest mittelbar als eigentumsfördernd auswirkende Vorschrift stellt sich auch Art. 55 EGKSV dar, wonach u. a. die Forschung für die Steigerung des Verbrauchs für Kohle und Stahl von der Kommission gefördert werden soll, was letztlich dem Wohle aller dient.

---

[112] Vgl. *Badura* (FN 1), 79, sowie *Ipsen* (FN 24), 723.
[113] Auf den auch *Badura*, a.a.O., hinweist.
[114] Für ersteres wohl *Ipsen* (FN 24), 722, insbes. FN 16, für letzteres das BVerfG in E 30, 292, hierzu *Ipsen*, ebd.
[115] Zu dem gleichen Ergebnis kommt *Ipsen* (FN 24), 725 wenn auch ausschließlich unter dem Aspekt des Art. 2 Abs. 1 GG. Zur Problematik der Vereinbarkeit aller Ziele des Art. 2 EGKSV vgl. insbes. EuGH E XIV, 3 (LS 4).

Es wurde bereits oben[116] gesagt, daß die Überschrift des dritten Titels „Wirtschafts- und Sozialbestimmungen" lautet. Die Bestimmung des Art. 55 EGKSV ist ein Beweis dafür, daß die Gemeinschaft für Kohle und Stahl das Wohl aller Marktbürger im Auge hat, denn ohne Marktforschung ist ein möglichst hoher Beschäftigungsstand nicht zu garantieren. Noch deutlicher aber zeigt sich die Sorge um das Wohl aller in Art. 56 EGKSV. Hier wird die Erhaltung des oft einzigen Eigentums der Arbeitnehmer, nämlich des Lohnes, mit Hilfe von Entschädigungen, Beihilfen, Umschulungsgeldern etc. angestrebt[117]. Gleichzeitig wird auch den Unternehmen, die durch die Errichtung des Gemeinsamen Marktes für Kohle und Stahl ihre Tätigkeit einstellen mußten etc., die Betriebsumstellung sowie die Verpflichtung gegenüber ihren Arbeitnehmern erleichtert (das Problem wird im Rahmen des Subventionsverbots an Hand der §§ 23, 24 der Übergangsbestimmungen noch gesondert zu erörtern sein), so daß sich auch hier wieder insgesamt die das (Privat-) Eigentum fördernde bzw. erhaltende Grundtendenz zeigt.

3.2.3 Das System der Preise (Art. 60 ff. EGKSV)

Ohne Zweifel bedeuten die Art. 60 ff. EGKSV einen starken Eingriff in die Grundsätze der auch den EGKSV beherrschenden Marktfreiheit, sowie in die Freiheit des Unternehmers und damit auch Eigentümers[118]. Aber einmal sind Eingriffe stärkeren Ausmaßes bedingt durch die Besonderheiten der wirtschaftlichen Struktur des Marktes für Kohle und Stahl selbst. Denn hier stehen sich von Anfang an nicht auf jeder Seite eine Vielzahl von Anbietern und Nachfragern gegenüber wie in anderen Sektoren der Wirtschaft. Vielmehr ist der Markt für Kohle und Stahl durch die oligopolistische Struktur gekennzeichnet. Das bedeutet aber eine ungleich größere Möglichkeit und die Tendenz zur Monopolbildung, zumindest zu monopolistischem Verhalten, als normalerweise. Um dies zu verhindern und eine möglichst große Markttransparenz zu gewährleisten, sind Eingriffe schwererer Art als sonst notwendig[119]. Dies bedeutet aber keineswegs den Umschlag des quantitativen Elements der Sozialbindung in qualitative Enteignung[120], soweit von den Art. 60 ff. EGKSV die Verfügungsbefugnis des Eigentümers betroffen wird. Aber

---

[116] Vor 3.2.

[117] Vgl. hierzu auch *Ophüls* (FN 97), 387.

[118] Vgl. *Badura* (FN 1), 79; zum zwingenden Charakter des Art. 60 § 2 vgl. EuGH E XIV, 393 (LS 4).

[119] Vgl. *v. d. Meersch* (FN 23), Rz. 1396, der unmißverständlich auf die Verbindung von Markttransparenz und oligopolistischer Struktur hinweist; zur Marktsituation des Kohle- und Stahlmarktes vgl. auch EuGH E VIII, 223 ff. sowie E X, 1180.

[120] s. o. 3.3.2 am Ende.

3. Das Eigentum im EGKSV

es wird sich sogar zeigen, daß darüber hinaus die Einordnung selbst dieser Bestimmungen in die eigentumsfördernden bzw. bewahrenden Vorschriften berechtigt ist, weil dieser Aspekt (noch) der überwiegende ist.

Auf den ersten Blick scheint dies allerdings für Art. 60 EGKSV nicht zuzutreffen, da hier die Eingriffe in die Eigentümerstellung im Vordergrund stehen. Gemäß § 1 dieser Bestimmung soll ein Verhalten unlauterer, auf Erlangung einer Monopolstellung gerichteter, sowie diskriminierender Art vermittels einer Preispolitik der Unternehmer verhindert werden. Es handelt sich hier um zwei Grundsätze des Vertrags, die im Kapitel V des Dritten Titels eine auf die Preispolitik bezogene spezielle Regelung erfahren haben.

Zur Durchsetzung dieser Ziele legt nun Art. 60 § 2 EGKSV den Unternehmen die Veröffentlichung von Preistafeln und Verkaufsbedingungen auf (lit. a). Es ist zu Recht auf die enge Verknüpfung von Preispublizität und Nichtdiskriminierung hingewiesen worden[121]. Damit aber das Preisgebaren wirklich so ist und bleibt, wie es der Öffentlichkeit bekannt gemacht wurde, stellt lit. b sehr detaillierte Regeln auf, um sicherzustellen, was unerläßlich ist: daß sich die Unternehmen streng an ihre Preistafeln und Verkaufsbedingungen halten[122]. Damit diese „Verhaltensmaßregeln" nicht von den Abnehmern der Produkte umgangen werden können, gibt Art. 63 EGKSV der Kommission weitere Möglichkeiten, die Ziele des Art. 60 § 1 EGKSV durchzusetzen. Daß sich diese Maßnahmen gegen die Produzenten richten, obwohl die Käufer getroffen werden sollen, ist nicht zu beanstanden. Der Käuferkreis ist nicht von vornherein absehbar, wohl aber der Kreis der Produzenten. Nur bei ihnen ist deshalb effektive Kontrolle gewährleistet. All diese Maßnahmen, so weit sie auch gehen und so neuartigen Charakters sie sein mögen, sie halten sich doch im Rahmen dessen, was Sozialbindung sein kann und unter Umständen sein muß. Von einer Situation, die als Enteignung zu bezeichnen wäre, weil von einer privaten Verfügungsbefugnis nichts mehr übrig bleibt, was die Eigentümerstellung charakterisiert kann keine Rede sein. Im Gegenteil, bei näherem Hinsehen erweist sich auch Art. 60 EGKSV als primär eigentumsschützend und -erhaltend und zwar zugunsten aller Betroffenen, da deren Marktposition sich stets ändern kann. Die Verhinderung von Monopolbildung durch mißbräuchliche Preispraktiken etc. bedeutet — und nur das kann ja ihr Zweck sein — auf der Gegenseite die Erhaltung der Unternehmen, die einer monopolistischen Tendenz zum Opfer fallen würden.

---

[121] Vgl. *v. d. Meersch* (FN 23), Rz. 1396.
[122] Vgl. *v. d. Meersch* (FN 23), Rz. 1396, der durch die Formulierung il s'ensuit que ... zum Ausdruck bringt, daß es sich hier um eine logische Folge handelt.

Das heißt aber gleichzeitig, die Erhaltung der spezifischen Eigentümerstellung.

Zu dem gleichen Ergebnis führt die Betrachtung der *Art. 61 und 62 EGKSV*: Zwar läßt sich einerseits nicht bestreiten, daß die Festsetzung von Höchst- und Mindestpreisen eine eindeutig dirigistische Maßnahme ist und einer selbständigen Preisgestaltung nur mehr wenig Raum bietet. Unabhängig davon, daß solche Maßnahmen (insbesondere Lohn- und Preisstop) auch von Regierungen angewendet werden, die sicher keines Angriffs auf das Privateigentum verdächtig sind, wie in letzter Zeit die Regierungen Heath und Nixon, stellen Höchst- und Mindestpreise aus dem gleichen Grund wie das Offenlegen der Preis- und Verkaufsbedingungen keinen Enteignungstatbestand dar. Dies schon deshalb, weil die Festsetzung von Höchst- und Mindestpreisen nicht generell erfolgt, sondern sowohl nach der zeitlichen Situation als auch nach dem Erzeugnis selbst differenziert. Die Maßnahmen sind deshalb auch nicht als unverhältnismäßig zu kennzeichnen. Außerdem dürfen sie nur unter im einzelnen konkretisierbaren Marktbedingungen eingesetzt werden, die mit den Zielen des Art. 3 EGKSV in Widerspruch stehen. Es ist z. B. der Mindestpreis dann vertretbar und angezeigt, wenn anders die Ziele des Art. 3 lit. d EGKSV nicht durchsetzbar sind (Art. 61 Abs. 1 lit. b EGKSV). Dies dient aber gleichzeitig und von Art. 3 lit. d her gesehen (auf den in Art. 61 ja ausdrücklich verwiesen wird) primär der Erhaltung der entsprechenden Unternehmen und insoweit also des Privateigentums (da Art. 3 lit. d EGKSV kaum auf Unternehmen in staatlicher Hand bezogen ist). Schließlich aber ist Art. 14 GG durch einen Preisstop schon deshalb nicht verletzt, weil Art. 14 GG nur den jeweils aktuellen Wert des Eigentums garantiert, aber nicht den möglichen zukünftigen[123]. Das „Einfrieren" der Preise ist also niemals Enteignung. Umgekehrt verfolgen Höchstpreise einen dreifachen Zweck: einmal sorgen sie dafür, daß der gleiche Zugang zu den Produktionsgütern gewährleistet wird, zum anderen aber, daß dieser gleiche Zugang zu möglichst niedrigen Preisen vermittelt wird, wozu das alleinige Mittel die Festsetzung von Höchstpreisen ist[124]. Damit aber wird wiederum bezweckt, daß genau die Unternehmen, die ohne die für sie noch bezahlbaren Höchstpreise nicht in der Lage wären, sich die erforderlichen Produktionsmittel zu beschaffen, fortbestehen können.

Diese eigentumserhaltende Tendenz zeigt gerade auch Art. 62 EGKSV. Da durch die Festsetzung von Höchstpreisen möglicherweise die Erzeugerkosten einzelner Gruben noch unterschritten werden, gestattet diese Bestimmung, daß zum Ausgleich der daraus resultierenden unter-

---

[123] Vgl. *Leisner* (B, FN 135, Privateigentum), 6.
[124] Vgl. *Jerusalem* (FN 13), 92 f.

schiedlichen Ertragslage Ausgleichszahlungen zwischen den einzelnen Unternehmen entweder desselben Reviers oder sogar verschiedener Reviere geleistet werden. Es handelt sich hier um einen Unterfall der finanziellen Einrichtungen i. S. Art. 53 EGKSV. Damit wird das Fortbestehen dieser Gruben gewährleistet. Zwar soll dies nur solange geschehen, wie es den Zielen des Art. 3 EGKSV nützlich ist, aber die generelle Aufrechterhaltung des Eigentums auf Kosten aller kann wohl auch niemand verlangen.

Mit den vorstehenden Ausführungen dürfte der Nachweis erbracht sein, daß einerseits die Art. 60 ff. EGKSV hinsichtlich Art und Ausmaß der Eingriffsbefugnisse den Bereich der Sozialbindung nicht verlassen, andererseits sogar eine eigentumserhaltende Tendenz beinhalten, wenn es auch i. d. R. nicht ihr Hauptzweck ist: dieser ist ja das Wohl *aller* Marktbürger. In diesem Zusammenhang sei daran erinnert, daß bei den Beratungen des Parlamentarischen Rates u. a. der spätere CDU-Bundestagsabgeordnete Böhm der Staatsgewalt ausdrücklich die Möglichkeit der Preiskontrolle einräumte. Doch allein mit dem Ziel, der Allgemeinheit schädliche Marktmacht zu verhindern[125], wie es auch der Gedanke des EGKSV ist.

3.2.4 Ausnahmetarife bei Frachten und Transporten (Art. 70 Abs. 4 EGKSV)

Die Ausnahmetarife bei Frachten und Transporten des Art. 70 Abs. 4 EGKSV sind ein weiterer Unterfall des Art. 53 EGKSV[126]. Auf diesen Sonderfall finanzieller Hilfe, der von innerstaatlicher Seite geleistet wird, aber der vorherigen Genehmigung der Kommission bedarf, ist noch kurz einzugehen. Hier handelt es sich eindeutig um eine über die Konkurrenzfähigkeit eigentumserhaltende Vorschrift. Ein Eingriffsproblem liegt überhaupt nicht vor hinsichtlich des Eigentums. Und zwar auch nicht seitens der Konkurrenzunternehmen, die auf Grund ihres günstigen Standortes Ausnahmetarife nicht nötig haben. Hier wird i. d. R. nur eine Verletzung des Gleichheitssatzes akut, u. U. eine Verletzung der Wettbewerbsfreiheit, deren Begrenzung gerade wegen der Besonderheit des Marktes für Kohle und Stahl gerechtfertigt ist. Das Problem der Enteignung stellt sich nicht, zumindest solange nicht bewußt andere subventioniert werden, um den Konkurrenten in den Ruin zu treiben[127]. Von der hier vertretenen Auffassung der unzu-

---

[125] Vgl. hierzu *Kriele*, Wirtschaftsfreiheit und Grundgesetz, ZRP 74, 105 ff. (105) m. w. Nachw.

[126] Vgl. *Krawielicki* (FN 99), 167.

[127] Zum Problemkreis der Enteignung durch Subventionierung Dritter vgl. BVerwG NJW 69, 522, hierzu JuS 69, 240 m. w. Nachw.; im übrigen werden Unterstützungstarife nach der nicht zu beanstandenden Rspr. des EuGH nur in besonders außergewöhnlichen Fällen als mit dem Vertrag vereinbar

lässigen Beschränkung der Verfügungsbefugnis als Kriterium für die Enteignung kann ein enteignender Tatbestand in der Regelung des Art. 70 Abs. 4 EGKSV deshalb nicht gesehen werden. Ganz abgesehen davon, daß die zielbewußt auf die Existenzvernichtung anderer gerichtete Subventionierung Dritter weder innerstaatlichen Stellen noch der Gemeinschaft unterstellt werden kann, braucht das Problem hier schon deswegen nicht näher untersucht zu werden, weil die Ausnahmetarife ja nicht von der Gemeinschaft gewährt werden. Diese bedürfen lediglich der vorherigen Genehmigung durch die Kommission unter dem Gesichtspunkt der Übereinstimmung mit den Vertragsgrundsätzen. Nur insoweit ist das europäische Eigentumsproblem für die vorliegende Arbeit akut.

Nach dem Sinn des Art. 70 EGKSV wird von der Selbstverständlichkeit ausgegangen, daß die zentrierten Kohle- und Erzvorkommen auf Grund der Transport- und Frachtkosten für den Abnehmer eine wettbewerbs- und damit existenzmäßig um so schwierigere Situation bringen, je weiter er von den Vorkommen entfernt ist[128]. Diese Situation hat sich durch den Gemeinsamen Markt verstärkt. Das Unternehmen im Bayerischen Wald sieht sich nicht mehr nur der Konkurrenz der Unternehmen in Dortmund, sondern auch derer in Lille etc. ausgesetzt. Gleiches gilt für den Unternehmer in Marseille etc. Art. 70 Abs. 1 EGKSV ist nichts anderes als die Anerkennung dieser Situation, und Art. 70 Abs. 4 EGKSV zieht die erforderlichen Konsequenzen daraus. Deshalb die Ausnahme vom sonst geltenden Subventionsverbot[129], das noch zu besprechen sein wird, denn der EGKSV will keine Existenzvernichtung. Daß der EGKSV darüber hinaus aber wenigstens auf der Vereinbarkeit mit den Grundsätzen des Gemeinsamen Marktes im übrigen besteht, ist nicht zu beanstanden.

Damit zeigt sich in Art. 70 Abs. 4 EGKSV eine weitere Bestimmung, die das Eigentum nicht nur nicht beeinträchtigt, sondern ausdrücklich erhalten will. Es wird nunmehr zu prüfen sein, ob gegen die übrigen, Fragen des Eigentums berührenden Vorschriften, die primär beeinträchtigend sind, auch keine durchgreifenden Bedenken aus der Sicht des Art. 14 GG zu erheben sind.

---

gehalten. Sie werden insbesondere nicht gewährt, um die Rentabilität eines Unternehmens schlechthin zu steigern (das wäre mit den Grundsätzen der Marktwirtschaft unvereinbar), vielmehr kann es allein darum gehen, unverschuldete bzw. vertragsbedingte Anpassungsschwierigkeiten zu überwinden helfen. Das unternehmerische Risiko wird also keinem Unternehmen zu Lasten anderer genommen, vgl. EuGH E VI, 378 (Leitsätze 5 und 6) sowie die Bestätigung dieser Grundsätze in EuGH E VI, 506 f. und 540 f. und EuGH E XIV, 3 (LS 6).

[128] Vgl. *Much*, Ausnahmetarif und Wirtschaftsintegration in ZgesHR Bd. 114, 110 ff. (111).

[129] Hierzu und zur Rspr. des EuGH zu diesem Punkt vgl. *Much* (FN 128), 118 ff.

3. Das Eigentum im EGKSV

3.3 Eigentumsbeeinträchtigende Bestimmungen des EGKSV

3.3.1 Das Subventionsverbot (Art. 4 lit. c EGKSV)

Als einen der Unterfälle im Rahmen des für den EGKSV geltenden Grundsatzes der Nichtdiskriminierung sieht Art. 4 lit. c EGKSV Subventionen jedweder Art als unvereinbar mit dem Gemeinsamen Markt für Kohle und Stahl an und untersagt sie deshalb. Man kann sich bereits darüber streiten, ob Art. 4 lit. c EGKSV nicht doch eine überwiegend das Privateigentum erhaltende Bestimmung ist und deshalb besser gar nicht unter dem Gesichtspunkt der Eigentumsbeeinträchtigung in erster Linie zu erörtern wäre. Dafür spräche vor allem die Ansicht *Stendardis*, der (zu Recht) gerade auch im Subventionsverbot eine Regelung sieht, die eine Wahl zugunsten des Instituts Privateigentum bedeutet[130]. Aber mit der Wahl zugunsten des Privateigentums, die der EGKSV, wie oben dargelegt[131], insgesamt getroffen hat, ist über die evtl. nötigen Eingriffe in dieses anerkannte Privateigentum, mithin umgekehrt über die Ausgestaltung der Individualgarantie, nichts gesagt. Der Wegfall von Subventionen kann ja die Existenzvernichtung bedeuten. Es ist deshalb eher gerechtfertigt, eine Ausnahme vom Subventionsverbot, wie den vorgängig besprochenen Art. 70 Abs. 4 EGKSV, zu den primär eigentumsbewahrenden Bestimmungen zu zählen, als umgekehrt das Subventionsverbot.

Für die hier vorgenommene Einordnung spricht auch, daß der gesamte Art. 4 in erster Linie der Sicherung der Marktwirtschaft dient, die zwar auf dem Privateigentum beruht, womit aber staatliche Eingriffe nicht ausgeschlossen sind. So hat der EuGH den wettbewerbsverfälschenden Charakter von Subventionen in den Vordergrund gestellt als „Hindernis für die rationellste Verteilung der Produktion auf dem höchsten Leistungsstand"[132]. Damit ist auch die Schlußfolgerung berechtigt, daß das Subventionsverbot unlösbar verknüpft ist mit der Gefahr der Wettbewerbsverfälschung[133]. Somit ist im Hinblick auf Art. 14 GG zu untersuchen, ob bzw. inwiefern das Subventionsverbot eigentumsbeeinträchtigend ist und ob hier evtl. aus der Sicht des Art. 14 GG Bedenken bestehen. Dabei braucht hier nicht mehr auf die oben zu 3.2.4 angesprochene Frage der möglichen Eigentumsbeeinträchtigung Dritter durch Konkurrentensubvention eingegangen zu werden[134]. Viel-

---

[130] Vgl. *Stendardi* (FN 26), 279.
[131] 3.1.
[132] EuGH E VII, 43; hierzu vgl. *Börner*, Studien zum deutschen und europäischen Wirtschaftsrecht (1973), 105 f.
[133] Vgl. *Koppensteiner* (FN 91), 28 f., 63; sowie zum Problem wettbewerbsverzerrender Subventionen *Rüber*, Die Konkurrentenklage deutscher Unternehmer gegen wettbewerbsverzerrende Subventionen im Gemeinsamen Markt, NJW 71, 2097 ff.

mehr geht es jetzt um die Frage, ob durch den Verlust von bis zum Inkrafttreten der Gemeinschaft für Kohle und Stahl gewährten Subventionen eine Eigentumsbeeinträchtigung erfolgt. Unter Subventionen sind dabei alle staatlich gewährten Sondervorteile zu verstehen. Eine Unterscheidung in Subventionen und Beihilfen etc. wäre nicht sinnvoll. Der Begriff Subvention ist extensiv auszulegen und umfaßt staatliche Sondervorteile jeder Art[134].

Bei der Untersuchung dieser Frage ist davon auszugehen, ob es überhaupt einen Rechtsanspruch auf Subventionen und somit auch auf deren Aufrechterhaltung gibt. Daß ein solcher Anspruch aus Art. 3 GG bzw. dem auch im europäischen Recht geltenden Grundsatz der Gleichbehandlung folgen kann, wenn vergleichbare Tatbestände gegeben sind, ist unbestritten. Ebenso ist h. M., daß eine Konkurrentenklage aus Art. 2 Abs. 1 GG gegen wettbewerbsverzerrende Subventionen gegeben ist[135]. Der Gleichheitssatz ist aber im Falle des Art. 4 lit. c EGKSV keinesfalls verletzt, da die Abschaffung der Subvention generell erfolgte. Einen Anspruch aus Art. 14 GG auf Subventionen gibt es jedoch nicht, und somit gibt es auch keinen Rechtsanspruch hieraus auf Aufrechterhaltung selbst jahrelanger Subventionen[136]. Das folgt auch eindeutig aus dem Sinn des Art. 14 GG. Dieser ist, wie die anderen Freiheitsrechte auch, in erster Linie ein Abwehrrecht. Art. 14 GG gibt einen Anspruch darauf, daß der Staat das Eigentum achtet und nicht verletzt bzw. eine Eigentumsverletzung durch gerechten Schadensausgleich wieder heilt durch Umschlagen der Eigentumsgarantie in die Eigentumswertgarantie. Ob evtl. das Sozialstaatsprinzip zu Subventionen verpflichtet, braucht nicht entschieden zu werden. Wenn der Staat im Rahmen seiner Leistungsfähigkeit durch Subventionen versucht, das Eigentum des einzelnen zu erhalten etc., so ist dies ein wichtiges Indiz für die Einstellung des Staates zum Privateigentum. Aus Art. 14 GG heraus aber ist er hierzu nicht verpflichtet. Die Möglichkeit, daß das Subventionsverbot für einige Unternehmen die Existenzvernichtung bedeutet bzw. bedeutet hat, stellt deshalb keine Verletzung der Individualgarantie dar, denn ein Eingriff in das Eigentum liegt überhaupt nicht vor. Die Marktwirtschaft hat auch Nachteile: das unternehmerische Risiko für den einzelnen. Subventionen verzerren die einer freiheitlichen Grundordnung entsprechende freie Marktwirtschaft. Art. 4 lit. c

---

[134] So zu Recht unter Verweisung auf die Rechtsprechung des EuGH *Koppensteiner* (FN 91), 67 f., 69, 70; die vom EuGH E VIII, 5 f. (Leitsätze 3 und 4) sowie 42 vorgenommene begriffliche Unterscheidung von Subventionen und Beihilfe hat daneben nur terminologische Bedeutung.

[135] *Rüber* (FN 133), 2098.

[136] So mit Recht OVG Lüneburg DÖV 69, 396, hierzu JuS 64, 442 und insbes. *Hermann Weber*, Grundgesetzlicher Anspruch auf Privatschulsubvention, JZ 68, 779 ff. (781), sowie jüngst *Link*, Privatschulsubventionierung und Verfassung, JZ 73, 1 ff. (5 f., 7).

3. Das Eigentum im EGKSV

EGKSV sorgt hier für Abhilfe. Unter anderem deshalb bestehen auch keine Bedenken gegen die Rechtsprechung des EuGH zu den §§ 23, 24 der Übergangsbestimmungen EGKSV. Danach sind die (insbesondere in § 24 vorgesehenen) Ausgleichszahlungen restriktiv auszulegen und dürfen nicht über das hinausgehen, was unbedingt erforderlich ist. Keinesfalls könne in den Ausgleichszahlungen eine Garantie für die Aufrechterhaltung der Einnahmen in ihrer ursprünglichen Höhe gesehen werden[137], worin, wie eben dargelegt, eine Verletzung der Eigentumsgarantie nicht erblickt werden kann. Darüber hinaus handelt es sich insoweit primär — jedenfalls solange keine Existenzvernichtung durch das Inkrafttreten des EGKSV droht — um ein Vermögensproblem, solange es nur um die Höhe der Einnahmen geht. Das Vermögen als solches wird aber von Art. 14 GG nicht geschützt. Da es sich bei den Ausgleichszahlungen des § 24 der Übergangsbestimmungen EGKSV um einen Unterfall der finanziellen Einrichtungen i. S. Art. 53 EGKSV handelt, sei noch auf die Äußerungen des EuGH zum gemeinsamen Büro der Schrottverbraucher verwiesen, die genau das Problem des Subventionsverbots treffen. Der EuGH führt aus, daß die Beibehaltung von Regelungen, sprich Subventionen, die einzelne Unternehmen mit der Begründung, es handle sich um wohlerworbene Rechte, besser stellte als andere, den Zielen der finanziellen Einrichtungen zuwiderlaufen würde. Es ließen sich deshalb solche Diskriminierungen (und die Subvention ist eine Diskriminierung) nicht beseitigen, ohne daß in Rechtspositionen eingegriffen werde[138]. Selbst wenn aber durch das Inkrafttreten des EGKSV Unternehmen ihre Tätigkeit einstellen mußten und damit u. U. ihre Existenz verloren, was der EGKSV bewußt in Kauf nimmt, wie insbesondere die Formulierung des § 23 der Übergangsbestimmung EGKSV sowie des Art. 56 EGKSV ergibt, wo dem Sozialstaatsprinzip entsprechend den hiervon betroffenen Arbeitnehmern geholfen wird, so ist dennoch nicht von einer Verletzung des Art. 14 GG zu sprechen. Denn das Inkrafttreten des EGKSV hat eine Rechtsänderung bewirkt. Die generelle Änderung des objektiven Rechts aber, „die in zulässiger Weise für die Zukunft den Inhalt des Rechts bestimmt, ist keine Enteignung"[139]. Dies folgt daraus, daß „die konkreten, dem einzelnen Eigentümer zugeordneten und durch die Verfassung garantierten Rechte (...) der Disposition des Gesetzgebers" unterliegen[140].

---
[137] Vgl. EuGH E II, 323, 370.
[138] Vgl. EuGH E XI, 921, 974 f., 1018.
[139] BVerfGE 31, 274 f. (275).
[140] BVerfGE 31, 284, es handelt sich in beiden Fällen um die Entscheidungen zum neuen Urheberrechtsgesetz, vgl. hierzu *Maunz* (B, FN 4), 109 ff. (113 f.). Diese Grundsätze wurden im wesentlichen bestätigt in BVerfG 36, 281 ff. (293).

Soweit nun in die Subventionen „eingegriffen" wurde, wird Art. 14 GG gar nicht berührt, da hier keine Rechtspositionen vorliegen, die unter den Schutz der Individualgarantie fallen. Soweit dagegen Unternehmen ihre Produktion einstellen mußten, die vorher überhaupt nicht subventioniert wurden, deren weitere Existenz vielmehr allein an der neuen Gesetzeslage scheitert, kann mit dem BVerfG von einer Enteignung ebenfalls nicht gesprochen werden. Die Entscheidung konnte im Grunde nicht anders lauten als beim Wegfall der Subventionen, denn so wenig wie es ein Recht auf Fortbestand von Subventionen gibt, gibt es ein solches auf Fortbestand einer bestimmten Gesetzeslage. Daß aber die durch den EGKSV hervorgerufene Gesetzesänderung in zulässiger Weise erfolgte, kann nicht ernsthaft bestritten werden.

Damit ist auch das Subventionsverbot unbedenklich aus der Sicht des Art. 14 GG und stellt im Hinblick auf die innerstaatliche Eigentumsordnung keine Rechtseinbuße dar.

3.3.2 Die Auskunftspflicht der Unternehmen (Art. 47 EGKSV)

Gemäß Art. 47 Abs. 1 EGKSV hat die Kommission ein weitgehendes Auskunftsrecht gegenüber den Unternehmen, das selbst die Geschäftsbeziehungen und Kalkulation umfaßt (arg. Art. 47 Abs. 2). Dabei ist von besonderer Bedeutung, daß sämtliche Auskünfte, mit Ausnahme derer, die unter das Berufsgeheimnis fallen, zu veröffentlichen sind.

Hier muß von einem Eingriff in die Freiheit des Eigentums selbst gesprochen werden, da die Verfügungs- und Dispositionsfreiheit des Eigentümers betroffen wird, und zwar nicht zuletzt von der Veröffentlichung, auch wenn die wichtigsten Auskünfte hiervon nicht erfaßt sind. Denn die Eigentümerstellung ist gekennzeichnet durch die umfassende Verfügungsbefugnis. Letztere aber ist nicht mehr gegeben, wenn über jede einzelne Maßnahme Rechenschaft geliefert werden muß, soweit dies nach Ansicht der Kommisison für die Ziele des EGKSV erforderlich ist. Allerdings kann hier von einem Enteignungstatbestand nicht gesprochen werden. Die zwangsweise durchsetzbare umfassende Auskunftspflicht ist nicht gleichbedeutend mit dem vollkommenen oder doch faktisch vollkommenen Entzug der Verfügungsbefugnis und damit der spezifischen Eigentümerstellung.

Auf die mögliche Einschränkung der Dispositionsbefugnis durch Auferlegung von Zwangsgeldern (Art. 47 Abs. 3 EGKSV), worauf *Ipsen* hingewiesen hat[141], braucht nicht eingegangen zu werden. Denn wenn gegen die Auskunftspflicht als solche keine Bedenken bestehen, ist dies auch nicht der Fall bei der Sicherung ihrer Durchsetzung. Gegen die Höhe der Buß- und Zwangsgelder ist nichts einzuwenden.

---

[141] *Ipsen* (FN 24), 723.

Sie müssen so hoch sein, um zu verhindern, daß im Einzelfall der Unternehmer es vorzieht, falsche oder nicht rechtzeitige Auskünfte zu erteilen, um sich so evtl. einen Vorsprung vor der Konkurrenz zu sichern. Gegen die Auskunftspflicht aber bestehen ebensowenig Bedenken, wie bei der Mitteilung der Investitionsprogramme nach Art. 54 Abs. 3 EGKSV. Die Aufgaben des Art. 3 EGKSV erfordern einen ständigen und genauen Überblick, da anders die zur Erfüllung dieser Ziele notwendige Koordinierungs- und Abstimmungsfunktion nicht erfolgversprechend erfüllt werden kann[142]. Da kein Enteignungsfall vorliegt, und die Verhältnismäßigkeit sowie Notwendigkeit der Auskunftspflicht gegeben sind, handelt es sich insgesamt bei Art. 47 EGKSV um einen Fall von Sozialbindung des Eigentums.

In diesem Zusammenhang empfiehlt sich noch ein Blick auf den Schadensersatzfall des Art. 47 Abs. 4 EGKSV. Dabei kann für diese Arbeit dahinstehen, ob Abs. 4 eine Entschädigung für enteignungsgleichen Eingriff oder einen reinen Amtshaftungsfall darstellt (wofür im übrigen die Verweisung auf Art. 40 EGKSV spricht), oder ob der Schadensersatz im Falle der Berufsgeheimnisverletzung auf beides gestützt werden kann, analog zur Rechtsprechung des BGH bei § 839 BGB, Art. 34 GG[143]. Wichtig ist nur, daß Art. 47 Abs. 4 EGKSV eine ausdrückliche Anerkennung der Unverletzlichkeit des Eigentums ist, weil er einmal die Verletzung der geistigen Substanz des Unternehmens, also dessen, was so elementar bedeutsam für das Unternehmen ist, daß es unter das Berufsgeheimnis fällt, nicht will. Sollte aber eine Verletzung doch geschehen, so wird diese als rechtswidrig angesehen (da es für die Publizierung der zwangsweise mitgeteilten Berufsgeheimnisse keinerlei Rechtfertigung gibt, und diese, wie in Art. 47 vorgesehen, wegen Unverhältnismäßigkeit auch als Enteignung rechtswidrig wäre, so daß es auf die Frage der Entschädigung gar nicht mehr ankäme) und die Gemeinschaft zum Schadensersatz verpflichtet.

3.3.3 Die Regelung der Erzeugung (Art. 57 ff. EGKSV)

Auch die Art. 57 ff. EGKSV sehen Eingriffe vor, die die Eigentümerfreiheit berühren bzw. beeinträchtigen können, und deshalb im Rahmen dieser Arbeit zu untersuchen sind. Eine Gefahr für die Eigentumsgarantie kann allerdings schon auf den ersten Blick nicht in Art. 57 EGKSV, der Grundnorm des Kapitels IV, gesehen werden. Diese Bestimmung stellt sich primär als ein Unterfall des den EGKSV beherrschenden Grundsatzes des Interventionsminimums dar[144]. Nichts anderes

---
[142] Vgl. hierzu EuGH E VI, 206 (Schlußantrag des GA *Roemer*).
[143] Vgl. hierzu im einzelnen *Fuß*, Grundfragen der Gemeinschaftshaftung, EuR 68, 353 ff. (363).
[144] s. o. 3.1.

bedeute die Art. 5 Abs. 3 Unterabsatz 3 konkretisierende Bestimmung, wonach die Kommission sich „vorzugsweise der ihr zu Verfügung stehenden Möglichkeiten indirekter Maßnahmen" zu bedienen hat. Und die Entscheidung für in erster Linie indirekte Eingriffe in die Marktwirtschaft ist eine Entscheidung für den Weg der geringstmöglichen Beeinträchtigung, oder, wenn man so will, für Dirigismus nur dort, wo es nicht anders geht.

Soweit es um das Eigentum berührende indirekte Eingriffe i. S. Art. 57 letzter Halbsatz geht, handelt es sich um Maßnahmen wie die in Art. 53 EGKSV vorgesehenen finanziellen Einrichtungen, oder die Möglichkeiten der Beeinflussung des Preisgefüges der Art. 60 ff. EGKSV. Auf die hierzu gemachten Ausführungen kann deshalb verwiesen werden. In diesen Bestimmungen konnte nicht nur keine Verletzung der Eigentumsgarantie, sondern sogar eine eigentumsfördernde bzw. -erhaltende Tendenz erblickt werden[145]. Soweit es dagegen lediglich um Maßnahmen geht, die in Zusammenarbeit mit den mitgliedstaatlichen Regierungen ergehen, können in zweierlei Hinsicht keine Bedenken aus der Perspektive des Art. 14 GG hergeleitet werden: Ergehen die Maßnahmen von den Regierungen selbst (was wohl in erster Linie anzustreben ist), und übernimmt die Kommission nur Koordinierungsfunktion, so greift ohnehin die innerstaatliche Garantie ein, weil es sich dann um die Anwendung innerstaatlichen Rechts handelt. Sollten aber die Regierungen im Einzelfall die Kommission zu einem einheitlichen Vorgehen ermächtigen, so liegt bereits in deren Mitwirkung eine Garantie dafür, daß jedenfalls kein stärkerer Eingriff vorgenommen wird, als er nicht auch allein innerstaatlich vorgenommen werden würde und könnte. Zum anderen könnte auf Grund des Art. 57 EGKSV schon deshalb keine enteignende Maßnahme gestützt werden, weil diese einmal nach dem in Art. 57 selbst aufgestellten Grundsatz des Interventionsminimums so wenig wie möglich die Eigentumsfreiheit beschränken dürfen, und weil es im vorletzten Halbsatz dieser Bestimmung nur um eine gleichmäßigere Beeinflussung des Verbrauchs geht.

Anders liegt die Eigentumsproblematik dagegen beim Quotensystem des Art. 58 EGKSV sowie beim Verteilungssystem des Art. 59 EGKSV. Dies schon deshalb, weil es sich in beiden Fällen im Gegensatz zu Art. 57 um *direkte* Eingriffe in die unternehmerische und damit — soweit Privateigentum besteht — in die Eigentumsfreiheit handelt. Beide Bestimmungen nehmen ja auch jeweils in § 1 Abs. 1 Bezug auf Art. 57 und setzen ausdrücklich voraus, daß die dort genannten indirekten Maßnahmen nicht mehr ausreichen, um den besonderen, in Art. 58 und 59 genannten Situationen zu begegnen. In dieser Stufenfolge — näm-

---

[145] s. o. 3.1 und 3.2.3.

lich primär indirekter Eingriff, erst bei dessen Versagen, direkter Eingriff — liegt allerdings bereits wieder eine Anerkennung des Grundsatzes des geringsten Eingriffes. Denn unabhängig von den noch im einzelnen zu erörternden verschiedenen Anwendungsvoraussetzungen der Art. 58 und 59 EGKSV gilt doch für beide auf Grund der ausdrücklichen Verweisung auf Art. 57 folgendes: Wenn (diese Einschränkung muß allerdings im Hinblick auf den Ermessensspielraum der Kommission gemacht werden) offenkundig oder doch nicht ersichtlich ist, daß Maßnahmen nach Art. 57 EGKSV zur Behebung der „Krise" des Art. 58 oder der „ernsten Mangellage" des Art. 59 genügt hätten, dann sind die unnötigen schweren Maßnahmen der Art. 58 und 59 schon wegen Verstoßes gegen den Verhältnismäßigkeitsgrundsatz rechtswidrig. Eine solche rechtswidrig getroffene Anordnung aber stellt zweifellos einen Amtsfehler der Gemeinschaft bei Durchführung des EGKSV i. S. Art. 40 EGKSV dar und würde demgemäß eine Schadensersatzpflicht auslösen. Es käme also in solchen Fällen gar nicht mehr darauf an, ob die Eingriffe der Art. 58 und 59, wenn alle erforderlichen Voraussetzungen vorliegen, als Sozialbindung oder als Enteignung anzusehen sind, da die Eingriffe auf jeden Fall rechtswidrig wären und eine Schadensersatzpflicht auslösen würden. Im übrigen ist für beide Arten von direkten Eingriffen darauf hinzuweisen, daß sie auch auf Grund der Verknüpfung mit Art. 57 EGKSV sehr enge formelle und materielle Voraussetzungen haben müssen[146]. So ist im *Falle des Art. 58* die Einführung von Erzeugungsquoten und evtl. Importbeschränkungen (es handelt sich bei der Situation des Art. 58 ja um eine Nachfrage —, also Absatzkrise), von der Zustimmung des Rates abhängig (§ 1 Abs. 1), falls nicht der Rat überhaupt die Kommission zur Einführung von Erzeugungsquoten verpflichtet (§ 1 Abs. 2). Der Festsetzung haben eingehende Untersuchung vorauszugehen unter obligatorischer Beteiligung der Betroffenen (Art. 58 § 2). Schließlich — auch dies letztlich ein Ausfluß des Verhältnismäßigkeitsgrundsatzes — darf das Quotensystem nur solange dauern, wie die Krise anhält. Das folgt in formeller Hinsicht aus Art. 58 § 3 EGKSV. Das folgt aber insbesondere auch — und dies leitet über zum Problem der Eigentumsberührung im engeren Sinne — aus dem materiellen Erfordernis der „offensichtlichen Krise". Wenn auch die Kommission einen Ermessensspielraum insoweit hat, als es genügt, wenn sie der Auffassung ist, daß eine solche Situation vorliegt, so stellt doch das Merkmal der Offensichtlichkeit an die Begründungspflicht besonders hohe Anforderungen, was den Spielraum wieder weitgehend einengt.

Aber auch wenn diese „offensichtliche Krise" vorliegt, und die Kommission das System der Erzeugungsquoten einführt, bestehen keine Be-

---

[146] Vgl. hierzu auch *Ophüls* (FN 97), 383.

denken gegen Art. 58, denn es liegt hier keine die Eigentumsgarantie verletzende Bestimmung vor, die enteignet ohne zu entschädigen. Der Tatbestand der Enteignung ist nicht gegeben aus folgenden Gründen: Das System der Erzeugungsquoten, das durch die Erhebung geeigneter Umlagen auf die ein Vergleichsniveau überschreitenden Mengen bewirkt wird, kann sich im Endeffekt auswirken als Verbot für die betreffenden Unternehmen, vorhandene Kapazitäten voll auszunutzen. Nach der Rechtsprechung des BVerfG liegt somit primär überhaupt kein Problem des Art. 14 GG, sondern des Art. 12 GG vor. Dennoch wird auch der Aspekt der Eigentümerfreiheit und somit Art. 14 GG insoweit berührt, als die Erzeugungsquoten bewirken, daß in dem Maße, in dem vorhandene Kapazitäten nicht ausgenutzt werden dürfen, über das Eigentum nicht verfügt werden darf. Die Schwelle von der Sozialbindung zur Enteignung wird jedoch nicht überschritten. Einmal läßt sich nicht behaupten, durch ihrer Natur nach (im Hinblick auf die Bindungen an das Tatbestandsmerkmal „offensichtliche Krise") *vorübergehende* und *teilweise* Beschränkungen der Unternehmer — bzw. der Eigentümerfreiheit sei eine so weitgehende Verfügungsbeschränkung bewirkt, daß faktisch von der Eigentümerstellung nichts mehr übrig bleibe, der Betreffende mithin enteignet sei. Zum anderen ist diese Sozialbindung aber auch gerechtfertigt (denn auch dies gehört zur Eigentumsgarantie: Einschränkung des Eigentums durch Sozialbindung nur, soweit unbedingt erforderlich). Wie oben bereits angedeutet ist die Situation des Art. 58 EGKSV die einer Absatzkrise. Das ergibt sich unter anderem auch aus der Formulierung „unzulässige(n) Erzeugung" des Art. 58 § 4. Eine solche Absatzkrise würde aber bei zunächst gleichbleibender Produktion zu einer defizitären Lücke und damit zu einer deflationistischen Entwicklung allgemein führen. Dies würde aber bedeuten, daß die Grenzproduzenten im wirtschaftstechnischen Sinn ihre Produktion gänzlich einstellen müßten, da die Unkosten nicht mehr tragbar sind. (Dem will gerade Art. 58 § 2 Abs. 2 EGKSV vorbeugen, damit gemäß dem Sozialgedanken des EGKSV die Arbeitsplätze erhalten bleiben). Das wiederum führt unweigerlich vom oligopolistischen und somit noch wettbewerbsmäßigen Markt zum monopolistischen Markt im Endeffekt und damit zur Beseitigung des vom EGKSV gewollten marktwirtschaftlichen Prinzips. Dies will Art. 58 verhindern, und dafür ist das System der Erzeugungsquoten ein besseres Mittel als es die an sich mögliche Durchbrechung des Subventionsverbots wäre. Vor allem weil mit letzterem der Wettbewerb verzerrt — während er mit Hilfe der Erzeugungsquoten nur zurückgeschraubt wird — und die Krisensituation gar nicht beseitigt, sondern eher noch verstärkt würde.

Den umgekehrten Fall regelt *Art. 59 EGKSV*. Hier geht es darum, den Ausweg aus einer Erzeugerkrise bzw. „einer ernsten Mangellage bei einzelnen oder allen (der Gemeinschaft) unterstehenden Erzeugnissen" zu finden. Dem soll durch Verwendungsprioritäten sowie Exportbeschränkungen etc. begegnet werden (Art. 59 § 2)[147]. Es braucht hier nicht erneut auf die formellen Voraussetzungen bezüglich der Zusammenarbeit mit dem Ministerrat eingegangen zu werden, die denen des Art. 58 ähnlich sind. Die Ausführungen können deshalb auf die Frage der Abgrenzung Sozialbindung und Enteignung beschränkt werden.

Ein Eingriff in die Eigentümerfreiheit liegt hier insoweit vor, als der einzelne Unternehmer auf die Herstellung bestimmter Produkte verwiesen wird und auch seiner Entscheidung bezüglich des Exports Grenzen gesetzt werden. Aber unabhängig davon, daß diese Maßnahmen ebenso wie die des Art. 58 vorübergehender Natur sind (sowohl wegen des Tatbestandsmerkmals „ernste Mangellage", als auch wegen Art. 59 § 6 und des allgemeinen Grundsatzes des Interventionsminimums), führen sie doch auch zu keiner als Enteignung anzusehenden Aushöhlung der Eigentümerstellung. Desgleichen sind diese Maßnahmen als Sozialbindung gerechtfertigt und auch notwendig: nicht nur, weil ansonsten den Zielen des Art. 2 EGKSV widersprechende inflationistische Tendenzen unvermeidbar sind, sondern weil ohne Verwendungsprioritäten keine Versorgung der Gemeinschaft und damit der Marktbürger mit den dringend notwendigen Gütern auf dem Kohle- und Stahlsektor möglich wäre, weil jeder Produzent nur das produzieren würde, was den meisten Gewinn verspräche, ohne Rücksicht auf andere elementare Bedürfnisse auf dem Gemeinsamen Markt für Kohle und Stahl. Diesem, hier völlig wertneutral betrachteten, an sich normalen marktwirtschaftlichen Verhalten, beugt Art. 59 EGKSV vor. Das ist angesichts der besonderen Situation dieses Marktes gerechtfertigt.

Somit zeigt sich das Kapitel des EGKSV über die Erzeugung als ein weiteres Beispiel dessen, was *Ophüls* als „Mischsystem" bezeichnet hat[148], aber doch nicht als eines, das im Lichte von Art. 14 GG keinen Bestand haben könnte.

3.3.4 Die Wettbewerbsregelung im EGKSV (Art. 65 und 66 EGKSV)

Trotz der rein wortlautmäßigen und auch von der Intention der Regelung her großen Ähnlichkeit zwischen den Tatbeständen des Art. 65 § 1 lit. a - c EGKSV und denen des Art. 85 Abs. 1 lit. a - c EWGV

---

[147] Vgl. zum methodischen Unterschied von Art. 58 und 59 EuGH E IV, 264, 310 f., 451, 489.
[148] *Ophüls* (FN 100), 153; vgl. auch oben 2.2.3 FN 82, sowie *v. d. Meersch* (FN 23), Rz. 1325.

empfiehlt sich ein eigenes Eingehen auf die Wettbewerbsregelung im Rahmen des EGKSV. Dies, von rein systematischen Gründen abgesehen, schon deshalb, weil einmal die Tragweite der jeweiligen Regelung sehr unterschiedlich ist, und weil es auf Grund der Besonderheit des Marktes für Kohle und Stahl durchaus denkbar ist, daß die Schlußfolgerungen in bezug auf das Betroffensein des Eigentums hier anders zu ziehen sind, als im EWGV. Das könnte insbesondere für die Frage der Verhältnismäßigkeit gelten. Auch wenn evtl. — was noch im einzelnen darzutun sein wird — der Grundsatz der Verhältnismäßigkeit im EWGV gilt, so bedarf es doch jeweils der Konkretisierung, die mit hoher Wahrscheinlichkeit im EGKSV nach anderen Kriterien zu vollziehen ist als im EWGV. Darüber hinaus ist zu bedenken, daß es den in Art. 66 § 1 EGKSV enthaltenen Tatbestand der Fusionskontrolle im EWGV überhaupt nicht gibt.

Art. 65 ist die Durchführungsbestimmung für Art. 4 lit. d EGKSV[149]. Zur Aufrechterhaltung eines Wettbewerbsmarktes, soweit dies überhaupt möglich ist angesichts der hier vorherrschenden besonderen, oligopolistischen Struktur[150], verbietet Art. 65 deshalb im wesentlichen Preiskartelle (§ 1 lit. a), Erzeugungs- und Investitionskartelle (§ 1 lit. b), sowie ein Verhalten, das auf die Aufteilung des Marktes gerichtet ist, was im Endeffekt in dem jeweils zugewiesenen Teilmarkt zu einer zumindest monopolartigen Stellung führen würde.

Es kann zunächst als unstreitig unterstellt werden, daß Kartellverbote auf jeden Fall verfassungsrechtliche Probleme aufwerfen, auch wenn es nicht an Versuchen gefehlt hat, gegen die verfassungsrechtliche Fragestellung generell anzugehen[151]. So wie Kartelle einerseits die Wettbewerbsfreiheit Dritter einschränken, so bedeutet andererseits ihr Verbot eine Einschränkung der Vertragsfreiheit derer, die Kartelle schließen wollen[152]. Es kann nicht bestritten werden, daß die Privatautonomie im weitesten Sinne betroffen wird, wenn der Abschluß wettbewerbsbeschränkender Verträge untersagt wird, denn hier wird dem Unternehmer die für ihn wirtschaftlich bedeutsamste Form seiner Handlungsfreiheit, nämlich die Vertragsfreiheit, eingegrenzt[153].

Während die Einschränkung der Wettbewerbsfreiheit Dritter hier zunächst außer Betracht bleiben kann, gilt es die Vertragsfreiheit grundrechtlich einzuordnen. Hierfür gibt es, soweit es um die Ver-

---

[149] Vgl. EuGH E VII, 566 f.
[150] s. o. 3.2.3.
[151] Die mit *Strickrodt*, Das Kartellverbot in verfassungsrechtlicher Betrachtung, NJW 55, 1697 ff. (1697), nicht ernst genommen werden können.
[152] Vgl. hierzu *Müller / Gries / Giessler*, Kommentar zum GWB, Rdnr. 52 zu § 1 m. w. Nachw.
[153] Vgl. hierzu auch *Mestmäcker* (B, FN 91), 166 f.

3. Das Eigentum im EGKSV

tragsfreiheit bezüglich des Erworbenen geht, nur zwei mögliche Standorte: Art. 2 Abs. 1 GG oder Art. 14 GG. Nach der Rechtsprechung des BVerfG ist die Vertragsfreiheit im Lichte von Art. 14 GG zu betrachten, während ein Teil der Lehre — insbesondere *Ipsen*, wie bereits mehrfach aufgezeigt[154] — die Einordnung der Vertragsfreiheit bei Art. 2 Abs. 1 GG vornehmen will[155]. Geht man wie hier davon aus, daß die Eigentümerstellung sich gerade in der Dispositionsfreiheit und Verfügungsbefugnis über das Eigentum zeigt, und daß die Enteignung umgekehrt durch den vollkommenen oder faktisch vollkommenen Wegfall des Verfügenkönnens gekennzeichnet wird, so ist der Einordnung des BVerfG zu folgen: Die Vertragsfreiheit ist ein wesentliches Element der Verfügungsfreiheit — wenn nicht *das* Element schlechthin — und läßt sich nicht von ihr trennen. Deshalb sind die Art. 65 ff. EGKSV — und später ebenso die Art. 85 ff. EWGV — in die Erörterung über das Eigentum im europäischen Recht einzubeziehen. Die Fragestellung lautet somit auch hier: Verletzen die Art. 65 und 66 EGKSV die Eigentumsgarantie in dem innerstaatlich gewährten Umfang, oder halten sie sich im Rahmen einer Art. 14 GG entsprechenden Eigentumsordnung? Dabei ist stets zu beachten, daß Art. 65 als Verbot mit Ausnahmevorbehalt bzw. Erlaubnisvorbehalt für bestimmte Bereiche ausgestaltet ist (§ 2), womit an den Genehmigungsvorbehalt besonders strenge Anforderungen zu stellen sind[156].

Entsprechend der Grundbestimmung des Art. 4 lit. d EGKSV postuliert Art. 65 § 1 ein generelles Verbot für alle Vereinbarungen etc., deren wahres Ziel es ist, den Wettbewerb zu verhindern, einzuschränken oder zu verfälschen. Dabei ist nach dem Wortlaut bereits die Absicht der Wettbewerbsverhinderung etc. ausreichend. Zu einer echten Behinderung braucht es also gar nicht gekommen zu sein, es genügt vielmehr, wenn sich dies als Ziel aus den Vereinbarungen entnehmen läßt[157]. Die Tatbestandsmerkmale „verhindern" und „verfälschen" wären für sich wohl zu abstrakt und böten einer zügellosen Anwendung Raum, fänden sie nicht eine angesichts der einschneidenden Folgen der Verbote und rechtsstaatlichen Erfordernissen entsprechende Konkretisierung in § 1 lit. a - c. Diese Aufzählung ist zwar nur beispielhaft, wie das Wort „insbesondere" ergibt, aber es kann davon ausgegangen werden, daß es sich hierbei um die wesentlichen Möglichkeiten der Verhinderung, Einschränkung oder Verfälschung des Wettbewerbs auf dem Markt für Kohle und Stahl handelt. Und es kann auch kein Zweifel daran be-

---
[154] s. o. vor 2.2.3.
[155] Vgl. *Ipsen* (FN 24), 722.
[156] Vgl. zu den verfassungsrechtlichen Anforderungen an einen gesetzlichen Erlaubnisvorbehalt BVerfG BayVBl. 66, 381 f.
[157] Vgl. *Jerusalem* (FN 13), 150 f.

stehen, daß die Anwendung dieser Praktiken den Wettbewerb auf längere Sicht zum Erliegen brächte, womit die Ziele des Art. 3 EGKSV ernsthaft in Frage gestellt wären. Die Preisfestsetzung ist bereits eine Verfälschung des Wettbewerbs, da hier das Marktprinzip Angebot und Nachfrage ausgeschaltet werden soll. Dies gilt in verstärktem Maße für die Preisbestimmung, die ja ebenfalls einer Absatzkontrolle gleichkommt. Dabei spielt die terminologische Unterscheidung zwischen Preisfestsetzungsmacht und Preisbestimmungsmacht des EuGH[158] keine Rolle, jedenfalls nicht für die Anwendbarkeit von Art. 65 § 1, da beides den Wettbewerb gleichermaßen gefährdet.

Eine Einschränkung oder Kontrolle von Erzeugung, technischer Entwicklung oder Investitionen bedeutet von Anfang an eine Ausschaltung des Wettbewerbsprinzips, während die Aufteilung der Märkte etc. das gleiche bewirkt, da sie die oligopolistische — und deshalb *noch* wettbewerbsmäßige — Struktur zerstört und in auf Teilmärkte beschränkte Monopole umwandelt. Daß all dies den Zielen des Art. 3 EGKSV (insbesondere lit. c und g) entgegengesetzt ist, bedarf keiner Erörterung. Daß davon abgesehen Wettbewerbswirtschaft nicht wie zu Zeiten des extremen Liberalismus (um nicht zu sagen Vulgärliberalismus) bedeuten kann, daß die Mehrzahl der Bürger der Willkür einiger weniger ausgeliefert ist, ist wohl ebenso selbstverständlich und würde der Ordnung des Grundgesetzes, die ja auch ein Kartellgesetz hervorgebracht hat, eklatant widersprechen[159]. Gerade die Sozialbindung des Eigentums dient dazu, zu verhindern, daß die Freiheit des Eigentums der einen zur Unfreiheit anderer wird, insbesondere dort, wo es sich um das Eigentum an Produktionsgütern handelt, die sich in der Hand einiger weniger Unternehmer befinden wie auf dem Kohle- und Stahlmarkt.

Damit ist Art. 65 § 1 EGKSV als Sozialbindung gerechtfertigt. Die Schwelle zur Enteignung wird nicht überschritten nach den in Teil B entwickelten Kriterien. Die Verfügungsbefugnis, d. h. im Fall des Kartellverbots die Vertragsfreiheit, wird nicht auf ein unwesentliches Minimum beschränkt. Dem einzelnen Unternehmer wird nur untersagt, von seiner Eigentümerfreiheit in einer Weise Gebrauch zu machen, die dem Wettbewerbsprinzip entgegenstünde und alle Nichtbeteiligten beeinträchtigen würde. Es werden also Grenzpfähle dem einzelnen gesetzt, um die Gesamtheit (und damit letztlich auch ihn) vor Schaden zu bewahren. An den Kern des Eigentums geht dies nicht. Auch nicht, soweit das Verbot bereits eingreift, wenn die Vereinbarungen nur zur Wettbewerbsbeeinträchtigung geeignet sind. Einmal ist dieses Geeignet-

---

[158] Vgl. EuGH E VIII, 182 (LS 4 und 5) sowie 215 f.
[159] Vgl. zum Problem des GWB als Konkretisierung der Freiheitsgarantie und des Individualschutzes *Müller* etc. (FN 152), Rdnr. 53 ff. zu § 1.

3. Das Eigentum im EGKSV

sein hinreichend in Art. 65 § 1 selbst konkretisiert. Zum anderen dürfte die zu Art. 85 EWGV ergangene Rechtsprechung des EuGH zum Begriff der „Geeignetheit" auch hier anwendbar sein. Danach ist eine Vereinbarung nicht allein nach den vertraglichen Abmachungen zu beurteilen, sondern genau so nach dem Verhalten der Unternehmer im Rahmen des möglichen Feststellbaren[160]. Und diese Beurteilung wird nicht zuletzt von der Marktposition der Vertragsparteien abhängen. So hat der EuGH zur Frage der Alleinvertriebsvereinbarungen entschieden, daß diese — allerdings vor allem dann, wenn sie keinen absoluten Gebietsschutz vorsehen — nicht unter Art. 85 Abs. 1 EWGV fallen, wenn die Vertragsparteien eine relativ schwache Marktposition einnehmen[161]. Die Notwendigkeit der Anwendung dieser restriktiven Rechtsprechung ergibt sich wohl schon aus dem Gedanken des Art. 65 § 2 lit. c Abs. 1 EGKSV, wo auf einen „wesentlichen Teil der betreffenden Erzeugnisse" abgestellt wird. Dies führt gleichzeitig über zu der zweiten Begründung, weshalb keine Bedenken gegen Art. 65 EGKSV aus dem Gesichtspunkt des Art. 14 GG hergeleitet werden können: Art. 65 § 2 sieht Ausnahmegenehmigungen vor vom Kartellverbot, wenn auch unter eingeschränkten Voraussetzungen, die aber gerade deshalb den Erfordernissen eines Ausnahmevorbehalts entsprechen. Der Kern dieser Ausnahmegenehmigung läßt sich dahingehend zusammenfassen, daß die (auch in Art. 3 genannten) ernsthaften Rationalisierungs- und Verbesserungsbestrebungen nicht unterbunden werden sollen, solange sie sich nicht entscheidend wettbewerbsbeeinträchtigend auswirken. Darüber hinaus liefert § 2 lit. c Abs. 3 einen weiteren Beweis für den Grundsatz des Interventionsminimums und somit auch der geringstmöglichen Beeinträchtigung des Eigentums: Hiernach kann die Kommission Vereinbarungen auch dann genehmigen, wenn sie zwar an sich die Wirkungen des Art. 65 § 1 zeitigen, diesen Wirkungen aber statt mit einem generellen Verbot auch mit Auflagen begegnet werden kann. Der Kommission kann allerdings nicht nur „nicht das Recht versagt werden, eine Vereinbarung auch dann zu genehmigen, wenn sie erkennt, daß diese Vereinbarung die in Art. 65 untersagten Wirkungen nur dank bestimmter, den Beteiligten auferlegter Bedingungen nicht zeitigt"[162]. Vielmehr ist zu sagen, daß die Kommission *verpflichtet* ist, die Wirkungen des Art. 65 § 1 und damit dessen Folgen mit Auflagen zu beseitigen, wenn dies möglich ist. Nur das entspricht auch dem Verhältnismäßigkeitsprinzip. Daß die Kommission auch so vorgeht, zeigt gerade die

---
[160] Vgl. EuGH CDE 70, 711 (»l'existence d'une entente ne s'apprécie pas seulement en fonction des textes d'accord dont elle a pu faire l'objet, mais également sur la base du comportement des entreprises, tel qu'il est possible de le constater«).
[161] Vgl. EuGH AWD 71, 347 = WuW 71, 649.
[162] Vgl. EuGH E X, 1151 (LS 3) sowie 1177 f.

soeben angeführte Entscheidung des EuGH. Keine Bedenken bestehen auch gegen den Widerruf der Genehmigung unter den in § 2 lit. c Abs. 4 genannten Voraussetzungen, sowie gegen die §§ 3 - 5 des Art. 65, die der effektiven Kontrolle des Kartellverbots dienen. Art. 65 erweist sich somit insgesamt als eine Bestimmung, die innerstaatlichen Gesichtspunkten standhält[163].

Das Gleiche gilt im Ergebnis für *Art. 66 EGKSV*. Hiernach ist jedes auf einen Unternehmenszusammenschluß gleich welcher Art gerichtetes Vorgehen einer vorherigen Genehmigung der Kommisison unterworfen, wenn wenigstens eines der Unternehmen seine Tätigkeit im Gebiet der (jetzt) Neuner-Gemeinschaft ausübt (präventive Fusionskontrolle). Nur mit einer vorherigen Genehmigung ist gewährleistet, daß nicht schon durch wettbewerbsfeindliche Tätigkeit und verfahrensmäßige Verzögerungen Tatsachen geschaffen werden, die für die Gemeinschaft schweren Schaden bedeuten können und u. U. irreparabel sind, falls z. B. zwischenzeitlich der Ruin einiger anderer Unternehmen und damit die Zerstörung des Wettbewerbs eingetreten ist[164]. Die Verhinderung einer „normativen Kraft des Faktischen" tut not. Nichts anderes ist der Sinn der Ausführungen des sicher jeden unzulässigen Angriffs auf die Eigentumsfreiheit unverdächtigen Ordoliberalisten *Eucken*, wenn er vor bereits mehr als fünfundzwanzig Jahren die vorbeugende Fusionskontrolle forderte mit den Worten: „Nicht in erster Linie gegen die Mißbräuche vorhandener Machtkörper sollte sich die Wirtschaftspolitik wenden, sondern *gegen die Entstehung der Machtkörper überhaupt*[165]."

---

[163] Im Ergebnis so auch *Ipsen* (FN 24), 723, allerdings über Art. 2 Abs. 1 GG.

[164] Diese Gedanken sind es letztlich, die unter Zustimmung aller Bundestagsparteien zu der Verabschiedung der Kartellnovelle am 14. 6. 73 (verkündet im BGBl. I, 917) geführt haben, wonach die Fusionskontrolle im GWB eingeführt wird; vgl. hierzu *Herlt* und *Hoffmann*, in: „Die Zeit" vom 15. 6. 73, S. 34 bzw. 36; *Ebel*, Novellierung des Gesetzes gegen Wettbewerbsbeschränkungen, NJW 73, 1577 ff. und 1665 ff.; *Rauschenbach*, Die Hauptprobleme der Kartellnovelle für die Unternehmer und ihre Berater, NJW 73, 1857 ff. (1858 f.); *Jaumann*, Aktive Wettbewerbspolitik und soziale Marktwirtschaft, BayVBl. 74, 29 ff.
Ob es im Hinblick auf die anzustrebende Rechtsangleichung in der EWG opportun war, diesen „Alleingang" zu unternehmen, ist eine andere Frage, die hier nicht zu erörtern ist; vgl. hierzu *Geitner*, Die Kontrolle von Unternehmenskonzentration im Recht der EWG-Mitgliedstaaten, WRP 73, 1 ff. (5), Bedenken unter dem Gesichtspunkt von Art. 14 GG hat jedenfalls auch *Geitner* nicht erhoben; vgl. andererseits *Jaumann*, Aktive Wettbewerbspolitik und soziale Marktwirtschaft, 33, der ausdrücklich die Einführung der vorbeugenden Fusionskontrolle im Gemeinschaftsrecht nach dem Vorbild der §§ 24, 24 b GWB befürwortet; mittlerweile liegt dem Rat bereits ein Verordnungsvorschlag vor, vgl. hierzu *Deringer*, Auf dem Weg zu einer europäischen Fusionskontrolle, EuR 74, 99 ff.

[165] *Eucken*, Grundsätze der Wirtschaftspolitik, 120 (Hervorh. v. Verf.); hierzu, sowie allgemein zur Vereinbarkeit der Fusionskontrolle mit der Eigentumsgarantie vgl. *Kriele* (FN 125), 106, 109.

3. Das Eigentum im EGKSV

Daß schließlich bei der Art des Zusammenschlusses nicht auf die juristische Form, sondern auf die wirtschaftliche, aus dem Zusammenschluß resultierende, effektive Machtposition abgestellt wird, ist nicht nur nicht zu beanstanden (etwa aus Gründen der Tatbestandsklarheit und damit der Rechtsstaatlichkeit), sondern allein erfolgversprechend. Es kommt ja in erster Linie auf die wirtschaftlichen objektiven Gegebenheiten an. Die Gerechtigkeit eines solchen Vorgehens zeigt sich ähnlich den Genehmigungsvoraussetzungen des Art. 65 § 2 lit. c Abs. 1 bei der Befreiung vom Erfordernis der vorherigen Genehmigung des Art. 66 § 3 EGKSV: auch hier wird zu Recht — wie auch in der bereits angeführten restriktiven Auslegung des Begriffes der Geeignetheit i. S. Art. 85 EWGV durch den EuGH — darauf abgestellt, ob die betreffenden Unternehmen überhaupt abstrakt eine wettbewerbsgefährdende Rolle spielen könnten i. S. Art. 66 § 2 EGKSV. Dies leitet über zu den Genehmigungstatbeständen des Art. 66 § 2: sie sind genügend genau beschrieben und sagen klar aus, worum es geht. Genehmigt wird, was nicht wettbewerbsbeeinträchtigend ist. Die hinreichende Genauigkeit gilt auch für die Möglichkeit, die Genehmigung an eine Bedingung zu knüpfen, denn die Art der Bedingung läßt sich an Hand der Genehmigungsvoraussetzungen konkretisieren. Im übrigen ist auch dieser Unterabsatz letztlich als Ausfluß des Verhältnismäßigkeitsgrundsatzes zu sehen: die Möglichkeit der Bedingungen (es handelt sich um Auflagen nach der innerstaatlichen Terminologie) erweitert den Kreis der Genehmigungsfähigkeit, sie engt ihn nicht etwa ein. Keine Bedenken bestehen gegen § 4 des Art. 66, ebenso wie bei Art. 65 § 3. Es ist auch nicht zu beanstanden, daß gemäß Art. 66 § 5 eine Buße zu zahlen ist, wenn zwar formell gegen Art. 66 § 1 verstoßen wurde, materiell aber die Voraussetzungen für eine Genehmigung nach Art. 66 § 2 vorliegen. Sonst wäre die vorherige Genehmigung kaum effektiv durchzusetzen.

Schließlich befinden sich in *Art. 66 § 5 Abs. 5 und 7 EGKSV* bemerkenswerte Bestimmungen, die mit aller Deutlichkeit beweisen, daß das Recht des EGKSV Privateigentum voraussetzt und auch garantiert. Zum Teil weiter, als dies an sich notwendig wäre, wenn auch aus rechtsstaatlichen Gründen wünschenswert ist: *Abs. 5* bestimmt zunächst für die Rückgängigmachung verbotswidriger Zusammenschlüsse durch Zwangsverkauf der unrechtmäßig erworbenen Vermögensrechte, daß dies in einer Weise zu geschehen habe, die „die rechtmäßigen Interessen ihrer Eigentümer" wahrt. Nach *Abs. 7* hat die Kommission die von Dritten gutgläubig erworbenen Rechte zu berücksichtigen (die ja, soweit es sich um Aktien usw. handelt, im innerstaatlichen Recht alle unter die Eigentumsgarantie fallende Rechte sind, womit sich zeigt, *daß der europäische Eigentumsbegriff diese Rechte ebenfalls mit umfaßt*, was bei der Erörterung des Art. 36 EWGV noch im einzelnen darzulegen sein wird). Es wäre auch unter dem Gesichtspunkt der Eigentumsgarantie an sich nicht zu beanstanden, wenn der EGKSV den gutgläubigen Erwerb Dritter bei verbotswidrigen europäischen Zusammenschlüssen ausgeschlossen hätte. Insoweit wäre das innerstaatliche Privatrecht durch europäisches öffentliches Recht überlagert und verdrängt worden. Ein Verstoß gegen Art. 83 EGKSV hätte hierin nicht gelegen, da die innerstaatliche Eigentumsordnung ja nur im Rahmen des EGKSV Geltung beanspruchen kann. Wie dem auch sei, diese Formulierungen gerade in den Kartellbestimmungen zeigen, daß der EGKSV das Eigentum anerkennt, und zwar selbst dort, wo es mißbraucht wird. Das ist erneut bewiesen durch die am Grundsatz des Verhältnismäßigkeitsprinzips ausgerichteten Vorgehensmodalitäten des Art. 66 § 7 EGKSV bei mißbräuchlicher Ausnutzung einer beherrschenden Stellung (worauf im Rahmen der Erörterung der Art. 85 ff. EWGV noch einzugehen sein wird).

Somit bleibt zu prüfen, nachdem die Verhältnismäßigkeit und Rechtfertigung des Art. 6 insgesamt dargetan ist, ob die Genehmigungspflicht des § 1 Sozialbindung oder Enteignung ist im Hinblick auf die zu Art. 14 GG entwickelten Kriterien.

Die Antwort kann hier nicht anders ausfallen als bei Art. 65. Auch hier wird lediglich die mißbräuchliche Ausnutzung des Eigentums untersagt, bzw. um Mißbrauch von vornherein auszuschalten, wie die Verfügung über das Eigentum einer Kontrolle unterworfen. Auch hier kann deshalb nicht davon gesprochen werden, daß von einer der Eigentümerstellung entsprechenden und würdigen Verfügungsbefugnis nichts mehr bleibt. Art. 66 EGKSV ist somit ebenso wie Art. 65 ein Fall zulässiger Sozialbindung. Der Rahmen des Art. 14 GG wird nicht gesprengt.

3.3.5 Zwischenergebnis

Als wesentliches Ergebnis der Untersuchung des Eigentums im EGKSV kann folgendes festgehalten werden: Wie insbesondere auch die zuletzt angeführten Bestimmungen des Art. 66 § 5 Abs. 5 und 7 EGKSV zeigten, wie aber vor allem auch die Grundnormen der Art. 2, 3 und 5 und 83 EGKSV beweisen, setzt der Vertrag das Institut des Privateigentums voraus, baut auf diesem auf und ist in vieler Hinsicht nur so verständlich[166]. Darüber hinaus *ist Art. 66 § 5 Abs. 5 und 7 EGKSV ein wichtiges Indiz für den gemeinschaftsrechtlichen Eigentumsbegriff zu entnehmen,* was im EWGV seine Bestätigung und Vertiefung finden wird. Im Gegensatz zum EAGV enthält der EGKSV auch keine Bestimmung, die nicht mit der innerstaatlichen Eigentumsordnung vereinbar wäre. Andererseits, und das ist angesichts der gleichen ge-

---

[166] s. o. 3.1.

3. Das Eigentum im EGKSV

schichtlichen Neuartigkeit nicht verwunderlich, hat der EGKSV zum Teil neue Formen der Sozialbindung entwickelt, um der neuen Situation gerecht zu werden und die gesteckten Ziele verwirklichen zu können. Ein Beispiel hierfür war u. a. die Regelung der Erzeugung[167].

Das ist, wie bereits mehrfach angedeutet[168], angesichts der neuen Gegebenheiten, die durch die Gemeinschaftsrechtsordnung geschaffen wurden, auch nur selbstverständlich, denn es gilt, den Freiheitsrechten auf der Ebene der Gemeinschaft die „Marktpflichtigkeit" beizuordnen. Zu Recht führte deshalb der EuGH jüngst aus, daß die in den Verfassungsordnungen aller Mitgliedstaaten geschützten Freiheitsrechte in der Gemeinschaftsrechtsordnung bestimmten Begrenzungen unterliegen müßten, „die durch die dem allgemeinen Wohl dienenden Ziele der Gemeinschaft gerechtfertigt sind, solange die Rechte nicht in ihrem Wesen angetastet werden"[169]. Dies entspricht genau der hier vertretenen Auffassung, wonach *quantitative* Veränderungen immer möglich sind und es auch sein müssen, aus den vorstehend genannten Gründen, qualitative Änderungen aber, die an den Kern des Eigentumsrechts gehen, sind unzulässig und können auch nicht mit neuen historischen Gegebenheiten begründet werden. Und das will der EuGH auch nicht, wie die Betonung der Wesensgehaltsschranke zeigt, weil diese äußerste Grenze zum Umschlagen der Eigentumsgarantie in die Enteignung auch im Gemeinschaftsrecht gilt. Aus diesem Grund muß der Behauptung von *Meier*, die vom EuGH völlig zu Recht geltend gemachte Marktpflichtigkeit der Grundrechte bedeute eine Verwässerung des gemeinschaftsrechtlichen Grundrechtsschutzes, mit Nachdruck widersprochen werden[170].

Wiederum im Gegensatz zum EAGV enthält der EGKSV aber sogar eine Reihe von Normierungen, die, wenn auch nicht vielleicht jeweils in erster Linie, so doch *zumindest auch* Privateigentum fördern und/oder erhalten wollen. Die in einem Satz zum EGKSV geäußerten Bedenken *Schwaigers*[171] haben sich nicht zuletzt deshalb ebensowenig wie beim EAGV bestätigt[172]. Es ist sicher manches ungewohnt, wie alles Neue, aber bei näherem Hinsehen hält der EGKSV, jedenfalls unter dem Gesichtspunkt des Eigentumsschutzes, auch dem innerstaatlichen Maßstab stand.

---

[167] s. o. 3.3.3.
[168] s. o. B 3.3.2 am Ende u. 2.2.4.
[169] EuGH U. v. 14. 5. 74 (RS 4/73), S. 30 (hektogr. Fassung!).
[170] *Meier*, NJW 74, 1704 r. Sp. (Anm. zum Beschluß des BVerfG, FN 11); hiergegen *Riegel* (FN 11), 2177; *Ipsen*, (FN 11), 9 unter FN 13; *Erichsen* (FN 11), 186 f. sowie *Engels* (FN 11), 555; wie *Meier* jedoch *Rupp* (FN 11), 2154.
[171] Vgl. *Schwaiger* (FN 1, Verfassungsmäßigkeit), 267.
[172] s. o. 2.2.5.

4. Das Eigentum im EWGV

Ebensowenig wie Art. 83 EGKSV kann Art. 222 EWGV bedeuten, daß die Probleme des Eigentums im EWGV ausgeklammert sind[173]. Art. 222 EWGV beinhaltet andererseits weder eine unmittelbare Garantie des Art. 14 GG, noch eine unabänderliche mittelbare Garantie, denn er läßt ja die Regelung der mitgliedstaatlichen Eigentumsordnung gerade offen, indem er sie der Disposition der Mitgliedstaaten unterstellt in einem noch näher zu präzisierenden Umfang. Im übrigen ist eine solche mittelbare Garantie ohnehin irrelevant für die Untersuchung des Eigentumsverständnisses im europäischen Recht, da nach der Auffassung des EuGH zum Verhältnis von Gemeinschaftsrecht und mitgliedstaatlichem Recht, wie oben angeführt[174], die Berufung auf innerstaatliche Grundrechte gegenüber den Gemeinschaftsorganen nicht möglich ist. Da der EWGV jedoch ebensowenig wie die vorgehend erörterten europäischen Vertragswerke eine ausdrückliche Eigentumsgarantie enthält, muß auch dieser sowohl gegenwärtig als künftig bedeutsamste Europavertrag auf seine Stellung zum Eigentum untersucht werden.

4.1 Leitprinzipien des EWGV

4.1.1 *Privateigentum als unabdingbare Voraussetzung des EWGV*

Entgegen einer in der Literatur teilweise vertretenen Ansicht kann in Art. 222 EWGV keine totale Neutralität gegenüber den mitgliedstaatlichen Eigentumsordnungen gesehen werden, die auch einer vollständigen Abschaffung des Instituts Privateigentum gegenüber indifferent bliebe[175]. Es ist zwar sicher richtig, daß Art. 222 den Mitgliedstaaten die Freiheit läßt, *ob* sie bestimmte Produktionsmittel und -bereiche in Gemeinschaftseigentum überführen bzw. sozialisieren wollen oder nicht, weil das Gemeinschaftsrecht sowohl für in öffentlichem als auch in privatem Eigentum stehende Unternehmen etc. gilt[176]. Aber unabhängig von dem auch hier anwendbaren Gedanken der clausula rebus sic stantibus[177] gehen diese Autoren doch zu weit, wenn sie das *ob* unbegrenzt gelten lassen bis zu einer vollkommenen Sozialisierung. Dem stehen mehrere Überlegungen gegenüber, die zu einem anderen

---

[173] Vgl. *v. d.Meersch* (FN 23), Rz. 2050, sowie EuGH E XII, 324 (LS 10) und 394, hierzu *Mestmäcker*, Die Vermittlung von europäischem und nationalem Recht im System unverfälschten Wettbewerbs, 104 f.
[174] s. o. 1.2.2.
[175] So aber *Burghardt* (A, FN 9), 70, im Ergebnis so auch *v. Groeben / v. Boeckh* (FN 23), 3 zu Art. 222, und offensichtlich auch *Ophüls* (FN 100), 167, sowie *Quadri / Monaco / Trabucchi* (FN 93), 4 zu Art. 83 EGKSV.
[176] Insoweit zu Recht *Ophüls* (FN 100), 167 und *v. Groeben / v. Boeckh* (FN 23), 3 zu Art. 222.
[177] s. o. 3.1.

4. Das Eigentum im EWGV

Ergebnis führen müssen. Zum einen ist eine Reihe von Bestimmungen des EWGV nur verständlich vor dem Hintergrund einer Eigentumsordnung, die zumindest *auch* Privateigentum kennt, wenn auch nicht als alleinige Eigentumsform. Dazu gehören bereits die Art. 37 und 90 EWGV, aus denen im Zusammenhang mit anderen Bestimmungen die Unvereinbarkeit der Verstaatlichung ganzer Wirtschaftszweige mit dem EWGV abzuleiten ist[178]. Zu diesen anderen Bestimmungen, denen die Anerkennung des Privateigentums als Instituts- und Individualgarantie zugrunde liegt, was logischerweise der Abschaffung dieses Instituts durch eine umfassende Verstaatlichung entgegensteht, gehört auch Art. 36 EWGV[179]. Dazu gehören des weiteren auch die Regeln über die Wettbewerbsbeschränkungen der Art. 85 ff. EWGV. Zwar gelten diese Bestimmungen gemäß Art. 90 Abs. 1 auch für öffentliche Unternehmen. Aber diese Ausdehnung kann überhaupt nur sinnvoll sein, solange noch Wettbewerb herrscht. Das ist nicht der Fall, wenn alles verstaatlicht ist. Deshalb müssen Verstaatlichungen ihre Grenze dort haben, wo der durch Art. 3 lit. f EWGV postulierte Grundsatz des unverfälschten Wettbewerbs in Gefahr gerät[180]. Es muß deshalb auch der Ansicht von *Vygen* widersprochen werden, wonach Art. 90 EWGV eine Folge totaler Neutralität des EWGV gegenüber den nationalen Eigentumsordnungen sei, was sich aus Art. 222 EWGV ergebe[181]. Sinn und Zweck des Art. 90 ist es vielmehr, den Mitgliedstaaten die Möglichkeit zu nehmen, mit dem ungehinderten Einsatz staatlicher Unternehmen das vom EWGV postulierte Wettbewerbsprinzip zu unterlaufen[182]. Bei der Schaffung des EWGV ging man ja von einem freien, insbesondere von staatlichen Hindernissen befreiten Markt aus, der vom unverfälschten Wettbewerb bestimmt sein sollte[183]. Und der Zweck des Wettbewerbs kann ja in nichts anderem liegen, als ein Höchstmaß wirtschaftlicher Freiheit *aller* Marktbürger zu gewährleisten[184]. Das ist aber automatisch dort zu Ende, wo der unerläßliche Garant der Freiheit, nämlich anerkanntes und geschütztes Privateigentum, fehlt. Der vom EWGV gewollte Wettbewerb setzt deshalb automatisch ein hohes Maß an Privateigentum voraus, das in Konkurrenz treten kann zu staatlichen Unternehmen und zu anderen Privatunternehmen, womit allein eine echte Wettbewerbslage gegeben

---

[178] Vgl. *Stendardi* (FN 26), 279, sowie *Deringer* (FN 23), 219 unter ausdrücklicher Ablehnung der Ansicht *Burghardts*.
[179] Vgl. *Ipsen* (FN 24), 729.
[180] Vgl. *Deringer* (FN 23), 292; *Schwaiger* (FN 1, Verfassungsmäßigkeit), 267 (l. Sp.); *Scherer* (FN 23), 176 ff. (177).
[181] Vgl. *Vygen*, Öffentliche Unternehmen im Wettbewerb der EWG, 19.
[182] Vgl. *Mestmäcker* (B, FN 91), 65.
[183] Vgl. *Ipsen* (FN 24), 915 f. m. w. Nachw.
[184] So zu lesen im 9. Gesamtbericht der Kommission von 1966, vgl. hierzu *Markert*, Wettbewerb und Wirtschaftspolitik in der EWG, EuR 70, 349 ff. (353).

ist[185]. Ohne daß damit alle Bestimmungen angeführt seien, aus denen sich die Anerkennung des Privateigentums durch den EWGV, und damit der Ausschluß totaler Verstaatlichung ergeben, sei hier noch kurz auf Art. 92 EWGV verwiesen, der ebenso wie die Art. 85 ff. noch näher zu erörtern sein wird. Auch Art. 92 ist nur verständlich und sinnvoll vor dem Hintergrund des Privateigentums als eines der „Konstitutionsprinzipien" des EWGV wie der anderen Verträge auch, was vorstehend bereits dargelegt wurde. Die nicht zu leugnenden Tendenzen zu immer mehr Verstaatlichung auf dem Energiesektor[186] widersprechen diesem sich zwingend aus dem Vertrag ergebenden Ergebnis allerdings in eklatanter Weise. Dabei wiegt besonders schwer, daß die Ausschaltung des Wettbewerbs auf diesem großen Bereich der Daseinsvorsorge nicht nur nicht zu rechtfertigen ist, sondern sich obendrein als nachteilig für die Gesamtwirtschaft erwiesen hat und sich noch täglich erweist[187].

Es kann somit bereits hier als ein *erstes Ergebnis für alle drei Verträge* gesagt werden, *daß sie bzw. damit das Gemeinschaftsrecht als Ganzes das Privateigentum als Rechtsinstitut voraussetzen und beibehalten wollen*. Wie es mit der Individualgarantie allerdings bestellt ist, gilt es im Rahmen des Primärrechts für den EWGV noch zu untersuchen.

4.1.2 Der Wirtschaftsverfassungstyp des EWGV

Bevor die einzelnen Bestimmungen des EWGV im Hinblick auf die innerstaatliche Eigentums- und Eigentumswertgarantie erörtert werden, ist es sachdienlich, kurz auf den Wirtschaftsverfassungstyp einzugehen, da die Individualgarantie ja wesentlich davon beeinflußt bzw. bestimmt wird. Es sei zu Beginn ein Wort des Mannes zitiert, der in den Aufbaujahren die Wirtschaftsgemeinschaft entscheidend mitgeprägt hat: „Das Grundgesetz der europäischen Wirtschaftsgemeinschaft, ihre Philosophie, ist klar marktwirtschaftlich. Den unverfälschten Wettbewerb im ungeteilten Gemeinschaftsraum ins Spiel zu setzen, das ist ihr Leitmotiv[188]." Dieses Wort gilt es auf seinen Wahrheitsgehalt hin zu überprüfen. Dabei geht es hier nicht darum, inwieweit Bestrebungen der EWG-Kommission, eine am französischen Vorbild orientierte „euro-

---

[185] Vgl. auch oben 3.3.5.

[186] Vgl. hierzu jüngst *Emmerich*, „Wettbewerbsordnung" für den europäischen Energiemarkt?, RIW/AWD 75, 8 ff.

[187] Dies hat *Emmerich* (FN 186) überzeugend nachgewiesen; vgl. auch *Leisner* (B, FN 135, Privateigentum), 4 f., der zu Recht die Aufhebung eines freien privatwirtschaftlichen Marktes als „vorgezogene Teilenteignung" bezeichnet; dazu, daß selbst Art. 15 GG keine Totalsozialisierung erlaubt, die o. a. Tendenzen sich also auch hierüber nicht rechtfertigen ließen, vgl. *Leisner* (B, FN 109), 275 f.

[188] W. *Hallstein*, Wirtschaftliche Integration als Faktor politischer Einigung, Festschrift für Müller-Armack, 273 ff. (275).

päische planification" zu betreiben, evtl. im Rahmen des EWGV möglich sind[189]. Denn dies sind sekundärrechtliche Probleme, die die Frage der Vereinbarkeit von Durchführungs- und Einzelmaßnahmen mit dem „Grundgesetz", dem EWGV, betreffen. Vielmehr handelt es sich jetzt allein um die Feststellung des prinzipiellen Wirtschaftsverfassungstyps des Gemeinsamen Marktes, wie die EWG mehr oder weniger synonym auch genannt wird.

Dies leitet über zu der Grundsatzbestimmung des Art. 2 EWGV und damit zum ersten Kriterium für die Untersuchung: dem Begriff des „Gemeinsamen Marktes"[190]. Wie Art. 2 EGKSV für den Kohle- und Stahlsektor, so postuliert Art. 2 EWGV für die Wirtschaftsgemeinschaft die Ziele auf der Grundlage eines Gemeinsamen Marktes. Dieser Begriff ist hier jedoch von viel größerer Bedeutung als für den EGKSV. Während es dort nur um einen Marktausschnitt gehen konnte, handelt es sich hier um einen Markt, der der Umschlagplatz für jede wirtschaftliche Betätigung innerhalb der Gemeinschaft sein bzw. werden soll. Dementsprechend lautet die Formulierung des Art. 2 EWGV auch insofern anders als die des Art. 2 EGKSV, als es bei Art. 2 EWGV nicht mehr lediglich um die Realisierung eines Teilbereiches der Wirtschaft geht, sondern um die Errichtung einer globalen Wirtschaftsgemeinschaft *durch* die Errichtung eines Gemeinsamen Marktes schlechthin.

Damit wird hier der Begriff des Gemeinsamen Marktes noch klarer als Ausgangs- und Endpunkt gleichermaßen zugrundegelegt. Er darf bei keiner Maßnahme aus den Augen verloren werden. Er ist noch mehr als oberstes Prinzip anzusehen, wie *Scherer* zu Recht ausgeführt hat, als es im EGKSV der Fall ist, dem ja nur partielle Bedeutung zukommt[191]. Was aber läßt sich diesem Begriff entnehmen? Nicht mehr und nicht weniger, als daß der Ort des wirtschaftlichen Geschehens immer der Markt sein muß, der zudem für alle Mitgliedstaaten und Marktbürger gleichermaßen zugänglich ist (worin notwendig ein erstes Argument für das noch zu erörternde Diskriminierungsverbot, das in engem Zusammenhang mit dem Subventionsverbot steht, liegt). Letzteres kann hier zunächst außer acht gelassen werden. Der Terminus „Markt" steht hier im Vordergrund. Und über seine Bedeutung kann

---

[189] Vgl. hierzu einerseits *Günther*, Die ordnungspolitischen Grundlagen des EWG-Vertrages, WuW 63, 191 ff. (191), andererseits *Badura* (FN 1), 80 f.; zu diesem sekundärrechtlichen Problemkreis gehört z. B. auch der Mansholt-Plan.

[190] Vgl. *Scherer* (FN 23), 97 ff. (103 f.); *Ophüls* (FN 100), 149 f.; für beide bedeutet dieser Zentralbegriff zu Recht die Übertragung des „Wirtschaftsmodells der liberalen Marktwirtschaft ins Rechtlich-Normative" (*Ophüls*, ebd.); a. A. hinsichtlich der Normativität des Begriffs trotz grundsätzlicher Anerkennung seiner Bedeutung, *Quadri* etc. (FN 23), 2 zu Art. 2.

[191] Vgl. *Scherer* (FN 23), 101.

es keinen Zweifel geben. Sie kommt klar zum Ausdruck in der Wortverbindung Marktwirtschaft und heißt, daß der Wirtschaftsablauf nicht diktiert, mehr oder weniger abstrakt vorprogrammiert wird, sondern sich nach Verhalten, Erfahrungen und Erwartungen der Marktteilnehmer selbständig nach dem Grundprinzip von Angebot und Nachfrage bestimmt.

Damit steht der Typus der EWG-Wirtschaftsverfassung in seiner weiteren Umgrenzung, die sich aus dem (in voller Reinheit wohl nirgends bestehenden) Gegensatz Zentralverwaltungswirtschaft einerseits, Markt- bzw. Verkehrswirtschaft andererseits, ergibt, fest[192]. Eine Wirtschaftsordnung, die mehr dem Typus der Zentralverwaltungswirtschaft entspricht, ist mit dem EWGV unvereinbar, womit gleichzeitig ein weiteres Argument für die oben erörterte unabdingbare Voraussetzung Privateigentum im Gemeinsamen Markt gegeben ist: eine Marktwirtschaft setzt Privateigentum notwendig in einem Umfang voraus, der in der Lage ist, das Marktgeschehen wesentlich mitzubestimmen. Marktwirtschaft und verfügbares Eigentum bedingen sich gegenseitig. Das Prinzip der freien Marktwirtschaft steht somit im grundsätzlichen fest als Ordnungsprinzip des EWGV[193], und *Hallsteins* eingangs zitiertes Wort ist insoweit bestätigt, und zwar allein schon auf Grund dieses Zentralbegriffs des EWGV.

Eine weitere Bestätigung findet sich in dem den EWGV durchziehenden *Grundsatz des unverfälschten Wettbewerbs,* wie er in Art. 3 lit. f EWGV niedergelegt und insbesondere in den (später im Hinblick auf die Frage der Sozialbindung und Enteignung noch näher zu besprechenden) Art. 85 ff. im einzelnen ausgestaltet ist. Marktwirtschaft ist nur möglich, wo freier Wettbewerb herrscht. Umgekehrt indiziert der Grundsatz des freien Wettbewerbs die freie Marktwirtschaft. Der Wille der vertragsschließenden Parteien, einen Gemeinsamen Markt zu errichten, mußte deshalb den Willen zu einer Wettbewerbswirtschaft mit umschließen. Diese ist so ein weiteres Ordnungsprinzip des EWGV[194]. Daß aber der Wettbewerb kein solcher i. S. des „Vulgärliberalismus" ist und sein kann, ist heute eine Selbstverständlichkeit. Die absolute Herrschaft von Kartellen und marktbeherrschenden Unternehmen würde zu einer Zerstörung des freien Wettbewerbs und damit des

---

[192] Vgl. *Eucken,* Grundsätze der Wirtschaftspolitik, 26 ff. (28); *Häuser,* Volkswirtschaftslehre, 57 ff. (59 f.).
[193] Vgl. statt vieler *Scherer* (FN 23), 104; *Günther* (FN 189), 201; *Ophüls* (FN 100), 149, 160; *v. Brunn* (FN 96), 37.
[194] Vgl. *Günther* (FN 189), 201; *Markert* (FN 185), 349; *Deringer* (FN 23), 292; die Ansicht von *Joliet* in „Der Begriff der mißbräuchlichen Ausnutzung in Art. 86 EWG-Vertrag", EuR 73, 97 ff. (117), wonach Art. 3 f. lediglich „eine Art Inhaltsverzeichnis des Vertrages" sein soll, ist demgegenüber mit den obigen Ausführungen ausdrücklich zurückzuweisen, sie wird auch vom EuGH nicht geteilt, vgl. i. e. unten zu FN 294.

4. Das Eigentum im EWGV

Marktprinzips überhaupt führen. Sie aber *darf* nicht zugelassen werden[195]. Das gleiche gilt für staatliche Unternehmen. Einer solchen Zerstörung vorzubeugen wurden die Art. 85 ff. sowie Art. 90 Abs. 1 EWGV formuliert. Und dies ist ein weiterer Beweis dafür, daß die Verstaatlichung von Unternehmen trotz Art. 222 nicht unbegrenzt sein kann: sie muß dort aufhören, wo sie den vom EWGV gewollten Wettbewerb zerstören würde[196]. Auch das Subventionsverbot dient dem Zweck der Erhaltung und Sicherung eines unverfälschten Wettbewerbs.

Dem gleichen Zweck dient die *Niederlassungsfreiheit* der Unternehmen nach Art. 52 ff. EWGV. Zum Markt- und Wettbewerbsprinzip gehört unlösbar verknüpft die freie Standortwahl, da diese die Wettbewerbsfähigkeit der Unternehmen zu einem wesentlichen Teil bedingt. Hierzu genügt allein der Hinweis auf die Transportkosten bzw. die allgemeinen Verkehrsprobleme. Die Armut verschiedener Regionen beruht zum großen Teil allein auf solchen Gegebenheiten, die eine Industrialisierung bisher weitgehend verhinderten (als Beispiel sei verwiesen auf die bayerischen Grenzgebiete, sowie auf die Bretagne und den Mezzogiorno). Die Niederlassungsfreiheit wie die gesamte Regelung des Titels III EWGV (Freizügigkeit, freier Dienstleistungs- und Kapitalverkehr) beweisen aber wiederum eindeutig die oben aufgezeigte Anerkennung und Voraussetzung des Instituts Privateigentum durch den EWGV: denn diese Bestimmungen beinhalten einen großen Teil der Eigentumsfreiheit als Verfügungs- und Dispositionsfreiheit[197]. Es bedarf keiner weiteren Ausführungen und Beweise um festzustellen, daß damit auch der zweite Satz des Hallsteinschen Zitats sich als zutreffend erwiesen hat. Zutreffend insbesondere auch in seiner unmittelbaren Gegenüberstellung zum Marktprinzip.

4.1.3 Weitere Grundsätze des EWGV

Zum Schluß der Erörterungen der Leitprinzipien des EWGV ist noch auf einige allgemeine Grundsätze einzugehen. Diese sind zwar (so der *Grundsatz des Interventionsminimums*, des *Diskriminierungsverbots* und der *Gleichbehandlung*) zum Teil Charakteristika des Wirtschaftsverfassungstyps des EWGV. Darüber hinaus kommt ihnen aber für das Handeln der EWG-Organe generell eine so weite Bedeutung zu, daß eine eigene Besprechung gerechtfertigt ist. Das gilt vor allem auch für den Kernauslegungssatz des Gemeinschaftsrechts, den *Grundsatz der Gemeinschaftspräferenz*.

---

[195] Vgl. *Ophüls* (FN 100), 150 f.
[196] Vgl. *Deringer* (FN 23), 292; *Scherer* (FN 23), 144 f.; *v. Brunn* (FN 96), 23.
[197] Vgl. *Mestmäcker* (FN 173), 104 m. w. Nachw.; daß *Steindorff*, Der Gleichheitssatz im Wirtschaftsrecht des Gemeinsamen Marktes, 42 ff. (45 f.) die Niederlassungsfreiheit primär dem Fremdenrecht zuordnet, vermag demgegenüber nicht zu überzeugen.

Es wurde bei der vorgehenden Darlegung des Wettbewerbsgrundsatzes des EWGV bereits darauf hingewiesen, daß totaler Wettbewerb bzw. die Marktwirtschaft im EWGV nicht von totaler Freiheit sind und auch nicht sein können, da dies sonst die Freiheit zur Selbstzerstörung zum Schaden aller Marktbürger mit beinhalten würde. Deshalb sind Beschränkungen der Eigentümerfreiheit unerläßlich. Eine solche Beschränkung aber ist nach innerstaatlichen Grundsätzen für Maßnahmen, die materiell Sozialbindung oder Enteignung wären, bereits dann rechtswidrig, wenn sie gegen den Grundsatz der Verhältnismäßigkeit — und das bedeutet bei Eingriffen in die Eigentümerfreiheit immer gegen den *Grundsatz des Interventionsminimums* — verstößt. Auf die Differenzierung der Maßnahme nach Sozialbindung oder Enteignung käme es dann prinzipiell gar nicht mehr an. Für den Bereich des EGKSV konnte dieser Grundsatz insbesondere der Bestimmung des Art. 5 Abs. 2 EGKSV entnommen werden[198]. Eine solche allgemeine Vorschrift wurde dem EWGV nicht vorangestellt. Dies bedeutet aber nicht, daß daraus ein Umkehrschluß zu ziehen wäre. Vielmehr ist der Erst-Recht-Schluß angebracht. Denn wenn schon ein allgemeiner Grundsatz in dem Teilmarkt des EGKSV gilt, dann muß dies erst recht für den globalen Markt des EWGV der Fall sein. Es hätte auch der Niederlegung in Art. 5 Abs. 2 EGKSV gar nicht bedurft, denn hier handelt es sich um einen überpositiven Grundsatz, der vom EuGH von Anfang an als auch für das Gemeinschaftsrecht relevant anerkannt wurde[199]. Dies ist auch völlig unbestritten in der Literatur[200]. Gerade für den Bereich des Eigentumsrechts wird dies verstärkt durch den vom EuGH postulierten Rückgriff auf die „tragenden Grundsätze des in allen Mitgliedstaaten geltenden Eigentumsrechts"[201]. Und zu diesen tragenden Grundsätzen des Eigentumsrechts gehört hinsichtlich der hoheitlichen Eingriffsbefugnis zweifellos der Grundsatz der Verhältnismäßigkeit und damit des Interventionsminimums. Somit steht fest auch für den EWGV, daß eine Bestimmung, die unverhältnismäßig das Eigentum beschränkt oder unverhältnismäßige Beschränkungen durch das Sekundärrecht zuläßt, schon wegen Verstoßes gegen diesen auch den EWGV beherrschenden Grundsatz — der, wie oben angedeutet, wesentliches Kriterium einer freien Marktwirtschaft ist — rechtswidrig ist.

Genauso unbestritten ist auch die Geltung des *Gleichheitssatzes* für den EWGV[202]. Dabei braucht hier nicht auf die Frage eingegangen zu werden, ob er über Art. 215 Abs. 2 EWGV im Wege der Lückenfüllung

---

[198] s. o. 3.1.
[199] Der Bogen der Rspr. spannt sich von E II, 311 bis E XVII, 145 ff.
[200] Vgl. z. B. *Schwaiger* (FN 1, Verfassungsmäßigkeit), 267; *Pescatore* (FN 1, Menschenrechte), 116; *Badura* (FN 1), 79; *Ehle* (FN 23), Rdnr. 14 zu Art. 220, 222 EWGV.
[201] EuGH E VIII, 754, hierzu s. o. 1.1.

4. Das Eigentum im EWGV

herzuleiten ist[203], oder aber direkt aus dem Diskriminierungsverbot des Art. 7 EWGV folgt[204], oder aber, wie es der EuGH selbst formulierte, als allgemeiner Rechtsgrundsatz der Mitgliedstaaten ohnehin unmittelbare Geltung im Gemeinschaftsrecht besitzt[205]. Im Ergebnis bestreitet, soweit ersichtlich, niemand seine Anwendbarkeit im Gemeinschaftsrecht und damit auch im EWGV. Im übrigen kommt ihm hier keine unmittelbare Bedeutung zu, nachdem die durch den Verstoß gegen den Gleichheitssatz charakterisierte Sonderopfertheorie abgelehnt wurde. Der Hinweis auf seine Geltung dient in erster Linie als Beweis für die Rechtsstaatlichkeit des Gemeinschaftsrechts.

Dagegen hat unmittelbare Bedeutung auch für diese Abhandlung der *Grundsatz der Gemeinschaftspräferenz*[206]. Der EuGH hat insbesondere auch in seiner Rechtsprechung zum Verhältnis von Gemeinschaftsrecht und mitgliedstaatlichem Recht immer wieder die Unabhängigkeit des Gemeinschaftsrechts von mitgliedstaatlichen Einflüssen betont[207]. Die andererseits unleugbar — und auch vom EuGH immer wieder praktizierte — gegebene Heranziehung *allgemeiner* Grundsätze des mitgliedstaatlichen Rechts bei der Auslegung des Gemeinschaftsrechts ändert an der grundsätzlichen Trennung der beiden Rechtsbereiche nichts[208]. Bei dieser vom EuGH zu Recht eingeschlagenen Grundlinie handelt es sich um die von ihm stets betonte Notwendigkeit der einheitlichen Auslegung des Gemeinschaftsrechts und der Einheitlichkeit des Gemeinsamen Marktes überhaupt. Dies bedingt die Unwirksamkeit nationaler Akte jedweder Art, die diese Einheitlichkeit gefährden könnten[209]. Die Berechtigung einer solchen Interpretation des Gemeinschaftsrechts ergibt sich für den EuGH aus Art. 5 Abs. 2 EWGV[210]. Dabei wird auch zu Recht betont, daß Art. 5 Abs. 2 EWGV nicht nur eine Interpretations-

---

[202] Vgl. *Ipsen* (FN 24), 72 f.; *Ehle* (FN 23), Rdnr. 14; *Scherer* (FN 23), 104 ff. (111 f.); *Steindorff* (FN 168), passim; *Feige* (FN 40), passim; *Lecheler* (FN 13), 105 ff.; sowie aus d. Rspr. d. EuGH, E IX, 408 (GA Roemer) u. bereits E IV, 257.

[203] So im Ergebnis *Feige* (FN 40), 127 ff.

[204] Vgl. *Scherer* (FN 23), 112; andererseits *Ehle* (FN 23), Rdnr. 14, der Gleichheitssatz und Diskriminierungsverbot offensichtlich gleichsetzt. Ebenso *Börner* (FN 132), 64 zu Art. 4 b EGKSV, der Parallelvorschrift von Art. 7 EWGV, sowie *Ipsen* (FN 24), 592 und *Mestmäcker* (B, FN 91), 66; umfassend jüngst *Gundersen*, Das Diskriminierungsverbot im EWG-Vertrag, NJW 75, 472 ff. (insbesondere zur Frage, ob Art. 7 EWGV unmittelbar auch im Verhältnis zwischen den Marktbürgern gilt).

[205] Vgl. EuGH E IV, 257.

[206] Zur ständigen Heranziehung dieses Grundsatzes bei der Auslegung der „salvatorischen Klauseln" vgl. *Gori*, Les Clauses de sauvegarde des Traités CECA et CEE, 100, 112, 118, 126, 167, 169 f., 292.

[207] s. o. 1.2.1 u. 2 f. u. d. Nachweise in FN 27 u. 28.

[208] s. o. 1.1 u . FN 15 bis 19.

[209] Vgl. *v. d. Esch*, L'Unité du Marché Commun CDE 70, 303 ff. (306).

[210] Vgl. grundlegend EuGH E X, 1269 ff. (Costa-E.N.E.L.).

hilfe darstellt, sondern es sich bei dieser Bestimmung um eine echte, eigenständige Verpflichtung für die Mitgliedstaaten handelt, sich streng im Rahmen der Verpflichtungen des EWGV zu halten, und dessen Ziele durch nichts zu gefährden[211]. Der Wortlaut von Art. 5 Abs. 2 spricht klar für eine solche Auslegung. Das folgt aber auch aus dem Sinn des gesamten Vertragswerkes, der ins Gegenteil verkehrt würde, wenn man eine Zersplitterung durch autonome mitgliedstaatliche Interpretation und Handlungsweisen zuließe. Dies führt zwingend zu folgendem Auslegungsgrundsatz in Zweifelsfällen und bei Vertragslücken: Wenn das Gemeinschaftsrecht vom mitgliedstaatlichen Recht unabhängig ist (und zur Verwirklichung der Ziele des EWGV sein muß), und wenn die Mitgliedstaaten gemäß Art. 5 Abs. 2 alles zu unterlassen haben, was vertragsgefährdend ist, dann kann bei Auslegungsfragen nur der Grundsatz „in dubio pro communitate" gelten[212]. Das bedeutet, daß bei Interessenkollisionen immer der Auslegung der Vorzug zu geben ist, die den Zielen der Gemeinschaft am besten dient. Dieses Prinzip der Gemeinschaftspräferenz, das z. B. in Art. 44 Abs. 2 EWGV für den Bereich der Landwirtschaft niedergelegt wurde, gehört somit zu den Grundsätzen des Gemeinschaftsrechts[213]. Das ist nach dem Vorhergesagten nicht verwunderlich und erinnert im übrigen an die bekannte Rechtsprechung zur Verfassungskonformität von innerstaatlichem Recht des BVerfG. Auch nach dieser Rechtsprechung ist im Zweifel der Auslegung der Vorzug zu geben, die zu einer Verfassungsmäßigkeit der in Frage stehenden Norm führt (und damit ja den Zielen des Grundgesetzes dient). So ist im Zweifel im Gemeinschaftsrecht die Auslegung heranzuziehen, die den Zielen des Gemeinsamen Marktes dient.

Damit sind die wesentlichen Prinzipien des EWGV dargelegt, soweit sie für die Erörterung des Eigentums im EWGV erforderlich sind. Bezüglich der anschließenden Untersuchung im einzelnen empfiehlt sich wie beim EGKSV eine Gruppierung in eigentumsfördernde bzw. eigentumserhaltende Vorschriften einerseits und eigentumsbeeinträchtigende Bestimmungen andererseits. Zur Begründung dieser Zweiteilung wird auf das zum EGKSV Gesagte verwiesen, das hier in noch verstärktem Maße gilt[214].

---

[211] Vgl. *v. d. Esch* (FN 209), 307 f.; *v. Brunn* (FN 96), 16 ff. geht noch weiter und hält Art. 5 Abs. 2 für eine Vorschrift mit im Grund nur deklaratorischen Charakter, weil es sich hier um einen Ausfluß des Gedankens von Treu und Glauben handle.
[212] Vgl. *Ipsen* (FN 24), 131 ff. (132); zustimmend *Zweigert* (A, FN 10), 317.
[213] Vgl. EuGH E XIV, 129, 147; XVI, 475.
[214] Vgl. 3.1 am Ende.

4.2 Eigentumserhaltende bzw. -fördernde Bestimmungen

4.2.1 Die Landwirtschaft (Art. 38 ff. EWGV)

Kein Kapitel des EWGV ist wohl besser geeignet, die Grundeinstellung des Europarechts gegenüber dem Eigentum zu zeigen. Nirgendwo prallten (und prallen immer noch, es sei nur an die Konferenz der Agrarminister der Mitgliedstaaten von März/April 73 erinnert[215]) die nationalen Interessen zum Schutz der heimischen Landwirtschaft stärker aufeinander als in diesem Bereich. Daß dieser Schutz im Vordergrund steht, zeigt nicht zuletzt deshalb die Regelung der Art. 38 ff. EWGV. An der Möglichkeit und Notwendigkeit der Herausstellung dieser Grundtendenz ändert es nichts, wenn die Einzelausgestaltung voll dem Sekundärrecht überlassen ist gemäß Art. 43 EWGV. Denn unabhängig vom Problem des Rechtsgedankens des Art. 80 Abs. 1 S. 2 GG[216], gilt es doch an Hand der Primärregelung festzustellen, welche Grundlinien hier gezeichnet wurden, die letztlich allein entscheidend für die Stellung des Eigentums im EWG-Recht sind, weil diese Grundtendenzen sich auch im Sekundärrecht niederschlagen müssen und gleichzeitig Prüfungsmaßstab für dieses darstellen. Unstreitig standen bei der Konzeption der Art. 38 ff. EWGV die Interessen der Landwirtschaft und damit der Erzeuger im Vordergrund. Dies war bedingt durch die seit Mitte des 19. Jahrhunderts bestehenden besonderen strukturellen Schwierigkeiten der landwirtschaftlichen Bevölkerung, für deren Überwindung nach wie vor kein Rezept gefunden wurde[217]. Man hat es hier deshalb mit einem Bereich zu tun, in dem staatliche Interventionen kein Novum sind, sondern seit Jahrzehnten vorherrschen, man denke nur etwa an den Grünen Plan, wobei die Betonung auf dem Wort Plan liegt[218]. Die Grundlagen für eine europäische Intervention als europäischer „Lösungsversuch"[219] für die Probleme der Landwirtschaft sind die Art. 38 ff.

---

[215] Vgl. hierzu Le Monde Dipl., Mai 73, 30 und Juni 73, 29.

[216] Vgl. *Rittstieg*, Verpflichtende Außenhandelslizenzen und ihre Absicherung durch Kautionen im EWG-Recht, AWD 69, 305 ff. (305), m. w. Nachw.

[217] Vgl. *Cartou*, Organisations Européennes 3e éd., 200; *Ries*, Die Rechtsfragen der Agrarpolitik, in: *Einführung* in die Rechtsfragen der Europäischen Integration, 2. Aufl., 159; *v. Groeben / v. Boeckh* (FN 23), vor Art. 38; *Ditges / Ehle*, Die Europäische Agrarmarktordnung und ihre Rechtsprobleme, NJW 64, 473 f. (474); *Ophüls* (FN 100), 169; Rapport Spaak, zit. nach *Ries / Guida*, L'application des règles de concurrence du Traité CEE à l'agriculture, CDE 68, 60 ff. und 165 ff. (63).

[218] Vgl. *Ries / Guida* (FN 217), 63; *Ortmann*, Die Errichtung des Europäischen Ausgleichs- und Garantiefonds für die Landwirtschaft, 2; *Cartou* (FN 217), 200.

[219] So mit Recht die Wortwahl bei *v. Groeben / v. Boeckh* (FN 23), vor Art. 38.

Der Kern der diesen Bestimmungen zugrundeliegenden Gedanken zeigt sich bereits in Art. 38 Abs. 2, wonach die Vorschriften für die Errichtung des Gemeinsamen Marktes auf die landwirtschaftlichen Erzeugnisse nur insoweit Anwendung finden, wie es mit den Art. 39 bis 46 vereinbar ist[220]. Es war allen Beteiligten bei der Schaffung des EWGV klar, daß insbesondere die plötzliche uneingeschränkte Übertragung des den EWGV beherrschenden Marktprinzips auf die Landwirtschaft, gerade weil im mitgliedstaatlichen Bereich für die Landwirtschaft seit langem nicht mehr gegolten hatte, sich verheerend ausgewirkt hätte[221].

Dies erklärt und bedingt zugleich die restriktive, grundsätzlich nach der Formulierung des Art. 42 EWGV sogar abgelehnte Anwendung der Vorschriften über die Wettbewerbsregeln und Beihilfen[222]. Einerseits geht es zwar darum, schon im Hinblick auf den auch für die Landwirtschaft angestrebten Gemeinsamen Markt, die sehr verschiedenartigen nationalen Interventionen auch mit Hilfe der Anwendung der Art. 85 ff. abzubauen[223]. Andererseits zeigen sowohl Art. 42 Abs. 2 EWGV, daß zugunsten der Landwirtschaft auf Beihilfen zumindest der dort genannten Art (zum Ausgleich struktureller und naturbedingter Nachteile, sowie im Rahmen wirtschaftlicher Entwicklungsprogramme) nicht verzichtet werden soll, als auch die grundsätzliche Bindung an die Ziele der Art. 39 ff., daß im Spannungsverhältnis zwischen den Wettbewerbsregeln und den Art. 38 ff. die Ziele des Art. 39 und damit vorrangig die Interessen der Erzeuger den Ausschlag geben. Das beweist gerade auch Art. 38 Abs. 4 EWGV, wonach mit dem Funktionieren und der Entwicklung des Gemeinsamen Marktes für landwirtschaftliche Erzeugnisse „die Gestaltung einer gemeinsamen Agrarpolitik der Mitgliedstaaten Hand in Hand gehen" muß. Das kann aber nichts anderes bedeuten, als daß in Wirklichkeit die gemeinsame Agrarpolitik vorrangig ist. Und diese gemeinsame Agrarpolitik ist in ihren Zielvorstellungen wiederum in Art. 39 Abs. 1 EWGV definiert. Art. 39 zeigt sich somit als Ausgangs- und Endpunkt der Überlegungen zur Stellung des Eigentums in den Art. 38 ff. EWGV.

Art. 39 Abs. 1 EWGV zerfällt in zwei Hauptgruppen, nämlich eine, betreffend die Zielsetzungen zugunsten der Erzeuger, und die andere, die die Zielsetzungen zugunsten der Verbraucher formuliert. Die erste

---

[220] Hierzu vgl. EuGH Urteil v. 10.12.74 (RS 48/74), RIW/AWD 75, 283 ff.

[221] Vgl. *Melchior*, L'organisation des marchés agricoles de la CEE au stade du marché unique, CDE 70, 127 ff. (131 f.), der sehr plastisch von „les effets néfastes (!) et aberrants du libre jeu de la loi de l'offre et de la demande en matière agricole" spricht.

[222] Vgl. allgemein hierzu *Ries / Guida* (FN 217), passim, sowie *Ditges / Ehle* (FN 217), 474, je m. w. Nachw.

[223] Vgl. *Ries / Guida* (FN 217), 64.

4. Das Eigentum im EWGV

Gruppe überwiegt schon rein rechnerisch, aber auch vom Gewicht der Zielsetzung her. Das kann nicht verwundern nach dem Vorhergesagten, denn die Hauptschwierigkeiten jeder (jedenfalls gegenwärtigen) Agrargesetzgebung liegen nicht im Schutz der Verbraucher, sondern in den überwiegend schutzbedürftigen Interessen der landwirtschaftlichen Erzeuger.

Erstes Ziel des Art. 39 ist es deshalb, die Produktivität der Landwirtschaft zu fördern durch Maßnahmen verschiedenster Art, unter anderem auch durch bestmöglichen Einsatz der Produktionsfaktoren (Art. 39 Abs. 1 lit. a). Dazu gehören insbesondere auch Grund und Boden, da dies einer der drei Produktionsfaktoren ist[224], wobei hier nicht auf die Streitfrage eingegangen zu werden braucht, ob der Produktionsfaktor Boden besser zum Kapital gerechnet wird. Nach dem Grundsatz der Verhältnismäßigkeit sowie der Zielsetzung selbst kann dabei aber nicht das Bodenrecht im weitesten Sinne gemeint sein, sondern lediglich Maßnahmen i. S. einer „europäischen Flurbereinigung". Unabhängig davon, daß die Ausgestaltung solcher Maßnahmen (die dem innerstaatlichen Recht wohlbekannt sind) dem Sekundärrecht vorbehalten ist, läßt sich aber sagen, daß hier im Lichte von Art. 14 GG nichts zu befürchten ist. Dies schon deshalb, weil Art. 39 Abs. 1 lit. a eine Einkommens- und damit zwangsläufig eine Eigentumsmehrung anstrebt. Es könnte also weder entschädigungslos direkt Eigentum genommen, noch generell oder partiell Verfügungsbefugnis zum Erliegen gebracht werden. Die Verknüpfung der Produktionssteigerung mit der Einkommensmehrung der Erzeuger in *erster* Linie[225] (Rationalisierungsmaßnahmen sowie Produktivitätssteigerung könnten ja genauso gut primär zur Senkung der Verbraucherpreise gewollt sein) folgt an sich schon aus der Entstehungsgeschichte der Art. 38 ff. EWGV, wird aber mit aller Deutlichkeit nochmals in *Art. 39 Abs. 1 lit. b* wiederholt. Die Hervorhebung des Sinnes der Produktivitätssteigerung ergibt sich dabei aus der rein wortmäßigen Verknüpfung von lit. b und lit. a durch „auf diese Weise". Im Ergebnis wäre die Zusammenfassung der Ziele von lit. a und lit. b in einem Punkt ebenso möglich gewesen. Wenn die Trennung trotz der Verknüpfung durch „auf diese Weise" dennoch vorgenommen wurde, so kann dies nur den Sinn haben, die Erhöhung der Einkommenssituation in der Landwirtschaft notfalls auch ohne Produktivitätssteigerung herbeizuführen.

Dem gleichen Ziel der Einkommensmehrung, darüber hinaus eines gleichmäßigeren Einkommens dient die angestrebte Stabilisierung der Märkte gemäß *Art. 39 Abs. 1 lit. c EWGV*. Daß der Begriff der Stabili-

---
[224] Vgl. auch *Ries* (FN 217), 160.
[225] Vgl. *Happle*, Die rechtliche Grundstruktur der Agrarmarktorganisation, in: Einführung (FN 217), 276 ff. (279).

sierung der Märkte nicht besagt (und auch im Rahmen der doch auch für die Landwirtschaft grundsätzlich geltenden Wettbewerbsbedingungen der freien Marktwirtschaft nicht besagen *kann*), „daß unter früheren Marktbedingungen erlangte Stellungen erhalten bleiben müssen"[226], steht dem nicht entgegen. Das folgt im Gegenteil schon aus der Tatsache, daß die Ziele des Art. 39 gleichrangig nebeneinanderstehen. Eine Einkommensminderung im Einzelfall, die sich daraus ergibt, daß in der Agrarpolitik vorübergehend einem anderen Ziel der Vorrang gegeben wird, was dann andere Wettbewerbsbedingungen zur Folge hat, wäre als Folge der der Sozialpflicht entsprechenden Marktpflichtigkeit des Eigentums hinzunehmen. Eine unter allen Umständen absolute Besitzstandswahrung gibt es ohnehin nicht. Darüber hinaus läßt sich aus der Eigentumsgarantie kein Anspruch auf Aufrechterhaltung gleicher Wettbewerbsbedingungen ableiten, was im übrigen mit dem Prinzip der freien Marktwirtschaft unvereinbar wäre.

Art. 39 Abs. 1 lit. a - c ergibt somit insgesamt eindeutig den Willen der Gemeinschaft zu einer echten Eigentumserhaltung und Förderung der landwirtschaftlichen Bevölkerung im Zusammenhang mit der Sicherung des Einkommens[227]. Wenn nun immer wieder vorgebracht wird, daß diese Ziele sehr oft in fast unlösbarem Widerspruch stehen zu den ebenfalls in Art. 39 Abs. 1 lit. d und e genannten Zielen einer Sicherstellung der Versorgung, sowie einer Belieferung der Verbraucher zu angemessenen Preisen (die im übrigen nicht unbedingt die niedrigsten zu sein brauchen[228]), so ist dem folgendes entgegenzuhalten: Einmal ändert dies nichts an der Gesamteinstellung der Gemeinschaft gegenüber dem Eigentum in der Landwirtschaft, zum anderen erfährt diese Grundhaltung im weiteren Sinn eine Bestärkung insofern, als die Erhaltung und Mehrung des Einkommens des einen Bevölkerungsteils nicht auf Kosten der übrigen Marktbürger gehen soll und darf. Denn dies wäre eine ungerechte Eigentumspolitik. Darüber hinaus ist bei einer Interessenkollision im Rahmen der EWG immer das Leitprinzip der Gemeinschaftspräferenz zu beachten, das in bezug auf die Landwirtschaft das Ziel der Schaffung eines Gemeinsamen Marktes auch für den Agrarsektor bedeutet[229]. Das heißt, daß im Falle einer total unvereinbaren Interessenkollision eben der Zielvorstellung innerhalb des Art. 39 Abs. 1 der Vorrang zu geben ist, die dem übergeordneten Ziel des Gemeinsamen Agrarmarktes am meisten förderlich ist. Das hat

---

[226] EuGH, U. v. 13. 11. 73 (RS 63-69/72), EuR 74, 247 ff. (247, 252).
[227] Vgl. *Happle* (FN 225), 279, sowie EuGH, U. v. 24. 10. 73 (RS 9/73), EuR 74, 36 ff. (39).
[228] Vgl. *Ries* (FN 217), 160; *Ditges / Ehle* (FN 217), 476; *Börner*, Das Interventionssystem der landwirtschaftlichen Marktordnungen der EWG, in: Agrarrecht der EWG, 1 ff. (9) (KSE Bd. 10).
[229] Vgl. *Cartou* (FN 217), 206.

der EuGH auch mehrfach klar ausgesprochen[230]. Als erstes Zwischenergebnis kann jedenfalls festgehalten werden, daß die Regelung der Art. 38 ff. EWGV in ihrer Bindung an die Ziele des Art. 39 alles andere anstrebt, als einen Angriff auf das Eigentum überhaupt, ganz zu schweigen von einer eventuellen entschädigungslosen Enteignung. Dies ist zumindest der Gesamtblick, unter dem die Art. 38 ff. EWGV zu sehen sind.

Damit ist jedoch nicht gesagt, ob die von Art. 40 Abs. 3 und 4 EWGV vorgeschlagenen Wege zur Erreichung dieser Ziele nicht trotz des im Hinblick auf Art. 14 GG positiven Grundtenors der Art. 39 ff. im einzelnen mit Art. 14 GG unvereinbar sind. Dabei ist allerdings zu betonen, daß auch insoweit nur die Generallinien aufgezeigt werden können, da gemäß Art. 43 die Einzelregelung dem Sekundärrecht vorbehalten ist. *Art. 42 Abs. 3 Unterabsatz 1* spricht zunächst generell davon, daß die nach Art. 42 Abs. 2 gestaltete gemeinsame Organisation (wobei die Gemeinschaft sich meist für die Europäische Marktordnung entschieden hat)[231] alle zur Durchführung des Art. 39 erforderlichen Maßnahmen einschließen kann. Diese Grenzenlosigkeit der Mittel wird jedoch in mehrfacher Weise eingeschränkt. Einmal bringt der Unterabsatz 1 selbst eine nähere Umschreibung dessen, was die Gemeinschaft unter solchen erforderlichen Maßnahmen versteht, nämlich insbesondere Preisregelungen, Beihilfen für die Erzeugung und Verteilung der verschiedenen Erzeugnisse, Einlagerungs- und Ausgleichsmaßnahmen, gemeinsame Einrichtungen zur Stabilisierung der Ein- und Ausfuhr. Soweit es um Beihilfen geht, ist die Maßnahme von Anfang an unter dem Gesichtspunkt des Art. 14 GG für die Unterstützten bedenkenfrei. Bezüglich der Erzeuger dagegen, denen eventuell Beihilfen verwehrt werden, stellt sich nicht die Frage nach Art. 14 GG, sondern nach Art. 3 GG, möglicherweise auch nach Art. 2 GG. Es handelt sich insoweit um das bereits beim EGKSV erörterte Problem des Anspruchs auf Subventionen aus der Eigentumsgarantie, die einen solchen Anspruch aber nicht verleiht[232]. Hinsichtlich der übrigen aufgezählten Maßnahmen sind jedoch prima vista Bedenken angebracht, da in dieser Allgemeinheit enteignende Eingriffe durchaus möglich erscheinen. Diese Bedenken werden jedoch zerstreut durch die weiteren Eingrenzungen der Maßnahmen in Art. 42 Abs. 3 Unterabsatz 2, die an sich schon aus Art. 39 Abs. 1 EWGV folgen: es darf nie übersehen werden, daß alle Maßnahmen allein die Verfolgung der Ziele des Art. 39 zum Gegen-

---

[230] Vgl. z. B. EuGH E XIV, 129 (LS 3) und S. 147; vor diesem Hintergrund ist auch die Formulierung des EuGH (FN 226), 248, 252, zu verstehen, wonach kein Verstoß gegen Art. 39 Abs. 1 lit. c vorliegt, „wenn die Gemeinschaftsorgane einigen der Ziele des Art. 39 den Vorrang gegenüber der Erhaltung erlangter Stellungen gaben".

[231] Vgl. *Ditges / Ehle* (FN 217), 473; *Rittstieg* (FN 216), 305.

[232] s. o. 3.3.1 m. w. Nachw.

stand haben dürfen. Das heißt aber einerseits, daß sie der Förderung und Bewahrung des Eigentums der landwirtschaftlichen Bevölkerung dienen müssen, und andererseits, daß dies nicht auf Kosten der Verbraucher gehen darf. Außerdem, und das bezieht sich in erster Linie auf die Beihilfen, muß auch jede ungerechtfertigte unterschiedliche Behandlung vermieden werden. Hinzu kommt als drittes, daß alle Maßnahmen den für den EWGV geltenden allgemeinen Grundsatz des Interventionsminimums zu beachten haben.

Aus all dem ist zu folgern, daß Art. 40 Abs. 3 (und damit automatisch auch Abs. 2) keine Grundlage für Maßnahmen mit Enteignungscharakter darstellt, da dies den Zielen des Art. 39 EWGV zuwider liefe. Dies läßt sich sagen trotz der Weite der Begriffe der Art. 39 Abs. 1 und 40 Abs. 3 im einzelnen. Der Sinn der Preisregelung kann deshalb nie in etwas anderem gesehen werden (und dies ist wichtig für die Ausgestaltung im einzelnen im Sekundärrecht), als in einer Preisgarantie für die Erzeuger, die so vor zu starken Schwankungen geschützt werden sollen, um damit gleichzeitig einen Stabilitätsfaktor (den wohl bedeutsamsten) für ihre Planung zu haben[233]. Das zeigt gerade auch das Mindestpreissystem des Art. 44 EWGV, wonach Preise, die die Ziele des Art. 39 gefährden könnten, nicht gewollt sind, sowie der durch die Ausgleichsabgaben des Art. 46 EWGV bezweckte Schutz vor sich auf die Einkommensentwicklung nachteilig auswirkenden Wettbewerbsveränderungen. Aus den gleichen Gründen muß gefolgert werden, daß auch der in Art. 40 Abs. 1 EWGV vorgesehene Ausrichtungs- und Garantiefonds für die Landwirtschaft keine Grundlage für enteignende Maßnahmen — jedenfalls nicht für entschädigungslose — sein kann. Bereits der Name „Garantiefonds" zeigt dies. Außerdem folgt das aus dem Zweck des Fonds, der lediglich der Finanzierung der Maßnahmen dient, und damit nicht größere Eingriffe bringen kann als die Maßnahmen selbst.

An all dem ändert nichts die hier nur am Rande zu erwähnende Problematik zu Art. 43 EWGV, wonach unter dem Gesichtspunkt des Art. 80 Abs. 1 S. 2 GG Bedenken bestehen sollen[234]. Unabhängig davon, daß dies mehr ein Problem des Sekundärrechts ist, muß doch entgegengehalten werden, daß das zu Art. 40 und 39 Gesagte für den Verordnungsgeber des Art. 43 gleichermaßen gilt. Er muß sich im Rahmen dieser Zielsetzungen bewegen, die man im übrigen nicht als zu wenig konkret bezeichnen kann[235].

Im Ergebnis ist deshalb festzuhalten, daß der EWGV mit den Art. 38 ff. einen Rahmen gesetzt hat, der das Eigentum nicht nur

---
[233] Vgl. *Cartou* (FN 217), 208; *Melchior* (FN 221), 132 ff. (132, 134); letzterer betont zu Recht die psychologische Rolle der Preisgarantie (134).
[234] Vgl. *Rittstieg* (FN 216), 305 m. w. Nachw.
[235] Vgl. auch *Rittstieg* (FN 216), 307 f.

respektiert, sondern bewußt fördert. Damit ist einmal ein weiterer Beweis dafür gegeben, daß der EWGV Privateigentum voraussetzt und ohne dieses Rechtsinstitut nicht erklärt werden könnte in der überwiegenden Mehrzahl seiner Bestimmungen. Zum anderen liegt hier eine Richtschnur für den Rat bei seiner Tätigkeit gemäß Art. 43 EWGV vor, die dafür sorgt, daß keine die Grundgedanken des Art. 14 GG verlassenden Rechtsakte Gültigkeit haben können, weil sie sich nicht innerhalb des von Art. 38 ff. gezogenen Rahmen bewegen.

4.2.2 Die Regelung des Verkehrs (Art. 74 ff. EWGV)

Wenngleich in nicht so detaillierter und ausgeprägter Weise wie die Bestimmungen über die Landwirtschaft, liegt doch auch den Art. 74 ff. EWGV eine überwiegend eigentumserhaltende Tendenz zugrunde, die es rechtfertigt, sie unter diesem Aspekt zu erörtern. Dabei ist zunächst hinzuweisen auf die gemeinsame Ausgangsposition mit den Regeln über die Landwirtschaft: hier wie dort zeigt sich, daß der EWGV den marktwirtschaftlichen Wettbewerb nicht um jeden Preis will, sondern im Gegenteil die Besonderheiten bestimmter Wirtschaftszweige berücksichtigt und das Eigentum der betreffenden Unternehmer zu bewahren sucht. Die Marktwirtschaft ist für den EWGV kein Selbstzweck[236]. Sie muß dort durchbrochen werden, wo ihre starre Durchführung zur Gefährdung ganzer Wirtschaftszweige (und damit unmittelbar oder mittelbar zur Gefährdung direkt abhängiger Unternehmen) — so im Transportwesen — oder aller Marktbürger — so beim Niedergang der Marktwirtschaft — führen würde. Deshalb bestimmt Art. 75 EWGV, daß die grundsätzlichen, auch für die Verkehrspolitik geltenden Vertragsziele nur unter Berücksichtigung „der Besonderheiten des Verkehrs" durchzuführen sind. Dies bedeutet eine Anerkennung der besonderen Situation des Verkehrs[237]. Gleichzeitig ist darin eine verbindliche Richtschnur für den Sekundärrechtsgesetzgeber zu sehen. Das heißt, daß Sekundärrecht auf dem Verkehrssektor wegen Verstoßes gegen den EWGV schon dann als rechtswidrig anzusehen wäre, wenn es keine angemessene Berücksichtigung der Besonderheiten des Verkehrs erkennen ließe. Die Berücksichtigung der Besonderheiten des Verkehrs beschränkt sich aber nicht auf diesen einen Satz — dem insoweit vor allem sekundärrechtliche Bedeutung zukommt —, sondern hat im Primärrecht selbst eine nähere Konkretisierung erfahren. Zwei Bestimmungen gebührt im Hinblick auf die Situation des Eigentums in diesem Bereich des Eigentums im EWGV besondere Beachtung, die sich an zwei Adressatenkreise richten, nämlich einmal an die Verkehrsunternehmer selbst, zum anderen an die Unternehmen, deren Kalkula-

---

[236] Vgl. mit Recht *Scherer* (FN 23), 149 f.
[237] Vgl. *Ophüls* (FN 100), 171.

tion wesentlich von den Transportkosten beeinflußt wird, was somit auch zu den Besonderheiten des Verkehrs gehört: die Art. 78 und 80 EWGV.

Gemäß *Art.* 78 hat fast jede die Beförderungsentgelte und -bedingungen betreffende Maßnahme „der wirtschaftlichen Lage der Verkehrsunternehmer Rechnung zu tragen". Damit wird hier das Postulat des Art. 75 für den Bereich der Verkehrsunternehmen (bezogen auf den im Verkehr wichtigsten Sektor der Tarifgestaltung) dahingehend näher präzisiert, daß die entsprechenden Maßnahmen die wirtschaftlichen Gegebenheiten eines Verkehrsunternehmens *nie* („jede Maßnahme") außer acht lassen dürfen. Das aber kann nichts anderes bedeuten, als daß für die Existenz der Verkehrsunternehmen Sorge zu tragen ist. Dies wiederum bedingt die Unabhängigkeit der Unternehmen in ihren wirtschaftlichen Dispositonen. Man kann nicht gut, ohne negativ euphemistisch zu werden, von einer Respektierung der wirtschaftlichen Lage eines Unternehmens sprechen, wenn man die Situation nutzt, um auf irgendeine Art die Substanz — nämlich die unternehmerische Freiheit, die der Eigentumsfreiheit entspricht — auszuhöhlen. Eine solche Maßnahme wäre also ohne vollkommene Verdrehung des Sinnes von Art. 78 EWGV durch diese Bestimmung keinesfalls gedeckt.

Art. 80 EWGV ist in gewisser Weise ein Anwendungsfall des Art. 78, indem er (ähnlich dem innerstaatlichen Verbot mit Erlaubnisvorbehalt) die Möglichkeiten schafft, für das Gebiet der Frachten- und Beförderungsbedingungen der wirtschaftlichen Lage der von diesen Faktoren stark abhängigen Unternehmen Rechnung zu tragen. Zwar bestimmt Art. 80 zunächst grundsätzlich die Abschaffung von Sondertarifen zum Schutz von Unternehmen. Das ist nach dem Zweck des EWGV, einen gemeinsamen Wettbewerbsmarkt zu schaffen, verständlich und konsequent, denn Sondertarife verzerren die Wettbewerbslage zu Lasten der nicht unter die Vergünstigung fallenden Unternehmen. Sie sind somit geeignet, diskriminierende Wirkungen auszustrahlen[238]. Gemäß Art. 79 EWGV sollen aber Diskriminierungen für den Verkehrssektor abgeschafft werden. Dabei ist zunächst zu sagen, daß die Abschaffung von Sondertarifen der Untersagung von Subventionen gleichkommt, auf die an sich ohnehin kein Anspruch aus Art. 14 GG besteht[239], während umgekehrt ihre Gewährung ebenfalls kein Problem des Art. 14 GG, sondern des Gleichheitssatzes ist, oder hinsichtlich der Abwehrklage des Art. 2 Abs. 1 GG[240]. Das heißt, daß jedenfalls im Lichte von Art. 14 GG die Bestimmung des Art. 80 EWGV auch dann nicht zu beanstanden wäre, wenn der Kommission die Möglichkeit für Ausnahmegenehmigungen eingeräumt worden wäre. Gerade die Tat-

---

[238] Vgl. auch *Cartou* (FN 217), 282.
[239] Hierzu s. o. 3.3.1 u. FN 133 bis 135.
[240] Vgl. o. 3.2.4, sowie 3.3.1 hinsichtlich der Konkurrentenklage (FN 133), 144.

sache, daß dies dennoch geregelt wurde — und im Hinblick auf Art. 75 Abs. 1, sowie Art. 78 auch gemacht werden mußte — zeigt den Willen der Gemeinschaft, Eigentum zu erhalten und insbesondere nicht durch eine neue Gesetzeslage bestimmte Unternehmen vor möglicherweise existenzvernichtende Tatsachen zu stellen. Dies wird auch bestärkt durch die stufenweise Abschaffung der Unterstützungsmaßnahmen, die nicht abrupt erfolgte, sondern erst mit Beginn der zweiten Stufe eintrat, so daß eine 4jährige Anpassungszeit gesichert war (Art. 8 Abs. 1 EWGV). Damit war gleichzeitig eine globale Berücksichtigung der wirtschaftlichen Verhältnisse der vom ab 1.1.1962 wirksamen Verbot betroffenen Unternehmer gegeben. Um aber für die Zeit auch nach Beginn der zweiten Stufe die wirtschaftlichen Verhältnisse der einzelnen, von den Tarifbedingungen besonders betroffenen, Unternehmen zu gewährleisten, hat die Kommission die Möglichkeit, Ausnahmegenehmigungen zu schaffen, ähnlich wie bei Art. 70 Abs. 4 EGKSV, der wohl als Vorbild für Art. 80 EWGV gedient hat. Dabei hat die Kommission einen sehr weiten Ermessensspielraum, aber auch einen weiten Aktionsradius überhaupt, da sie ja gemäß Art. 80 Abs. 2 EWGV die Frachten- und Beförderungsbedingungen prüfen kann[241]. Nach dem Sinn der Ausnahmegenehmigungen in Verbindung mit dem über die Verkehrsunternehmen hinaus anzuwendenden Grundsatz der Berücksichtigung der wirtschaftlichen Lage, kann sich dieser Ermessenspielraum aber nur zugunsten von Ausnahmeerfordernissen auswirken, soweit es mit den allgemeinen Vertragszielen vereinbar ist, die natürlich nicht außer acht gelassen werden dürfen[242]. Daß die Gewährung von Ausnahmetarifen selbst kein Eingriffsproblem darstellt, wurde bereits zu der Parallelvorschrift des Art. 70 Abs. 4 EGKSV ausgeführt, worauf insoweit verwiesen werden kann[243].

Art. 80 EWGV stellt sich im Ergebnis deshalb ebenfalls als eine Vorschrift dar, die trotz des grundsätzlichen Verbots in erster Linie eigentumserhaltenden Charakter hat, ebenso wie Art. 70 Abs. 4 EGKSV. Dies rechtfertigt mit den Bestimmungen der Art. 75 und 78 EWGV die Einordnung des Titels IV unter die Normen im EWGV, die primär unter dem Aspekt der Eigentumsförderung bzw. -erhaltung zu sehen sind. Das entspricht auch dem Hauptzweck des EWGV, die wirtschaftliche Lage der Marktbürger zu verbessern, nicht aber zu verschlechtern.

4.2.3 Die Niederlassungsfreiheit der Unternehmen (Art. 52 ff. EWGV)

Gemäß Art. 52 ff. EWGV werden die Beschränkungen für die Niederlassungsfreiheit nach einem bestimmten, in Art. 54 näher umschriebenen

---
[241] Vgl. EuGH E XV, 277 (LS 1) und 284.
[242] Vgl. EuGH E XV, 284.
[243] Vgl. oben 3.2.4.

Modus abgebaut. Auf die Einzelheiten der Art. 52 ff. braucht hier nicht näher eingegangen zu werden. Entscheidend ist allein die bereits oben angeführte Bedeutung dieser Maßnahme im Lichte der Eigentumsgarantie: Die Niederlassungsfreiheit ist als Teil der Dispositionsfreiheit wesentliches Element der Eigentümerstellung[244]. Wenn nun die Art. 52 ff. mitgliedstaatliche Beschränkungen aufheben, so bedeutet dies zweierlei: einmal die darin liegende notwendige Anerkennung bzw. — mangels jeglicher konkreter Formulierung im EWGV — Voraussetzung des Instituts Privateigentum und die Anerkennung des Eigentumsbegriffs als grundsätzlich freiheitliche Verfügungs- und Herrschaftsbefugnis. Dies bedingt umgekehrt das Bewußtsein, daß ein solch elementarer Teil der Eigentümerfreiheit nicht ohne weiteres eingeschränkt werden kann. Daß entgegen der Ansicht *Steindorffs*[245] auch der EWGV die Niederlassungsfreiheit nicht primär dem Fremdenrecht, sondern dem Eigentumsrecht zuordnet, beweist im übrigen die Existenz des Art. 56 EWGV, wonach nationale ausländerrechtliche Vorschriften sowie Bestimmungen der öffentlichen Sicherheit und Ordnung weiterhin nicht als den Art. 52 ff. entgegenstehendes Recht angesehen werden. Der EWGV sieht damit derartige Regelungen als Eigentumsbindung an, die die grundsätzlich bestehende Niederlassungsfreiheit einschränken können. Das entspricht auch der oben vorgenommenen Trennung von Eigentumsrecht im eigentlichen Sinn, dem Eigentumsbegriff, und der ihm beigesellten Eigentumsordnung[246]. Das Ausländerrecht und das Recht der öffentlichen Sicherheit und Ordnung ist Teil der Eigentumsordnung im weitesten Sinn, soweit hierdurch das Ausnützen-Dürfen des Eigentums mit geregelt bzw. betroffen wird. Die Niederlassungsfreiheit gehört dagegen als Teil der Verfügungsfreiheit zum Haben des Eigentums, zur Rechtsstellung des Eigentümers im engeren Sinn. Die Eigentümerfreiheit umschließt auch die Freiheit der Entscheidung darüber, *wo* das Eigentum genutzt werden soll. *Ob* es dann an der vom Eigentümer gewünschten Stelle wirklich genutzt werden kann und bzw. oder in welchem Umfang, ist eine andere Frage, nämlich die der konkreten Eigentumsordnung. Der Ansicht *Steindorffs* kann somit in keiner Weise gefolgt werden. Die allen Marktbürgern im genannten EWG-Bereich eingeräumte Niederlassungsfreiheit bedeutet aber noch ein Zweites.

In der Literatur wurde immer wieder im Rahmen der Grundrechtsdiskussion betont, daß die EWG nicht nur keine Einschränkung der vom Gemeinschaftsrecht betroffenen Grundrechte bringe, sondern sogar eine Erweiterung. Letztere deshalb, weil durch die EWG die nationalen Schranken fielen, die Grundrechte damit von allen Marktbürgern im

---

[244] Vgl. oben 4.1.2.
[245] FN 197.
[246] Vgl. B 3.1.

4. Das Eigentum im EWGV

gesamten Marktbereich ausgeübt werden könnten[247]. Es ist sehr fraglich, ob diese Behauptung so generell zutrifft, wie es den Anschein hat. Vor allem darf ja dabei nicht vergessen werden, daß einmal die Erweiterung rein territorial ist und damit über den qualitativen, materiellen Gehalt der Grundrechte im EWG-Bereich nichts gesagt ist. Zum anderen geht es grundsätzlich nicht darum — auf diesen Punkt wurde schon mehrfach hingewiesen[248] —, nationale Grundrechte auf die europäische Ebene auszudehnen, da der EuGH die Berufung hierauf zu Recht für europarechtlich irrelevant hält. Für den Bereich der Niederlassungsfreiheit dagegen kann dieser Ansicht gefolgt werden. Denn hier hebt der EWGV das jeweils national verbürgte Niederlassungsrecht auf die europäische Ebene, indem er allen Marktbürgern — allerdings modifiziert durch Art. 56 EWGV, was in der Praxis oft als Deckmantel für eine Umgehung der Art. 52 ff. genutzt wird — grundsätzlich die gleichen Niederlassungsrechte zuordnet. Es bedarf keiner weiteren Erläuterungen, weshalb die Niederlassungsfreiheit mehr als die Bestimmungen über die Landwirtschaft und den Verkehr eigentumserhaltenden oder -fördernden Charakter haben: *mit den Art. 52 ff. EWGV ist ein wesentlicher Teil der Eigentumsgarantie europarechtlich kodifiziert.* Dies kommt durch nichts deutlicher zum Ausdruck als in dem für die Herstellung der Niederlassungsfreiheit entscheidenden Katalog des Art. 54 Abs. 3 EWGV, und hier insbesondere des Art. 54 Abs. 3 lit. e. Nach dieser Bestimmung haben die Kommission und der Rat „den Erwerb und die Nutzung von Grundbesitz im Hoheitsgebiet eines Mitgliedstaates durch Angehörige eines anderen Mitgliedstaates (zu) ermöglichen, soweit hierdurch die Grundsätze des Artikels 39 Absatz 2 nicht beeinträchtigt werden". Das heißt nichts anderes, als daß im gesamten EWG-Raum für die Marktbürger die Freiheit geschaffen werden soll, Grundeigentum als den wesentlichen Faktor für echte Niederlassungsfreiheit zu *erwerben und* zu *nutzen.* Dies, obwohl zur Zeit des Vertragsschlusses 1957 schon genauso bekannt war wie heute, daß die Eigentumsfreiheit gerade in diesem Punkt immer größeren Angriffen ausgesetzt ist aus Gründen, die hier wohl nicht mehr wiederholt zu werden brauchen. Die Einschränkung, die der Hinweis auf Art. 39 Abs. 2 bringt, ist demgegenüber als rein „markt-(sozial-)bindend" im Hinblick auf die vorgängig unter 4.2.1 erörterten besonderen Gegebenheiten der Landwirtschaft ohne Bedeutung. Gerade im Bereich des Grundeigentums kann die Freiheit auf europäischer Ebene nicht schrankenlos sein, und es müssen hier noch verstärkt die Faktoren berücksichtigt werden, die schon im nationalen Bereich Schwierigkeiten bereiten. Weit wichtiger ist demgegenüber, daß hier

---

[247] Vgl. *v. d. Groeben* (FN 1), 237; *Scherer* (FN 23), 126, 132; *Fuß* (FN 1, Bilanz), 799 f.
[248] Vgl. oben 1.2.2 und 4.

gemeinschaftsrechtlich die Eigentumsgarantie in einem zentralen Punkt expressis verbis gefordert wird. Des weiteren zeigt sich in der Formulierung „Erwerb und Nutzung" ein wichtiges Indiz für den gemeinschaftsrechtlichen Eigentumsbegriff: dieses Begriffspaar kann nichts anderes bedeuten als das oben ausgesprochene „Haben und Ausnützendürfen"[249]. Und daß die Nutzung i. S. Art. 54 Abs. 3 lit. e EWGV die volle Nutzungs- und Verfügungsfreiheit beinhaltet, weil beides eine untrennbare Einheit darstellt[250], läßt sich gerade für die Niederlassungsfreiheit nicht bestreiten. Wo bliebe diese Freiheit, wenn bei einem erforderlichen Standortwechsel das nicht mehr sinnvoll nutzbare Grundeigentum am aufgegebenen Ort durch Verkauf etc. nicht für die anderweitige Niederlassung genutzt werden könnte? Genau dies setzt aber die volle Verfügungsbefugnis voraus. Diese Auslegung wird ihre Bestätigung in der nachfolgend zu erörternden Rechtsprechung des EuGH zu Art. 36 EWGV finden[251].

Somit erweist sich die Niederlassungsfreiheit gerade in ihrem und wegen ihres eigentumsrelevanten Aspekts in der Tat als eine der „Grundfreiheiten des Gemeinschaftsrechts"[252].

4.2.4 Die Sozialpolitik (Art. 117 ff. EWGV)

Zu den Bestimmungen, die eindeutig eigentumsfördernden Charakter haben, gehören schließlich noch die Art. 117 ff., betreffend die Sozialpolitik in der Gemeinschaft.

Gemäß *Art. 117 Abs. 1* verpflichten sich die Mitgliedstaaten u. a., zur Verbesserung der Lebensbedingungen der Arbeitskräfte beizutragen. Verbesserung der Lebensbedingungen aber schließt unerläßlich nach auch dem EWGV zugrundeliegendem freiheitlichen Verständnis eigentumsfördernde Maßnahmen (Vermögensbildung etc.) ein. Denn nur Eigentum vermag auf die Dauer soziale Unabhängigkeit zu gewährleisten. Daß genau dies auch gewollt ist, zeigt sich in den Art. 123 ff. EWGV über den europäischen Sozialfonds. Dieser dient nach der Formulierung von Art. 123 allein der Hebung der Lebenshaltung der

---

[249] s. o. B 3.2.
[250] s. o. B vor 3.3.
[251] s. u. 4.3.1.
[252] Vgl. *Scheuing*, Das Niederlassungsrecht im Prozeß der Integration, JZ 75, 151 ff. (151); von einer Grundfreiheit spricht auch *Goose*, RIW/AWD 75, 36 ff. (37, 1. Sp.); ähnlich in diesem Zusammenhang auch *Winkel*, Der Ausbau der Freizügigkeit des Marktbürgers durch die Rechtsprechung des EuGH, NJW 75, 1057 ff. (1057) und *Steindorff*, Berufssport im Gemeinsamen Markt, RIW/AWD 75, 253 ff.; beide insbesondere zu EuGH, Urteil v. 12. 12. 74 (RS 36/74), RIW/AWD 75, 289 = NJW 75, 1093 f.; zur jüngsten Rechtsprechung des EuGH auf dem Gebiet der Freizügigkeit der Arbeitnehmer vgl. auch EuGH, Urteile vom 4. 12. 74 (RS 41/74), RIW/AWD 75, 289, vom 3. 12. 72 (RS 33/74), NJW 75, 1095 f. sowie vom 13. 12. 72 (RS 44/72), RIW/AWD 75, 288.

Arbeitskräfte, was in den Worten „und damit" zum Ausdruck kommt. Eine gehobene Lebenshaltung bedarf aber der Sicherheit, und hierzu gehört wiederum Eigentum als unerläßlicher Faktor sozialer Unabhängigkeit.

In diesem Zusammenhang bedarf deshalb die Bestimmung des Art. 125 Abs. 1 lit. b besonderer Erwähnung. Sie beugt dem Unsicherheitsfaktor vor, der durch nicht vermeidbare Stillegungen und ähnliche Maßnahmen von in Schwierigkeiten geratenen Unternehmen auftreten kann. Um hier Notsituationen auf der Seite der entlassenen Arbeitnehmer abzuhelfen, beteiligt sich die Gemeinschaft mit 50 % an den Kosten, die dadurch entstehen, daß den Arbeitslosen Beihilfen gewährt werden, „so daß sie bis zur vollständigen Wiederbeschäftigung den gleichen Lohn beibehalten können". Dies ist eine eindeutige *besitzstandswahrende Bestimmung*. Die Wahrung des Besitzstands ist aber ein Ausfluß der Eigentumsgarantie und wird hier expressis verbis vom Vertrag postuliert.

Damit ist ein weiterer Teil der europarechtlichen Eigentumsgarantie nachgewiesen.

4.3 Eigentumsbeschränkende Bestimmungen

4.3.1 Die Regelung zur Herstellung des freien Warenverkehrs (Art. 9 ff. EWGV) und die Bedeutung des Art. 36 EWGV im Hinblick auf das Eigentum

Gemäß Art. 9 Abs. 1 EWGV ist die Grundlage der Gemeinschaft eine umfassende Zollunion, die gleichzeitig die Grundlage eines dem Gemeinsamen Markt entsprechenden freien Warenverkehrs darstellt. Die Art. 12 ff. und 30 ff. dienen der Durchsetzung und Regelung dieses Zieles im einzelnen. Hiernach dürfen zur Schaffung der (inzwischen erreichten) Zollunion einmal keine neuen Ein- und Ausfuhrzölle oder Abgaben gleicher Wirkung eingeführt werden (Art. 12), die bestehenden Zölle etc. sind (bzw. waren) nach einem jeweils vereinbarten Modus abzuschaffen (Art. 13 ff.), und mengenmäßige Einfuhrbeschränkungen sowie alle möglichen Maßnahmen gleicher Wirkung sind grundsätzlich seit Inkrafttreten des EWGV verboten (Art. 30).

Die entscheidenden, nach wie vor aktuellen Bestimmungen sind dabei die Art. 12 und 30, wogegen die Regelungen zur Abschaffung der bei Vertragsbeginn bestehenden Zollschranken etc. zwischenzeitlich obsolet sind, was jedoch nicht heißt, daß damit jeglicher Aussagewert verloren wäre. Art. 12 wie Art. 30 EWGV sind unerläßliche und entscheidende Voraussetzungen für die Schaffung eines Binnenmarktes, wie ihn letztlich der Gemeinsame Markt darstellen soll. Ausnahmen von diesen

Verboten sind deshalb grundsätzlich nicht zulässig und könnten, wenn überhaupt, nur unter sehr engen und genau umschriebenen Voraussetzungen zugelassen werden[253]. Gerade darin, wie auch in der Abschaffung der Zölle, mengenmäßigen Einfuhrbeschränkungen, Maßnahmen gleicher Wirkung etc.[254], liegt das mögliche Eigentumsproblem. Denn mit dem Inkrafttreten der entsprechenden Bestimmungen konnten sich die betroffenen Unternehmer auf eines nicht mehr verlassen, was im Grunde immer der Hauptzweck von Zöllen etc. war: auf staatlichen Schutz vor ausländischer Konkurrenz. Durch solche Maßnahmen wird die Konkurrenzfähigkeit vieler Unternehmen erst ermöglicht bzw. erhalten. Fällt diese Schutzmauer, dann kann das für solche Industrien die Existenzvernichtung bedeuten. Die Frage lautet deshalb allgemein, ob in einer solchen Veränderung der Gesetzeslage ein Eingriff i. S. Art. 14 GG, ein Eingriff in die Eigentumsgarantie also, gesehen werden kann. Die Antwort hängt entscheidend davon ab, ob überhaupt ein Anspruch des einzelnen auf Beibehaltung einer bestimmten Gesetzeslage besteht. Gibt es einen solchen Anspruch nicht, dann erübrigen sich letztlich Ausführungen zu Problemen des Verhältnismäßigkeitsprinzips im Rahmen der Art. 12 ff. und 30 ff. EWGV. Dabei drängt sich die Parallele zum Verhältnis von Subventionsanspruch und Art. 14 GG auf. Beide Maßnahmen — Subventionen und Zölle etc. — zielen auf den Schutz der einzelnen Industrien ab. Der Unterschied besteht lediglich darin, daß Subventionen direkte, Schutzzölle dagegen indirekte Unterstützungsmaßnahmen darstellen, außerdem haben letztere generellen Charakter. Aber gerade dies führt zum argumentum a fortiori: Wenn schon auf die Beibehaltung von Subventionen kein Anspruch aus Art. 14 GG besteht[255], dann muß dies erst recht so sein, wenn es um die generelle Beibehaltung einer bestimmten Gesetzeslage geht, die ja grundsätzlich zur Disposition des Gesetzgebers steht. Das hat das BVerfG auch immer wieder zu Recht betont[256]. Allerdings, eine Einschränkung muß gemacht werden: eine Gesetzeslage, die Geldleistungspflichten (Abgaben, Steuern etc.) oder sonstige, die Verfü-

---

[253] Vgl. zu Art. 12 EuGH E X, 1333 (LS 2), 1347 sowie E XV, 193 (LS 3a), 200, 201, 211, 222, zu Art. 30, *v. Groeben / v. Boeckh* (FN 23), Vorbem. 3 vor Art. 30 ff.

[254] Zum Begriff der Maßnahmen gleicher Wirkung, dem hier nicht näher nachgegangen zu werden braucht (auch nicht im Hinblick auf seine evtl. rechtsstaatlich bedenkliche Fassung), vgl. *Seidel*, Der EWG-rechtliche Begriff der „Maßnahme gleicher Wirkung wie eine mengenmäßige Beschränkung", NJW 67, 2081 ff. sowie *Ehlermann*, Die Bedeutung des Art. 36 EWGV für die Freiheit des Warenverkehrs EuR 73, 1 ff. (2, 3); vgl. auch zur nach wie vor, dem Sinn der Art. 30 ff. entsprechenden, sehr restriktiven Rechtsprechung des EuGH die Urteile vom 11. 6. 74 (RS 8/74) und vom 31. 10. 74 (RS 15/74), NJW 75, 515 f. und 516 f.

[255] Vgl. hierzu oben 3.3.1.

[256] Vgl. oben 3.3.1 mit FN 137 und 138.

4. Das Eigentum im EWGV

gungsfreiheit des Eigentümers beschränkende Pflichten (Bevorratungspflichten etc.) beinhaltet, kann nicht beliebig verschärft werden[257]. Dies folgt allein daraus, daß derartige Gesetze als Teil der Eigentumsordnung Sozialbindungsmodalitäten des Eigentums enthalten. Sie können nicht beliebig verschärft werden, da ansonsten der Punkt erreicht wird, wo Maßnahmen der Sozialbindung qualitativ in Enteignung umschlagen. Diese Situation liegt aber bei der Abschaffung der Zölle etc. nicht vor: denn soweit solche Maßnahmen berücksichtigt werden, entfällt für die einen (das ist wohl die Mehrheit des betreffenden Industriesektors) eine Schutzmaßnahme, die deren Eigentum nicht belastet, sondern unterstützt hat, und auf deren Fortbestand deshalb auch kein Anspruch besteht[258]. Für die anderen aber, die durch Entrichtung von Importabgaben oder Beschränkung auf gewisse Importmengen in ihrer unternehmerischen Freiheit behindert waren, entfällt diese Behinderung.

Damit stellen sich die Art. 9 ff. EWGV im Ergebnis zwar insofern als eigentumsbeeinträchtigend dar, als den innerstaatlichen Unternehmen bestimmte Schutzpositionen genommen werden bzw. wurden. Eine Verletzung der Eigentumsgarantie des Art. 14 GG kann darin aber nicht gesehen werden, ganz abgesehen von der Tatsache, daß Bestimmungen wie Art. 25, 26 EWGV dafür sorgten, daß keine allzu abrupte Situation für die betroffenen Unternehmen eintrat. Auf die Erörterung von Einzelbegriffen wie „Maßnahmen gleicher Wirkung" etc. kann deshalb verzichtet werden. Andererseits zeigen gerade Regelungen wie Art. 25 und 26 EWGV, daß der EWGV keine Zerstörung des Eigentums will.

Mit diesen Ausführungen ist die Bedeutung der Art. 9 ff. EWGV für die Stellung des Eigentums im Gemeinschaftsrecht jedoch nicht erschöpft. Denn der erste Titel des zweiten Teils des EWGV enthält in *Art. 36 EWGV* eine Bestimmung, die *für den europäischen verfassungsrechtlichen Eigentumsbegriff* als Ausgestaltung des vom Gemeinschaftsrecht, wie mehrfach dargelegt, offensichtlich vorausgesetzten privatrechtlichen Eigentumsbegriff als umfassendste Herrschaftsbefugnis, *von größter theoretischer Bedeutung* ist. Wenn hier von Anfang an die Betonung auf die theoretische bzw. dogmatische Bedeutung des Art. 36 gelegt wird, so soll damit zum Ausdruck gebracht werden, daß es hier nicht um den Art. 36 in seiner Bedeutung für die Freiheit des Warenverkehrs geht, da diese Bestimmung den Mitgliedstaaten ja die Möglichkeit gibt, unter gewissen Voraussetzungen das Verbot der

---

[257] Vgl. zu den Grenzen der Erbschaftsbesteuerung als Teilbereich dieses Problemkreises *Leisner* (A, FN 1), passim (insbesondere 51, 56 ff., 79, 81 ff.).
[258] So wie Art. 14 GG allgemein nicht vor Konkurrenz schützt, st. Rspr. des BVerfG, vgl. z. B. BVerfG E 11, 202 f.; E 28, 142; E 30, 334 f. und jüngst E 34, 257.

Art. 30 ff. zu umgehen[259]. Art. 36 läßt u. a. Ausnahmen von den Art. 30 bis 34 zum Schutz des gewerblichen und kommerziellen Eigentums zu und kann insofern eine Einschränkung des vom EWGV gewollten freien Warenverkehrs mit sich bringen, als durch diese „salvatorische Klausel" gewisse Teilbereiche aus dem EWG-Binnenmarkt herausgenommen werden können. Dabei ist allerdings zu betonen, daß Art. 36 nach der Rechtsprechung des EuGH Tatbestände nicht wirtschaftlicher Art enthält, „die die Verwirklichung der in den Art. 30 bis 34 EWGV aufgestellten Grundsätze nicht in Frage stellen können", womit die Bedeutung des Art. 36 als salvatorische Klausel weitestgehend eingeschränkt ist[260]. Es geht hier auch nicht um die Frage der Anwendbarkeit der Art. 85 ff. auf das gewerbliche und kommerzielle Eigentum i. S. Art. 36 EWGV. Dieses Problem, das mittlerweile, nachdem der EuGH im Grundig-Consten-Urteil die grundsätzliche Anwendbarkeit der Art. 85 ff. auch auf die Bereiche des Art. 36 erklärt hat[261], was auch von der h. M. bejaht wird und zu Recht nicht mehr als Anwendungs- sondern als Abgrenzungsproblem gesehen wird[262], gehört zur Erörterung des Kartellrechts.

Vielmehr geht es hier allein um die Bedeutung der Existenz des Art. 36 EWGV als solche, soweit er von gewerblichem und kommerziellem Eigentum spricht.

Darin zeigt sich zunächst ein weiterer Beweis dafür, daß der EWGV Privateigentum kennt und voraussetzt in seiner Ausgestaltung als Instituts- und Individualgarantie[263]. Art. 36 wäre zumindest in bezug auf gewerbliches und kommerzielles Eigentum nicht erforderlich gewesen, wenn der EWGV ein derartiges Eigentum gar nicht wollte. Umgekehrt zwingt deren Einbeziehung zu der Annahme, daß der EWGV auf Privateigentum angelegt ist. Darüber hinaus enthält Art. 36 aber noch eine

---

[259] Hierzu vgl. *Ehlermann* (FN 254) m. w. Nachw.

[260] Vgl. schon EuGH E VII, 720, hierzu *Ehlermann* (FN 254), 6; andererseits kann jedoch kein Zweifel daran bestehen, daß Art. 36 eben doch Einschränkungen des Warenverkehrs mit sich bringt bzw. bringen kann, das hat der EuGH selbst in E XIV 120, mit aller Deutlichkeit ausgesprochen.

[261] EuGH E XII, 324 (LS 10) und 394 sowie E XIV, 112 (zur Anwendbarkeit von Art. 85) und 120 f. (zur Anwendbarkeit von Art. 86), hiezu außer den in FN 202 zitierten Autoren vor allem *Mestmäcker* (FN 173), 104 ff. und 108 ff.; *ders.* (B, FN 91), 450; *Wertheimer,* CDE 70, 438 ff. (464 ff., 467, 469), in seiner Anm. zu den Urteilen des LG Breda vom 31. 12. 68 und 1. 4. 69; sowie *Ehle,* Die Gestaltung der Europäischen Wirtschaftsordnung in der Rechtsprechung des Gerichtshofs, NJW 73, 927 ff. (928); und *Möschel,* Der Oligopolmißbrauch im Recht der Wettbewerbsbeschränkungen, insbes. 100 ff. (105 f.).

[262] Vgl. *van der Meersch* (FN 23), Rz. 2607, *Alexander,* Het EEG-Verdrag en het industriele eigendomsrecht der Lid-Staten, NJB 1971, 1079 ff. zum auf der Linie von E XII, 394 liegenden Urteil des EuGH vom 8. 6. 71, NJW 71, 1533, sowie ebenfalls hierzu *Lyklema,* EEG-Verdrag, en intellectuele eigendom, NJB 71, 1087 ff. (1090).

[263] Vgl. *Ipsen* (FN 24), 729.

4. Das Eigentum im EWGV

wichtige Aussage zum europäischen Verständnis vom Eigentumsbegriff: wenn hier allgemein vom gewerblichen und kommerziellen Eigentum gesprochen wird, so bedeutet dies, daß auch das Gemeinschaftsrecht von einem weiten (in der innerstaatlichen Terminologie gesprochen) verfassungsrechtlichen Eigentumsbegriff ausgeht, den es allerdings ebensowenig definiert wie das Grundgesetz: denn die entscheidende Ausgestaltung des innerstaatlichen Eigentumsbegriffs erfolgte ja durch den Einbezug des geistigen Eigentums (wozu die vom gewerblichen Eigentum umfaßten Patent- und Urheberrechte gehören, die Art. 36 eindeutig umfaßt[264]), womit der Weg zum Umfang der Eigentumsgarantie als jedes vermögenswerte Recht umfassend nicht mehr weit war[265]. Wenn nun Art. 36 EWGV ganz allgemein von gewerblichem und kommerziellem Eigentum spricht, wenn man sich schließlich die Formulierungen von Art. 66 § 5 Abs. 5 und 7 EGKSV in Erinnerung ruft, wo Aktienrechte unter das auch vom Gemeinschaftsrecht geschützte Eigentum einbezogen wurden, dann ist die Schlußfolgerung erlaubt, daß der gemeinschaftsrechtliche Eigentumsbegriff in seiner Weite nicht hinter dem innerstaatlichen zurücksteht. Dies folgt u. a. aus der Bestimmung des Art. 36 EWGV und hierin liegt wohl die größte, bisher, soweit ersichtlich, kaum beachtete Bedeutung dieser Norm[266].

Neben dieser Ausstrahlung des Art. 36 auf den europarechtlichen Eigentumsbegriff hat diese Bestimmung den EuGH zu einigen Formulierungen veranlaßt, die von nicht minderer Bedeutung für das europäische Eigentumsverständnis sind, und zwar zur Frage dessen, was einem Eigentümer bleiben muß, damit noch von Eigentum gesprochen werden kann, letztlich zur Frage der Umkehrung des Eigentumsbegriffs, nämlich der Enteignung. Der EuGH hat in dem Parke-Davis-Urteil vom 29. 2. 1968[267] zu dem Problem des Verhältnisses von nationalen Patentrechten und EWGV ausgeführt, daß das nationale Patentrecht „in seinem *Bestand,* in seiner *Substanz* nicht angetastet werden (solle) durch den EWG-Vertrag". Dafür sprächen eindeutig die Art. 36 und 222. Zu Art. 36 sei anerkannt, daß Einschränkungen des Waren-

---
[264] Vgl. *Wohlfarth / Everling / Glaesner / Sprung,* Die EWG, Kommentar, 6 zu Art. 36. Dies hat der EuGH durch seine oben (FN 260 u. 261) angeführte Rspr. bestätigt, die ja gerade zu den Patentrechten erging.

[265] Hierzu s. o. B. 1.

[266] *H. Ferid* hat allerdings zwischenzeitlich, wenn auch nicht genügend pointiert, darauf hingewiesen, daß Art. 36 EWGV in der (nachfolgend an Hand des Parke-Davis-Urteils aufgezeigten) Interpretation durch den EuGH „einer Institutsgarantie des gewerblichen und kommerziellen Eigentums nahe (kommt), wie sie das deutsche Verfassungsrecht kennt"; vgl. *H. Ferid,* Zur Anwendung von Art. 36 EWG-Vertrag auf nationale Urheberrechte und verwandte Schutzrechte, Mitarbeiterfestschrift für E. Ulmer 1973, 75 ff. (76 f.).

[267] EuGH E XIV, 85 ff., hierzu, allerdings unter dem Aspekt des Verhältnisses der Art. 85 ff. zu Art. 86 *Mestmäcker* (FN 173), 107 ff. sowie die in FN 262 angegebenen Autoren.

verkehrs in Abweichung von den Vorschriften der Art. 30 - 34 hingenommen werden müßten, soweit sie durch die Existenz nationaler gewerblicher Schutzrechte bedingt seien. Art. 222 sei dagegen dahin zu verstehen, daß alle wesentlichen Elemente der „nationalen Eigentumsordnung unberührt bleiben sollten, wozu der Bestand der *eigentumsgleichen Rechte* an Erfindungen" gehöre[268]. Darin sind zwei bedeutsame Begriffe enthalten, die evtl. gehegte Befürchtungen bezüglich der Stellung des Eigentums im EWGV verstummen lassen müssen: Der EuGH identifiziert nämlich den Bestandsschutz eines Eigentumsrechts (nämlich des Patentrechts, das er als „eigentumsgleiches Recht" in den Schutz der von ihm offensichtlich vorausgesetzten Eigentumsgarantie einbezieht, da anders seine Ausführungen gar nicht verständlich sind), mit der Erhaltung seiner Substanz.

Damit trifft er eine Wortwahl, die genau den entscheidenden Begriff der innerstaatlichen Terminologie hinsichtlich der Enteignung wiederholt, nämlich eben den Begriff der Substanz. Denn die Schwere des Eingriffs und damit die Abgrenzung der Sozialbindung von Enteignung wird ja danach bestimmt, was dem Eigentümer substantiell von seiner Eigentümerstellung verbleibt. Somit ist eine wesentliche Übereinstimmung mit der innerstaatlichen Enteignungslehre gegeben, wie sie oben dargelegt wurde[269]. Daß es sich hier um keine zufällige Äußerung handelt, beweisen die weiteren Ausführungen des EuGH, die letztlich darauf hinauslaufen, daß die Substanz des Eigentums dann nicht mehr erhalten (und somit die Situation der Enteignung eingetreten) ist, wenn dem Eigentümer nichts mehr von seinem Recht bleibt, weil ihm die Verfügungsbefugnis in ihrer Ausschließungsfunktion genommen ist. Der EuGH fährt in dem Parke-Davis-Urteil fort, daß *Substanz und Kern* (sic!) des nationalen Patentrechts dann berührt wären, wenn man eine Erschöpfung des Patentrechts bzw. „den Ausschluß *der aus ihm abzuleitenden Abwehransprüche*" auch dann annähme, „wenn patentgeschützte Erzeugnisse ohne Einwilligung des Patentinhabers in Ländern ohne Patentschutz in den Verkehr gebracht werden. Tatsächlich bliebe dann von dem gesetzlichen *Verwertungsmonopol*, das dem Erfinder die Chance einer angemessenen Entschädigung sichern soll, nicht mehr viel übrig..."[270]. Hier kann man ergänzen mit der bekannten Formulierung der innerstaatlichen Eigentumslehre und -rechtsprechung, es bliebe nicht mehr viel übrig, was den Namen Eigentum verdient. Nichts anderes meint der EuGH, wenn er wie angeführt sagt, daß der Entzug des

---

[268] EuGH E XIV, 120 (Hervorh. v. Verf.), dem Urteil des EuGH vom 8. 6. 71 (E XVII, 487 ff., 489 f.) kommt demgegenüber primär Bedeutung unter dem Aspekt des Art. 36 als salvatorischer Klausel der Mitgliedstaaten zu, vgl. hierzu *Ehlermann* (FN 254), 13.

[269] Vgl. oben B 3.4.1.

[270] EuGH E XIV, 121 (Hervorh. v. Verf.).

4. Das Eigentum im EWGV

Verwertungsmonopols bzw. allgemein der aus dem Eigentum abzuleitende Abwehranspruch Substanz und Kern des Eigentumsrechts berühren. Es könnte sich dann nur noch um ein „ausgehöhltes und entwertetes Patentrecht" handeln[271]. Mit anderen Worten, der betreffende Patentrechtsinhaber hat in einem solchen Fall, in dem seine Verfügungsbefugnis derart jeglichen substantiellen Wertes entkleidet wird, keine Stellung mehr inne, die der eines Eigentümers entspricht: er ist enteignet.

Diese Ansicht des EuGH stimmt voll überein mit den oben entwickelten Kriterien der Enteignung[272]. Daß sie lediglich zu dem eigentumsgleichen Recht des Patentrechts geäußert wurde, ist daneben unwichtig. Den Ausführungen des EuGH zur Eigentümerstellung bzw. zum Eigentumsrecht hinsichtlich des Patentrechts kommt genereller Charakter zu: was für das eine Eigentumsrecht gilt, gilt auch für das andere, es gilt für das Eigentumsrecht schlechthin. Das wird durch nichts besser bewiesen als die Tatsache, daß der EuGH die vorgenannten Grundsätze zum europarechtlichen Eigentumsbegriff jüngst in einer Entscheidung zum Warenzeichenrecht wiederholt hat. Er führt dort aus, daß Art. 36 EWGV Beschränkungen des freien Warenverkehrs dort erlaubt, wo es um die Wahrung der Rechte geht, „die den spezifischen Gegenstand dieses Eigentums ausmachen". Dies sei auf jeden Fall dort berechtigt, wo es darum gehe, den rechtmäßigen Inhaber eines Warenzeichens vor mißbräuchlicher Benutzung durch Personen zu schützen, denen keinerlei Rechtstitel zusteht"[273]. Der Grund hierfür ist allein darin zu sehen, daß das Abwehrrecht, wie oben ausgeführt, zur spezifischen Eigentümerposition gehört.

Damit ist ein weiteres wichtiges Ergebnis für die Untersuchung der Stellung des Eigentümers im europäischen Recht gewonnen, dem vor allem dogmatische Bedeutung zukommt: Nachdem aus Art. 36 EWGV entnommen werden konnte, daß der Umfang der unter den Schutz der Eigentumsgarantie fallenden Rechte hinter dem aus dem innerstaatlichen verfassungsrechtlichen Eigentumsbegriff abzuleitenden Schutz-

---
[271] EuGH E XIV, 121.
[272] B 3.4.1.
[273] EuGH, U. v. 3.7.74 (RS 192/73), hektogr. Fassung S. 26, auszugsweise abgedruckt in EuR 75, 139 ff. m. Anm. *Maday*, EuR 75, 142 ff.; die Kritik *Madays*, mit dieser Entscheidung habe der EuGH einen „schwerwiegenden Eingriff in die Substanz der nationalen Eigentumsrechte" vorgenommen (ebd. 142), was einem Eingriff in das Eigentum gleichkommt, muß aus den obigen Gründen zurückgewiesen werden. Zumindest soweit *Maday* eventuell damit andeuten will (was aus seiner Anmerkung jedoch nicht klar hervorgeht), daß hier bereits der Bereich der „Marktpflichtigkeit" des Eigentums überschritten wäre. Hiervon kann keine Rede sein.
Aus den gleichen Gründen ist auch die in dieselbe Richtung laufende Kritik von *F. A. Mann* (FN 24), 35 f. zurückzuweisen.

bereich nicht zurücksteht, hat sich nun auch gezeigt, *daß der EuGH die Rechtsstellung des Eigentümers als primär durch die andere ausschließende Verfügungs- und Verwertungsbefugnis gekennzeichnet sieht* und die Grenze zur Enteignung genau dort ansetzt, wo sie auch im innerstaatlichen Recht gezogen wird.

4.3.2 Das Wettbewerbsrecht (Art. 85 ff. EWGV)

Gemäß Art. 3 f. EWGV umfaßt die Tätigkeit der Gemeinschaft „die Errichtung eines Systems, das den Wettbewerb innerhalb des Gemeinsamen Marktes vor Verfälschungen schützt". Ein Mittel zur Erreichung dieses Zieles, das schon der Zentralbegriff des „Gemeinsamen Marktes" fordert, ist die vorgängig erörterte Abschaffung der Zölle sowie die Beseitigung der mengenmäßigen Einfuhrbeschränkungen. Das allein genügt jedoch nicht. Genauso wie die innerstaatliche Rechtsordnung bedarf auch die Gemeinschaftsrechtsordnung eines Normensystems, das verhindert, daß Zölle durch überhöhte Preise ersetzt werden, daß Dumping-Praktiken einzelne schwächere, aber an sich konkurrenzfähige Unternehmen, seien sie in staatlicher oder in privater Hand, den Markt unter sich aufteilen etc. und so das Wettbewerbssystem, das allein dem Begriff des Gemeinsamen Marktes entspricht, zerstören oder gar nicht erst aufkommen lassen. Zu einem solchen System gehört auch das Verbot an die Mitgliedstaaten, die Abschaffung der Zölle mit Beihilfen in ihrer Wirkung aufzuheben[274]. Diesem Ziel dienen die Art. 85 ff. EWGV, ähnlich wie es die Art. 65 ff. EGKSV i. Vbdg. Art. 4 lit. c EGKSV für den Teilmarkt von Kohle und Stahl tun, wobei allerdings entsprechend dem Charakter des EWGV als „traité-cadre" (im Gegensatz zum „traité-loi" des EGKSV) die Einzelausgestaltung dem Sekundärrecht vorbehalten ist. Es ist sicher nicht übertrieben zu sagen, daß das Wettbewerbsrecht überhaupt *die* Voraussetzung für die Verwirklichung des Gemeinsamen Marktes ist[275]. Zumindest aber ist es die zweite gleichwertige Voraussetzung neben der Abschaffung der Zölle etc. Denn wenn letzteres allein auf staatliches Verhalten abzielt, sollen die Art. 85 ff. EWGV (unabhängig von ihrer Anwendbarkeit auch auf staatliche Unternehmen sowie das Verbot von Beihilfen) doch in erster Linie privatrechtliche Hindernisse für einen Gemeinsamen Markt unterbinden[276]. Zur grundsätzlichen verfassungsrechtlichen Relevanz von Wettbewerbsregeln wurde bereits Stellung genommen bei der Erörterung der Art. 65 ff. EGKSV[277]. Hierauf kann insoweit verwiesen

---

[274] Vgl. *Quadri* etc. (FN 23); 3 zu Art. 85; *Cartou* (FN 217), 152; *Markert* (FN 185), 349.
[275] So *Schlochauer* (FN 13), 440.
[276] Vgl. *Ehle* (FN 261), 928.
[277] s. o. 3.3.4.

werden. Es sei nur nochmals folgendes hervorgehoben: Der Wettbewerb und damit die Bestimmungen, die den Wettbewerb sichern sollen, ist kein abstraktes Ziel, ist nicht Selbstzweck. Dies haben bereits die Normen über die Landwirtschafts- und Verkehrspolitik gezeigt. Der Wettbewerb ist deshalb immer unter dem übergeordneten Ziel zu sehen, das darin besteht, „ein Höchstmaß an Produktivität, Bedarfsdeckung, Wohlstand und *wirtschaftlicher Freiheit für alle Menschen im Gemeinsamen Markt* zu erreichen"[278]. Aber gerade im Ziel der wirtschaftlichen Freiheit für alle ist ein gewisses Spannungsverhältnis angelegt, soweit es darum geht, den Fehler des Manchester-Liberalismus zu vermeiden, der darin bestand, daß eine unkontrollierte Freiheit aller schließlich in die Freiheit einiger weniger und die Unfreiheit der übrigen Bürger umschlug. Dies will das GWB im innerstaatlichen Recht verhindern. Den gleichen Zweck verfolgt das Wettbewerbsrecht der EWG. Es gilt nun zu untersuchen, ob dies in einem Rahmen geschieht, der auch nach innerstaatlichen Gesichtspunkten bedenkenfrei ist, wobei nicht vergessen werden darf, daß der Gemeinsame Markt eine besondere Situation darstellt, die es erforderlich machen kann, „klassische" bzw. altvertraute Rahmen zu verlassen, ohne deswegen allgemein anerkannte Grundrechtspositionen umwerfen zu müssen.

4.3.2.1 Die Vorschriften für Unternehmen

Es kann im Hinblick auf die Aufgabenstellung dieser Arbeit darauf verzichtet werden, näher auf die Frage der Anwendbarkeit der Art. 85, 86 EWGV auf die Rechte des Art. 36 einzugehen[279]. Dies ist lediglich eine formelle Frage des Wirkungsbereichs der Kartellvorschriften, auf den es hier nicht so sehr ankommt. Entscheidend ist vielmehr der materielle Aspekt der Eingriffe der Art. 85, 86 EWGV.

Aus dem gleichen Grund, und weil außerdem die Frage der Eigentumsstellung für die vorliegende Arbeit nicht im Hinblick auf Staatseigentum relevant ist, kann auch eine Erörterung des Art. 90 EWGV unterbleiben, wonach die Art. 85 und 86 auch für öffentliche und monopolartige Unternehmen anwendbar sind[280].

Art. 85 EWGV enthält ähnlich Art. 65 § 1 EGKSV drei Gruppen von unternehmerischem Gebaren, die als mit dem Gemeinsamen Markt unvereinbar gelten und verboten sind, wenn sie die Möglichkeit bein-

---

[278] So der 9. Gesamtbericht der Kommission von 1966, zit. nach *Markert* (FN 185), 353 (Hervorhebung v. Verf.).
[279] Vgl. hierzu oben S. 431 m. w. Nachw. (insbes. FN 259 bis 262).
[280] Vgl. hierzu statt vieler *Mestmäcker* (FN 173), 86 f.; *Scherer* (FN 23), 142 f. sowie *Catalano*, Application des dispositions du Traité CEE (et notament des règles de concurrence) aux entreprises publiques, in: Festschrift für Otto Riese, 133 ff., sowie allgemein *Vygen* (FN 181) und *Börner* (FN 132), 249 ff.

halten, den Wettbewerb innerhalb des Gemeinsamen Marktes zu verhindern, einzuschränken oder zu verfälschen: nämlich „Vereinbarungen zwischen Unternehmen", „Beschlüsse von Unternehmensvereinigungen" und „aufeinander abgestimmte Verhaltensweisen". Dabei ist zu beachten, daß „Artikel 85 allgemein für alle den Wettbewerb im Gemeinsamen Markt verfälschenden Vereinbarungen (gilt) und zwischen diesen Vereinbarungen nicht danach (unterscheidet), ob sie von Unternehmen abgeschlossen sind, die auf derselben Wirtschaftsstufe miteinander im Wettbewerb stehen, oder ob ihnen nicht miteinander konkurrierende Unternehmer verschiedener Stufen angehören"[281]. Dies ist nach der Intention der Art. 85 ff. und einer effektiven Wettbewerbssicherung auch einleuchtend, denn entscheidend ist nicht, zwischen welchen Unternehmensarten bestimmte Vereinbarungen etc. abgeschlossen werden. Das wäre ein wenig geeignetes formelles Kriterium. Vielmehr kommt es auf den materiellen Gesichtspunkt der „Geeignetheit" i. S. Art. 85 an. Deshalb hat der EuGH von Anfang an die Anwendbarkeit des Art. 85 auf Alleinvertriebsvereinbarungen bejaht, da andernfalls die Ziele des Art. 85 sehr leicht umgangen werden könnten[282]. Und diese Ziele werden nicht mit Mitteln erreicht, die von der Eigentumsgarantie her Bedenken auslösen könnten. Dabei braucht hier nicht auf alle Einzelheiten des Art. 85 EWGV eingegangen zu werden. Was die rechtsstaatlich erforderliche Bestimmtheit und Bestimmbarkeit der Tatbestandsmerkmale „Verhinderung", „Einschränkung" und „Verfälschung" des Wettbewerbs anlangt, kann auf das zu Art. 65 EGKSV Gesagte verwiesen werden, soweit es die Verknüpfung mit den (auch hier nur beispielhaften) Aufzählungen des Art. 85 Abs. 1 lit. a - c betrifft[283]. Es bestehen aber auch keine Bedenken hinsichtlich Art. 85 lit. d und e, wonach es unter dem Gesichtspunkt der Wettbewerbsbeeinträchtigung verboten ist, unterschiedliche Bedingungen bei gleichwertigen Leistungen zu setzen, sowie Verträge unter der Voraussetzung sachlich nicht vertretbarer zusätzlicher Leistungen zu schließen. Beides verstößt bereits gegen das Diskriminierungsverbot, soweit die unterschiedliche Behandlung nach Staatsangehörigkeit vorgenommen wird. Im übrigen ist nicht ersichtlich, wie unter der dem Erfordernis der Geeignetheit i. S. Art. 85 Abs. 1, unter der Abs. 3 zu entnehmenden Eingrenzung des Verbotsbereichs, eine die Eigentumsgarantie verletzende Normierung vorliegen könnte.

---

[281] EuGH E XII 387 (Grundig/Consten); daß es sich bei Art. 85 EWGV um ein Verbot mit Erlaubnisvorbehalt handelt, folgt ebenso wie bei Art. 65 EGKSV aus dem Wortlaut (vgl. oben 3.3.4); zur Richtigkeit dieser Auslegung vgl. statt vieler *Daig*, Zur Anwendung der Nichtigkeitsklausel des EWG-Kartellrechts durch den innerstaatlichen Zivilrichter, RabelsZ Bd. 35, 1 ff. (7 f., 22).

[282] EuGH E XII, 387.

[283] s. o. 3.3.4.

4. Das Eigentum im EWGV

Auch *der Begriff der „Geeignetheit"* wurde in seiner restriktiven Auslegung durch den EuGH bereits oben erörtert[284]. Gerade die relative Zurückhaltung des EuGH bei der Anwendung des Art. 85 bürgt dafür, daß diese Bestimmung keine Grundlage für eine unrechtmäßige Beeinträchtigung des Eigentums sein soll und sein kann. Das wird neben der Auslegung des Begriffs der Geeignetheit auch durch die Auslegung des Art. 85 Abs. 3 EWGV (i. Vbdg. mit der KartellVO Nr. 17 vom 6. 2. 1962) des EuGH bestätigt: danach sind bis zur Entscheidung der Kommission bezüglich des Verbots für anmeldepflichtige und angemeldete Kartelle diese Kartelle voll wirksam[285]. Es gibt keinen Zweifel, daß eine solch zurückhaltende Interpretation sich u. U. sehr nachteilig auf den Wettbewerb auswirken kann, je nachdem, wie lange sich die Entscheidung der Kommission hinzögert. Die hieran geübte Kritik ist unter diesem Gesichtspunkt verständlich[286]. Andererseits hat hier der EuGH eine Entscheidung getroffen, die zeigt, wie hoch er die Freiheit des Eigentums einschätzt. Und dieser Freiheit soll ja Art. 85 Abs. 3 dienen, wenn unter der Voraussetzung sachlich vertretbarer wettbewerbsbeschränkender Vereinbarungen, oder daß jedenfalls ein funktionsfähiger Wettbewerb erhalten bleibt (Art. 85 Abs. 3 lit. a und b), das Verbot des Art. 85 Abs. 1 für nicht anwendbar erklärt werden kann. Daß Art. 87 Abs. 2 lit. b für das Sekundärrecht dabei vorschreibt, daß die Ausführungsbestimmungen zu Art. 85 Abs. 3 „dem Erfordernis einer wirksamen Überwachung bei möglichst einfacher Verwaltungskontrolle Rechnung zu tragen" haben, begegnet im Hinblick auf Sinn und Zweck der Art. 85 ff., der restriktiven eigentumsfreundlichen

---

[284] s. o. 3.3.4, vgl. außerdem EuGH CDE 70, 61 ff. (61, 63 = E XV, 295 ff. (LS 2), sowie EuGH E XII, 389 f.

[285] Vgl. EuGH E XV, 309; ähnlich E XVI, 515 (LS 1) und 523, dieser Rechtsprechung des EuGH stimmen voll zu *Gleiß-Helm*, Anmeldung wettbewerbsbeschränkender Verträge in Brüssel, NJW 71, 297 ff. (298); allerdings hat der EuGH nun im Urteil vom 6. 2. 73 (RS 48/71) EuR 73, 242 ff. = JuS 73, 639 f. entschieden, daß die in Art. 85 Abs. 2 statuierte Nichtigkeit auch Wirkungen für die Vergangenheit äußert. Es kann letztlich dahinstehen, ob damit die Verträge bis zur Entscheidung der Kommission nicht mehr voll gültig sein sollen, oder eine schwebende Unwirksamkeit vorliegt (vgl. hierzu *Emmerich* JuS 73, 640) (m. w. Nachw.). An den obigen Ausführungen ändert dies im Grunde nichts. Es ist das Risiko (bewußt und kalkuliert) der Parteien, sich über Art. 85 EWGV hinwegzusetzen. Wegen Art. 85 Abs. 2 EWGV müssen sie ja immer mit der Nichtigkeit der Kartelle rechnen. Und ganz gleich, ob diese Nichtigkeit ex tunc oder ex nunc in bezug auf die Entscheidung der Kommission oder der nationalen Behörden i. S. Art. 9 Abs. 3 KartellVO Nr. 17 ist, es besteht kein Rechtsschutzbedürfnis der Kartellpartner im Hinblick auf ihr kalkuliertes Risiko. Bereits deshalb kann hier auch bei einer Annahme der Nichtigkeit ex nunc von keinem rechtsstaatlich unzulässigen Eingriff gesprochen werden durch die Existenz des Art. 85 Abs. 2 EWGV im Rahmen des Art. 85; zum Brasserie-de-Haecht-Urteil vgl. auch *Steindorff*, Zur Entwicklung des europäischen Kartellrechts, ZgesHR 73, 203 ff. (212 f.).

[286] Vgl. *Markert* (FN 185), 354 f., sowie *Joliet* (FN 194), 123; a. A. *Gleiß / Helm* (FN 285), 298 f.

Interpretation der Kartellvorschriften durch den EuGH, sowie dem im Gemeinschaftsrecht anerkannten Grundsatz der Verhältnismäßigkeit keinen Bedenken unter dem Gesichtspunkt der Eigentumsgarantie. Dabei ist insbesondere darauf hinzuweisen, daß Art. 87 Abs. 2 lit. b EWGV die Effektivität der Überwachung nicht als oberste Richtlinie für das Sekundärrecht postuliert, sondern lediglich als *einen* Gesichtspunkt, der *unter anderen* Gesichtspunkten nicht übersehen werden darf und Anhaltspunkt für eine evtl. vorzunehmende Interessenabwägung sein soll. Es ist selbstverständlich, daß Art. 87 Abs. 2 lit. b an die allgemeinen Grundsätze des EWGV gebunden und nur in ihrem Rahmen anwendbar ist. So verstanden und „eingebettet" bietet auch diese Effektivitätsklausel keine Grundlage für eigentumsverletzendes Vorgehen. Es ist nicht denkbar, daß im Einzelfall aus Gründen der Effektivität die Eigentümerfreiheit so weitgehend eingeschränkt werden könnte, daß die Schwelle von der Sozialbindung zur Enteignung überschritten wird[287].

Auch der viel diskutierte *Begriff der „aufeinander abgestimmten Verhaltensweisen"*, dem eine gesonderte Erörterung gebührt, ist kein Anlaß zu Bedenken im Lichte von Art. 14 GG. Allerdings lag hier bisher ein bedeutsamer Unterschied zum GWB, da diese dem amerikanischen Recht entlehnte (und auch in Art. 65 § 1 EGKSV enthaltene) Tatbestandsalternative dem innerstaatlichen Kartellrecht bis zur Verabschiedung der Kartellnovelle vom 14. 6. 73 fremd war[288]. Das Problem ist hier die rechtsstaatlichen Erfordernissen genügende Präzisierbarkeit des Begriffes. Dies ist gleichzeitig das von den Gegnern einer Übernahme dieses Kartelltatbestandes in das innerstaatliche Recht vorgebrachte Hauptargument[289]. Nun ist den Kritikern dieses Begriffes zuzugeben, daß bisher keine allgemein gültige *abstrakte* Definition dieses eindeutig als Auffangtatbestand gedachten Begriffes gelungen ist und wohl auch in Zukunft nicht gelingen wird[290]. Alles was bisher versucht wurde, sind *Um*schreibungen, aber es liegt keine generelle *Be*schreibung vor. Auch die vom EuGH im vielbesprochenen Teerfarbenurteil vom

---

[287] Daß außerdem die Ausführungsbestimmungen nach Art. 87 die Grundsätze der Art. 85 und 86 EWGV nicht abändern können, derer Verwirklichung sie ja gerade dienen, und daß allgemein Sekundärrecht den primärrechtlichen Rahmen nicht verlassen darf, versteht sich von selbst, vgl. hierzu auch *Mestmäcker* (B, FN 91), 21 f.

[288] Vgl. statt vieler *Quadri* etc. (FN 23), 5 zu Art. 85 u. jüngst *Möhring*, „Abgestimmtes Verhalten im Kartellrecht", NJW 73, 777 ff. sowie *Steindorff* (FN 286), 226 ff. u. die Nachweise FN 164 zur Kartellnovelle. Die Tatsache, daß dieser Begriff nun in § 25 GWB übernommen wurde, bedeutet jedenfalls eine Gleichziehung des innerstaatlichen mit dem EWG-Kartellrecht, womit das Eigentum insoweit ebenfalls „gleich behandelt" wird.

[289] Vgl. *Möhring* (FN 288), 777, 782, der mit der (nach der Neufassung des § 25 GWB vergeblichen) Warnung schließt: „negativa non sunt probanda".

[290] Vgl. d. Nachw. bei *Möhring* (FN 288), 778.

4. Das Eigentum im EWGV

14. 7. 72 gewählte Formulierung bedarf der jeweiligen Konkretisierung und stellt im Grunde den Begriff ins Zentrum der Definition, der an sich zu erklären wäre: hiernach handelt es sich um „eine Form der Koordinierung zwischen Unternehmen, die zwar noch nicht bis zum Abschluß eines Vertrages gediehen ist, jedoch bewußt eine praktische Zusammenarbeit an die Stelle des Wettbewerbs treten läßt". Ein wichtiges Indiz hierfür sei ein „Parallelverhalten" verschiedener Unternehmen[291]. Genau hier liegt aber der Ansatzpunkt für eine rechtsstaatlichen Erfordernissen genügende jeweilige Konkretisierbarkeit dieses unbestimmten Rechtsbegriffs im Einzelfall. In gewisser Hinsicht liegt eine Parallele zum generell undefinierbaren Begriff der Sozialbindung vor, der sich jedoch jeweils im Einzelfall bestimmen läßt. Niemand kam bisher auf den Gedanken, aus den Gründen einer generellen Undefinierbarkeit den Terminus Sozialbindung aus der Eigentumsdiskussion als untauglich zu verbannen. Die „aufeinander abgestimmten Verhaltensweisen" setzen wie Vereinbarungen etc. das Vorliegen eines gemeinsamen Willens voraus, der im konkreten Fall nachzuweisen ist. Da aber greifbare Beschlüsse etc. gerade nicht gegeben sind (natürlich mit dem Ziel, dem Verbot des Art. 85 zu entgehen), kommt es auf das unternehmerische Verhalten an, bzw. in der Sprache des Art. 65 § 1 EGKSV, auf die Praktiken der Unternehmer. Diese aber lassen sich nicht abstrakt umschreiben, da sie ja unvorhersehbar sind. Es ist auch unmöglich, bestimmte Voraussetzungen aufzustellen, die erfüllt sein müssen, um den Auffangtatbestand bejahen zu können. Es wird sich immer nur um einen Indizienbeweis, allein abgestellt und abstellbar auf den Einzelfall,

---

[291] EuGH EuR 73, 39 ff. (LSe 7 u. 8); vgl. hierzu *Deringer-Sedemund*, NJW 72, 1606, sowie insbesondere im Hinblick auf den Begriff der abgestimmten Verhaltensweisen *Scheufele*, Behandlung der „beherrschenden Stellung" von Nachfragen im EWG-Kartellrecht, BB Beilage 4/73, 10 ff., wo der vom EuGH getroffenen Interpretation voll zugestimmt wird. *Scheufele* geht wohl sogar weiter als der EuGH, wenn er ausführt, es entspreche den Zielen der Wettbewerbsregeln, jeder Art von Koordinierung entgegenzutreten, und es sei für die Bejahung des Begriffs der „abgestimmten Verhaltensweisen" noch nicht einmal erforderlich, daß die Unternehmer sich *untereinander* abstimmen (ebd., 11 l. Sp.). Jedenfalls war es im konkret vom EuGH zu entscheidenden Fall anders, denn hier war eine gemeinsame Konferenz Grundlage des späteren „abgestimmten Verhaltens". Von der von *Scheufele* jedoch zu Recht propagierten (u. auch vom EuGH praktizierten) wirtschaftlichen Betrachtungsweise (ebd., 11, r. Sp.) ausgehend, bestehen keine Bedenken, auf die Abstimmung untereinander zu verzichten. Es spielt im Endeffekt keine Rolle, ob mehrere Unternehmer von sich aus einem dritten Unternehmer folgen, oder erst nach einer gemeinsamen Konferenz. Dieses letzte Erfordernis, wollte man es als allein ausschlaggebend betrachten, ließe sich auch zu leicht umgehen. Das vom EuGH als Indiz gewertete „Parallelverhalten" läge aber in jedem Fall vor. Zum Begriff des „aufeinander abgestimmten Verhaltens" vgl. auch *Ebele* (FN 164), 1668 f., sowie *Jaumann* (FN 164), 31, der zwar ein reines Parallelverhalten nicht ausreichen läßt, gegen die Rechtsstaatlichkeit der Anwendung dieses Begriffes jedoch keine Bedenken hat.

handeln können[292]. Ein solches Indiz wird in der Regel ein Parallelverhalten sein, wenn nachweisbar ist, daß es nicht zufällig erfolgte (diesen Nachweis erfordert ja das Tatbestandsmerkmal „abgestimmt"). Es unterliegt wohl keinem Zweifel, daß der Nachweis im Teerfarbenurteil gelungen ist. Die Frage ist nun, ob diese dritte Tatbestandsalternative des Art. 85 Abs. 1 EWGV die Handlungs- und Verfügungsfreiheit des Eigentümers so weitgehend einzuschränken vermag, daß von einer Enteignungssituation gesprochen werden könnte. Bedenkt man die Bindung auch dieses Verbotstatbestandes an die übrigen Tatbestandsmerkmale des Art. 85, wie sie vorgehend, bzw. zu Art. 65 EGKSV, dargelegt wurden, sowie die Tatsache, daß der Sinn des Art. 85 ja gerade der Sicherung der Eigentümerfreiheit dient, daß im übrigen der Grundsatz des Interventionsminimums stets zu beachten ist, und der EuGH im Hinblick auf die Nachprüfung der Indizien doch eine weitgehende Kontrolle der Ermessensausübung der Kommission vornehmen kann, so ist zu folgern, daß auch insoweit Art. 85 keine Grundlage für Maßnahmen darstellt, die die Eigentumsgarantie verletzen können. Dies würde der Funktion des Art. 85 widersprechen.

Während eine Art. 66 § 1 EGKSV ähnliche präventive Fusionskontrolle im EWGV fehlt, verbietet *Art. 86 EWGV* die mißbräuchliche Ausnutzung einer marktbeherrschenden Stellung wie Art. 66 § 7 EGKSV. Auch hier ist eine Verletzung der Eigentumsgarantie nicht ersichtlich. Grundsätzlich kann wohl kein Zweifel bestehen, daß die obrigkeitliche Unterbindung bzw. Verhütung von Machtmißbrauch kein unzulässiger Eingriff in die Eigentümerfreiheit ist. Es ist unter der Geltung des Grundgesetzes, aber auch schon der Weimarer Verfassung, nie bestritten worden, daß die Freiheit der einen dort ihre Grenzen haben muß, wo sie zur Unfreiheit der anderen werden kann. Diese Unfreiheit der anderen beginnt aber dort, wo es einzelnen Unternehmen mit marktbeherrschender Stellung gelingt, aus dem noch wettbewerbsmäßigen Markt (bzw. Teilmarkt) einen Markt zu machen, der in seinem gesamten Verhalten von dem (oder den) beherrschenden Unternehmen abhängt. Auf die Qualifizierung der Tatbestandsmerkmale, die insbesondere den Mißbrauchstatbestand indizieren, braucht hinsichtlich ihrer Verhältnismäßigkeit etc. nicht erneut eingegangen zu werden, da sie den Kriterien des Art. 85 Abs. 1 lit. a, b, d und e entsprechen, so daß auf das dort Gesagte verwiesen werden kann. Damit ist Art. 86 EWGV,

---

[292] Vgl. die treffenden Ausführungen bei *Bernini / Jaeger / Matthies*, Kartellverbot und Fusionskontrolle in der Montanunion, 58 f. zu Art. 65 § 1 EGKSV, die hier ebenso gelten.
Der Definitionsvorschlag *Möhrings* (FN 288), 782 bringt demgegenüber keine ersichtliche Verbesserung der vom EuGH gefundenen Umschreibung. Daß der Sinn der „abgestimmten Verhaltensweisen" im übrigen der ist, eine Umgehung der beiden anderen Verbotsalternativen zu verhindern, bedarf keines Hinweises und taugt auch nicht als Definition.

4. Das Eigentum im EWGV

der auch dem innerstaatlichen Recht inhaltlich nicht unbekannt ist, keine Bestimmung, die den Rahmen der Sozialbindung verläßt. Die Eigentümerfreiheit wird nicht in einem Maße beschränkt, das es rechtfertigt zu sagen, daß hier die Substanz des Eigentums getroffen wäre. Wollte man dies sagen, so wäre die Verhütung von Machtmißbrauch praktisch nicht mehr denkbar, ohne die Folgen der Enteignung auszulösen. Denn Art. 86 erlaubt keine unverhältnismäßigen Mittel zur Erreichung dieses Zieles, das den übergeordneten Zielen der Art. 2 und 3 EWGV dient, und somit gleichzeitig von dort her eingegrenzt wird, neben dem allgemeinen Grundsatz der Verhältnismäßigkeit.

Auch die Auslegung, die Art. 86 in jüngster Zeit durch den EuGH erfahren hat, bietet keinen Anlaß zu Bedenken. Dies wäre auch verwunderlich angesichts der im grundsätzlichen wohl als eigentumsfreundlich zu bezeichnenden Haltung des EuGH, wie sie seine Interpretation zu Art. 85 Abs. 3 gezeigt hat und noch mehr seine Auffassung vom Umfang der Eigentumsgarantie und dem Eigentumsbegriff[293]. Danach kann ein mißbräuchliches Verhalten i. S. Art. 86 dann vorliegen, wenn ein Unternehmer seine beherrschende Stellung in einem Ausmaß verstärkt, daß der Wettbewerb deshalb zum Erliegen kommt, weil nur noch Unternehmen übrig bleiben, die vom beherrschenden Unternehmen abhängig sind, also keine autonome Unternehmenspolitik mehr betreiben können[294]. Hier wurde von den Betroffenen insbesondere

---

[293] Zu letzterem s. o. 4.3.1.
[294] EuGH Urteil vom 21. 2. 73, NJW 73, 966 ff., EuR 73, 155 ff.; vgl. hierzu *Deringer / Sedemund*, NJW 73, 943; *dieselben*, NJW 74, 401 f. (zu den Bestrebungen um die Fusionskontrolle), sowie *Deringer* (FN 164), 100 f.; *Ehle* (FN 261), 927; *Steindorff* (FN 286), 204 f.; *Koenigs*, Das Verfahren der EWG in Kartellsachen, EuR 73, 289 ff. (300 f.); *Mestmäcker* (B, FN 91), 355, 359, 368, 378 ff., 412 f., 415 f. sowie *Joliet* (FN 194), 99, 114 ff., der auch auf die strengen Anforderungen hinweist, die der EuGH der wirtschaftlichen Untersuchung der Vorfrage des Begriffs der beherrschenden Stellung auferlegt (98), was wiederum ein Beweis für die grundsätzlich eigentumsfreundliche und -freiheitliche Einstellung des EuGH ist. Im übrigen sind aber die Angriffe *Joliets* gegen das Urteil zurückzuweisen (s. auch u. zu FN 296). Es trifft nicht zu, daß Art. 86 nicht dem Ziele der Aufrechterhaltung des Wettbewerbs dient (so *Joliet*, ebd., 118, 119). Vielmehr gehört Art. 86 (ebenso wie Art. 85) zu den Vorschriften, die den EWGV beherrschenden Grundsatz des unverfälschten Wettbewerbs im einzelnen ausgestalten und durchsetzen. Dieser Grundsatz findet seine Stütze in Art. 3 f. EWGV, worauf auch der EuGH zu Recht hingewiesen hat (s. FN 296). In dieser Bestimmung sieht *Joliet* zu Unrecht nur „eine Art Inhaltsverzeichnis des Vertrags" (ebd., 117); Art. 3 f. ist vielmehr ein echtes, zur Interpretation insbes. der Art. 85 ff. unerläßliches Ordnungsprinzip des EWGV (vgl. hierzu o. S. 163 und 200). Im übrigen ist *Joliet* selbst widersprüchlich (was er seinerseits dem EuGH vorwirft), wenn er an anderer Stelle erklärt, der EuGH müsse noch einen Schritt weitergehen, da mit der Auslegung des Art. 86 durch den EuGH nur „der letzte noch verbliebene Wettbewerb beseitigt" werde (ebd., 121). Wozu dies, so muß man fragen, wenn doch Art. 86 überhaupt nicht „die Möglichkeit zum Wettbewerb auf dem beherrschenden Markt erhalten will" nach Ansicht von *Joliet* (ebd., 119). Es ist allerdings der Forderung *Joliets* beizupflichten, aus Gründen einer effektiveren Wettbewerbspolitik ähnlich Art. 66 § 1 EGKSV

vorgebracht, Art. 86 EWGV sei keine Grundlage, um gegen derartige Unternehmenszusammenschlüsse vorzugehen[295]. In der Tat sehen die Art. 85, 86 EWGV keine Fusionskontrolle im engeren Sinn vor. Hier handelt es sich jedoch nicht um eine Fusionskontrolle, sondern allein um eine Auslegungsfrage des Art. 86 von Sinn und Zweck der Art. 2 und 3 lit. f EWGV her. Es wäre ein absurdes Ergebnis, wollte man ein Einschreiten gegen wettbewerbsverhinderndes bzw. -beeinträchtigendes Verhalten nach Art. 86 für unzulässig erachten, den Rahmen des Art. 86 EWGV jedoch für gesprengt ansehen, wenn es darum geht, ein unternehmerisches Verhalten zu untersagen, das auf die Ausschaltung des Wettbewerbs überhaupt hinausläuft. Der EuGH hat deshalb methodologisch völlig richtig das argumentum a fortiori angewandt und gesagt: „Wenn aber Art. 3 Buchstabe f die Errichtung eines Systems vorsieht, das den Wettbewerb innerhalb des Gemeinsamen Marktes vor Verfälschungen schützt, so fordert er erst recht, daß der Wettbewerb nicht ausgeschaltet wird[296]." Der EuGH hat sich auch nicht durch die insbesondere von *Joliet*[194] geübte Kritik an der Heranziehung von Art. 3 lit. f EWGV zur Auslegung des Art. 86 beirren lassen. Ungeachtet aller Kritik hat er vielmehr in seinem Urteil v. 6. 3. 74 erneut betont, daß die Verbote der Art. 85 und 86 „im Lichte des Artikels 3 Buchstabe f des Vertrages ... und des Artikels 2 des Vertrages ausgelegt und angewendet werden müssen) ...". Art. 86 ziele daher „sowohl auf Praktiken, durch die die Verbraucher unmittelbar geschädigt werden können, als auch auf Verhaltensweisen, die sie mittelbar dadurch benachteiligen, daß sie *einen Zustand wirksamen Wettbewerbs im Sinne des Artikels 3 Buchstabe f des Vertrages* beeinträchtigen"[297]. Darüber

---

ein grundsätzliches Verbot wettbewerbsbeschränkender Zusammenschlüsse aufzustellen (ebd., 122). Gegen das Urteil des EuGH auch *Heynen*, Konzentrationskontrolle für die Europäische Wirtschaftsgemeinschaft, NJW 73, 1526 ff. und zwar ähnlich *Joliet* unter dem Gesichtspunkt, daß die Auslegung des Art. 86 durch den EuGH keine genügend wirksame Konzentrationskontrolle ermögliche (ebd., 1529, l. Sp.). Wie *Joliet* verlangt deshalb auch *Heynen* die Errichtung einer systematischen Konzentrationskontrolle (1529, r. Sp.). Im übrigen ist festzustellen, daß beide Autoren nicht nur keine Bedenken aus der Eigentumsgarantie gegen Art. 86 haben, sondern diese Bestimmung sogar noch verstärkt wissen wollen.

[295] EuGH (FN 294), 966 (r. Sp.).
[296] EuGH (FN 294), 967 (l. Sp.); hierzu *Joliet* (FN 194), 99 und 114 ff. Die von *Joliet* (115 f.) ebenfalls aus dem Vergleich zum EGKSV abgeleiteten Bedenken gegen die Ansicht des EuGH zur Frage Fusionskontrolle und Art. 86 EWGV überzeugen aus den genannten Gründen nicht. Der Umkehrschluß aus Art. 66 § 1 EGKSV ist zwar naheliegend, verbietet aber nicht die vom EuGH angestellte Anwendung des Art. 86 EWGV auf Fälle der im zitierten Urteil entschiedenen Art im Hinblick auf Art. 3 lit f EWGV; für eine Interpretation des Art. 86 im Lichte von Art. 3 lit f auch *Mestmäcker* (B, FN 114), 351, 386, 415 und S. 33 f. allgemein zur Bedeutung der Grundsatzvorschriften für die sie konkretisierenden Einzelbestimmungen.
[297] EuGH, U. v. 6. 3. 74 (RS 6 u. 7/73), S. 53, Rdnr. 32 (hektogr. Fassung; Hervorh. v. Verf.), hierzu vgl. *Deringer / Sedemund*, NJW 74, 1600 ff. (1602 f.).

4. Das Eigentum im EWGV

hinaus hat der EuGH auch zu Recht darauf hingewiesen, daß die Mißbrauchsbeispiele des Art. 86 nicht abschließend, sondern lediglich beispielhaft sind, wie ja aus dem Wort „insbesondere" hervorgeht[298]. Und es ist ein Fall der Sozialbindung des Eigentums, wenn der Eigentümerfreiheit dort Einhalt geboten wird, wo sie zur Zerstörung der Wettbewerbswirtschaft führen würde.

Damit kann abschließend gesagt werden, daß die Art. 85 und 86 EWGV keinen Verstoß gegen die Eigentumsgarantie darstellen. Da ihr Ziel die Erhaltung der wirtschaftlichen Handlungsfreiheit aller Marktbürger ist, können sie auch nicht Grundlage für eigentumsvernichtende Maßnahmen sein. Hier wird lediglich ein zulässiger Rahmen für die Eigentümerfreiheit gezogen[299]. Mehr wollen diese Bestimmungen auch nicht. Das bedeutet für das Sekundärrecht, daß dieses gegen die primärrechtlichen Grundlagen verstoßen würde, wenn es den durch sie gesetzten Rahmen verließe.

Einen Beweis für die Richtigkeit der hier vorgenommenen Interpretation hat der EuGH gerade dort geliefert, wo es darum geht, die Eigentumsfreiheit des einzelnen vor der mißbräuchlichen Ausnutzung der Wirtschaftsfreiheit eines Monopolträgers zu schützen. Im Urteil vom 27. 3. 74 ging es darum, ob Art. 86 EWGV verletzt ist, wenn ein Unternehmen (es handelte sich im konkreten Fall um die SABAM, eine Urheberrechtsverwertungsgesellschaft, die in Belgien eine monopolartige Stellung innehat), „das in einem Mitgliedstaat bei der Verwaltung der Urheberrechte ein tatsächliches Monopol innehat, die Globalabtretung aller Urheberrechte verlangt, ohne zwischen bestimmten Sparten von Rechten zu unterscheiden"[300]. Der EuGH hat die Frage dahingehend beantwortet, daß insgesamt die Verhältnismäßigkeit der Bedingungen zu untersuchen sei. Es müsse insbesondere „ein ausgewogenes Verhältnis ... zwischen dem *Höchstmaß an Freiheit* für Textdichter, Komponisten und Verleger, *über ihr Werk zu verfügen,* und einer wirkungsvollen Verwaltung der Rechte dieser Personen durch ein Unternehmen, dessen Mitglieder zu werden sie praktisch nicht umhin können"[301], bestehen. Der EuGH spricht hier also expressis verbis dem Eigentümer das Recht auf ein Höchstmaß an Verfügungs- und Nutzungsbefugnis zu. Daß dies nicht nur im Verhältnis zu einem Monopolträger privatrechtlicher Art, sondern genauso — um nicht zu sagen erst recht — gegenüber der öffentlichen Gewalt der Gemeinschaftsorgane gilt, versteht sich von selbst. Denn diese werden ja auf dem Gebiet des Wettbewerbsrechts zum Schutz der Eigentümerfreiheit des einzelnen

---
[298] EuGH (FN 294), 967 (r. Sp.), insoweit zustimmend *Joliet* (FN 194), 118 f.
[299] Im Ergebnis so auch *Ipsen* (FN 24), 723.
[300] EuGH, U. v. 27. 3. 74 (RS 127/73), 2 (hektogr. Fassung).
[301] EuGH (FN 300), S. 5 u. S. 8 (Hervorh. v. Verf.).

tätig. Nur zu diesem Zweck darf deshalb auch die Freiheit einzelner Übermächtiger auf dem jeweiligen Wettbewerbssektor beschränkt werden. Der Einsatz der öffentlich-rechtlichen Gemeinschaftsgewalt insoweit überschreitet damit keinesfalls die Grenze von der Sozialbindung zur Enteignung. Sollte dies ausnahmsweise im Einzelfall doch geschehen, so wäre die betreffende Maßnahme zweifellos rechtswidrig, da in diesem Falle gegen das (im Gemeinschaftsrecht bestehende, wie die vorgängig zitierten Ausführungen des EuGH beweisen) Postulat der größtmöglichen Eigentümerfreiheit verstoßen würde.

4.3.2.2 Das Dumpingverbot (Art. 91 EWGV)

Art. 91 zeigt erneut das Ziel des EWGV, einen unverfälschten Wettbewerb zu schaffen und zu erhalten. Der Bestimmung kommt, nachdem die Zollfreiheit hergestellt (mit Ausnahme gewisser Übergangsregelungen für die drei neuen Mitgliedstaaten seit 1.1.73) und damit ein wesentliches Element der Trennung der Märkte beseitigt ist, bereits mehr historische Bedeutung zu. Sie nimmt in dem Maße ab, in dem der EWG-Markt mehr und mehr zu einem echten Binnenmarkt wird. Art. 91 Abs. 2 EWGV kan ohnehin unerörtert bleiben, da hier die Problematik im Grunde die gleiche ist wie bei der Abschaffung der Zölle, mengenmäßigen Beschränkungen etc.[302]. Eine im Hinblick auf das Eigentum bedenkliche Regelung kann hierin demnach nicht gesehen werden. Dies gilt auch für Art. 91 Abs. 1 EWGV, der Dumping-Praktiken, also Export unter dem Inlandpreis[303], verhindern will. Art. 91 Abs. 1, der sich im Gegensatz zu Abs. 2 nicht ausschließlich an die Mitgliedstaaten wendet, ist ebenfalls eine notwendige Bestimmung zur Sicherung eines Wettbewerbsmarktes, der ja nicht nur durch ein zuwenig, sondern auch durch ein zuviel an Wettbewerb, bzw. Dumping, zerstört werden kann[304]. Derartige schädliche Praktiken zu unterbinden, kann keine Verletzung der Eigentumsfreiheit sein, die ja, wie mehrfach betont, sozial gebunden werden kann und muß. Hier wird lediglich verlangt, daß das Verhalten markt- und damit wettbewerbskonform sein soll. Dabei ist das stufenweise Vorgehen zur Unterbindung hervorzuheben, da dies ein weiterer Beweis für den das Gemeinschaftsrecht beherrschenden Grundsatz des Interventionsminimums ist. Die Kommission muß zunächst mit dem Mittel der Empfehlung arbeiten. Erst wenn solche Empfehlungen mißachtet werden, (wobei die Mitgliedstaaten, die Sitz der betreffenden Urheber sind, ohnehin gegen Art. 5 Abs. 2 EWGV verstoßen, falls sie nicht selbst dafür sorgen, daß solchen Empfehlungen Folge geleistet wird, denn auch ein Unterlassen kann

---
[302] s. o. 4.2.3.
[303] Vgl. Dr. Gablers Wirtschaftslexikon, Stichwort Dumping.
[304] Vgl. *Scherer* (FN 23), 144.

einen Verstoß gegen Art. 5 Abs. 2 begründen), ermächtigt die Kommisison den Mitgliedstaat, dessen Industrie durch die Dumping-Praktiken geschädigt wird, zu Gegenmaßnahmen. Es ist erfreulich, daß i. d. R. das moralische Mittel der Empfehlung ausgereicht hat, um die Unternehmen zum Aufgeben ihrer Methoden zu bewegen[305]. Auf eine Verletzung der Eigentumsgarantie, wie sie auch das Gemeinschaftsrecht kennt, hätten die betreffenden Unternehmer sich jedenfalls nicht berufen können, wenn die Kommission andere Mitgliedstaaten zu Gegenmaßnahmen ermächtigt hätte.

4.3.2.3 Das Beihilfeverbot

Der Wettbewerb innerhalb der EWG kann nicht nur durch das Verhalten der Unternehmen gefährdet bzw. beeinträchtigt werden, sondern ebenso durch vom Staat gewährte wettbewerbsverfälschende Beihilfen, gleich welcher Art[306]. Genau diese Gefahr für den freien Wettbewerb des EWGV soll Art. 92 verhindern. Sein Ziel ist das gleiche wie das des Art. 4 lit. c EGKSV für den Kohle- und Stahlmarkt, so daß weitgehend hierauf verwiesen werden kann[307]. Daß im EGKSV von Subventionen, im EWGV dagegen von Beihilfen gesprochen wird, spielt keine Rolle, da eine Differenzierung zwischen Beihilfe und Subvention ohnehin nicht sinnvoll ist[308]. Dabei ist jedoch zu beachten, daß nach dem Wortlaut des Art. 92 Abs. 1 Beihilfen wettbewerbsverfälschender Art nur insoweit verboten sind, als sie den Handel zwischen den Mitgliedstaaten beeinträchtigen, während nach Art. 4 lit. c EGKSV Subventionen auf dem Kohle- und Stahlmarkt schlechthin untersagt wurden. Deshalb darf eine Beihilfe z. B. auch nie getrennt von den Auswirkungen der Finanzierungsweise untersucht werden, da sich aus ihr möglicherweise ergibt, daß eine Wettbewerbsbeeinträchtigung gar nicht vorliegt. Das Gegenteil kann natürlich genauso der Fall sein, daß sich nämlich erst aus der Finanzierungsweise der wettbewerbsverfälschende Charakter i. S. Art. 92 ergibt[309]. Daß die Eigentumsgarantie nicht verletzt ist, wenn Subventionen bzw. Beihilfen nicht (mehr) gewährt werden, wurde bereits oben erörtert[310]. Einen Anspruch aus Art. 14 GG auf Beihilfen gibt es grundsätzlich nicht, allenfalls können Art. 3 GG und Art. 2 GG verletzt sein[311]. Wenn nun das Gemeinschafts-

---

[305] Vgl. *Cartou* (FN 217), 153.
[306] Vgl. *Ehle* (FN 261), 928; *Scherer* (FN 23), 147; *Rüber* (FN 133), 2097.
[307] s. o. 3.3.1.
[308] Vgl. 3.3.1.
[309] Vgl. EuGH E XVI, 987 (LS 1) und 494 f. und 496 sowie 500 f. (GA Roemer).
[310] s. o. 3.3.1.
[311] s. o. 3.3.1.

recht Beihilfen in bestimmtem Umfang untersagt, so ist dies voll mit dem innerstaatlichen Recht vereinbar. Das Eigentum wird dadurch im europäischen Recht nicht schlechter gestellt, unabhängig davon, daß gerade Art. 92 ein Beweis dafür ist, daß der EWGV primär auf eine Privateigentumsordnung hinaus will[312]. Dies zeigen insbesondere auch die Ausnahmen vom Beihilfeverbot des Art. 92 Abs. 2 und 3 (wobei letztere lediglich fakultativer Art sind). Gemäß Art. 92 Abs. 2 werden generell bestimmte Beihilfen, die im Grunde alle sozialen Charakter haben, als mit dem Gemeinsamen Markt vereinbar erklärt. Die für die BRD bedeutsamsten sind die Beihilfen für die Zonenrandgebiete (lit. c). Der Sinn des Art. 92 Abs. 2 ist letztlich der, daß die in dieser Bestimmung genannten Beihilfen nicht wettbewerbsverzerrend wirken, sondern erst die Wettbewerbsfähigkeit in den betroffenen Gebieten (lit. b und c) oder bei den betroffenen Unternehmen (lit. a, es handelt sich hier um soziale Beihilfen im engeren Sinn) herstellen bzw. ermöglichen. Art. 92 Abs. 2 zeigt sich insoweit als eine Vorschrift mit eigentumserhaltendem Charakter. Eigentumsfördernden Charakter hat dagegen die Bestimmung des Art. 92, Abs. 3, wonach u. a. Beihilfen zur wirtschaftlichen Förderung in Gebieten mit außergewöhnlich niedriger Lebenshaltung (lit. a) oder zur Behebung beträchtlicher Störungen im Wirtschaftsleben eines Mitgliedstaates (lit. b) als mit dem Gemeinsamen Markt vereinbar angesehen werden können. Es braucht nicht weiter auf Einzelheiten eingegangen zu werden, um im Ergebnis festhalten zu können, daß auch Art. 92 EWGV keine Regelung enthält, die mit dem innerstaatlichen Recht unvereinbar wäre.

---

[312] Vgl. *Stendardi* (FN 26), 279.

D. Gesamtergebnis

Die Untersuchung des EWGV als dritter und wichtigster Primärquelle des Gemeinschaftsrechts hat wie die des EAGV und des EGKSV gezeigt, daß das Eigentum im EWGV keinen besonderen „europäischen" Gefahren ausgesetzt ist. Der EWGV setzt zunächst ebenso wie EAGV und EGKSV das Privateigentum als Institut der Gemeinschaftsrechtsordnung voraus. Die Bestimmungen, die mittelbar oder unmittelbar das Eigentum betreffen, richten sich primär an das Privateigentum, sind anders gar nicht verständlich. Das beweist am besten die Tatsache, daß Vorschriften wie Art. 90 EWGV erst die Anwendbarkeit von das Privateigentum regelnden Normen auf in öffentlichem Eigentum stehende Unternehmen begründen. Würde man im Gemeinschaftsrecht eine Rechtsordnung anstreben, die das Privateigentum nicht kennt, wären solche Regelungen überflüssig. Die Existenz von Bestimmungen wie Art. 90 zeigt deshalb, daß Privateigentum zwar nicht als alleinige Eigentumsform anerkannt wird, aber immer neben öffentlichem Eigentum gewollt ist. Daß der EWGV darüber hinaus aber das Privateigentum als die überwiegende Eigentumsform voraussetzt, läßt sich daraus ableiten, daß z. B. die Art. 85, 86 für Privateigentum konzipiert und in Art. 90 auch für in Staatseigentum stehende Unternehmen anwendbar erklärt werden, und nicht umgekehrt. Darüber hinaus enthält der EWGV wie der EGKSV eine Reihe von Regelungen, die eigentumserhaltenden bzw. -fördernden Charakter haben. Ein deutliches Beispiel hierfür waren die Bestimmungen über die Landwirtschaft.

Allein diese Ergebnisse in Verbindung mit dem anerkannten Ziel der europäischen Verträge, dem Wohl der Marktbürger zu dienen, ließen den Schluß zu, daß das Primärrecht zwar expressis verbis keine Art. 14 GG vergleichbare Norm enthält, daß das Gemeinschaftsrecht aber das Privateigentum als Instituts- und Individualgarantie kennt und voraussetzt. Zum Wohl der Bürger gehört Freiheit, und zur Freiheit gehört Eigentum. Diese Erkenntnis durchzieht auch das europäische Recht. Es läßt sich jedoch aus Bestimmungen wie Art. 22 EAGV (Entschädigung für Enteignung) Art. 66 § 5 Abs. 5 und 7 EGKSV (rechtmäßige *Eigentümer*interessen und Rechte an Aktien etc.), der Regelung der Niederlassungsfreiheit (Art. 52 EWGV), der Besitzstandswahrung des Art. 125 Abs. 1 lit. b EWGV und insbesondere Art. 36 EWGV i. Vbdg. mit der hierzu ergangenen Rechtsprechung des EuGH zum verfassungsrechtlichen Eigentumsbegriff, zur Grenze der Eigentumsbindung, sowie zum Umfang der Eigentumsgarantie (Erstreckung auf die eigentumsgleichen Verwertungsrechte etc.) folgendes zusätzlich ableiten: Das Gemeinschaftsrecht erstreckt die Eigentumsgarantie auf die eigentumsgleichen Rechte, wie es im innerstaatlichen Recht der Fall ist. Es anerkennt ebenso die Frage der Verfügungsbefugnis als wesentliches Element der Eigentümerfreiheit und zieht die Grenze von Sozialbindung und Enteignung dort, wo die Substanz des betreffenden Rechtes berührt wird. Dies soll grundsätzlich vermieden werden, wo es unverhältnismäßig ist (vgl. Art. 66 § 5 Abs. 5 u. 6 EGKSV). Wo aber der Eigentumskern getroffen wird, wird entschädigt (Art. 17 und 22 EAGV). Und die Entschädigung erfolgt entsprechend der Eigentumswertgarantie in voller Höhe. Das entspricht auch der Logik einer Eigentumsgarantie. Diese Logik wird vom Gemeinschaftsrecht nicht durchbrochen.

Art. 86 ff. EAGV stellen eine Ausnahme von dieser Regel dar. Andererseits hat gerade auch die Regelung der Art. 86 ff. EAGV gezeigt, daß die Verfügungsbefugnis das entscheidende Element der Eigentümerfreiheit für das Gemeinschaftsrecht ist, denn sonst hätte man nicht allein diese Befugnis auf die Gemeinschaft übertragen unter der Bezeichnung „Eigentum".

Damit kann gesagt werden, daß das Gemeinschaftsrecht von einem dem innerstaatlichen Recht entsprechenden verfassungsrechtlichen Eigentumsbegriff ausgeht und einen ungeschriebenen Art. 14 GG beinhaltet, der die Diskussion zum Grundrechtsschutz im EWG-Recht für den Zentralbereich des Eigentums überflüssig macht. Es kann vom materiellen Standpunkt aus für die Eigentumsgarantie dahinstehen, ob die vom EuGH in ständiger Rechtsprechung vertretene Auffassung zum Verhältnis von Gemeinschaftsrecht und nationalen Grundrechten zutrifft: Das Eigentum jedenfalls erfährt im europäischen Primärrecht keine Beeinträchtigungen, die nicht auch vom innerstaatlichen Recht her vertretbar wären[1].

Zwar hat das europäische Recht vor allem im EGKSV teilweise *neue Formen der Sozialbindung* entwickelt[2]. Das verwundert weniger, als es beim Gegenteil der Fall wäre. Das Gemeinschaftsrecht stellt ein neues Kapitel in der Geschichte des Rechtes dar, geboren aus dem Bestreben der Mitgliedstaaten, einer besonderen geschichtlichen, politischen und wirtschaftlichen Situation juristisch gerecht zu werden und sie rechtlich zu ordnen. Dies muß sich notgedrungen auch auf das Problem der Sozialbindung des Eigentums auswirken. Neue historische Konstel-

---

[1] Die mögliche Irrelevanz dieser Frage *generell* hat bereits vor Jahren *v. d. Groeben* angedeutet (C, FN 1), 233 f. und sie nach seiner Formulierung wohl auch für möglich gehalten.

[2] s. o. B 3.3.2 am Ende und C 3.3.5.

D. Gesamtergebnis

lationen bedingen neue Formen der Sozialbindung. Deshalb hat der EuGH jüngst völlig zu Recht betont, daß die in allen Mitgliedstaaten verfassungsmäßig geschützten Freiheitsrechte (unter besonderer Erwähnung des Eigentumsrechts), die für die Gemeinschaftsrechtsordnung ebenso gelten, dort eben bestimmten Begrenzungen unterliegen, „die durch die dem allgemeinen Wohl dienenden Ziele der Gemeinschaft gerechtfertigt sind, solange die Rechte nicht in ihrem Wesen angetastet werden"[3].

Die Geschichte der Eigentumsgarantie ist die Geschichte in erster Linie der Sozialbindung des Eigentums. Von Anfang an waren dem an sich freiheitlichen Haben-Dürfen des Eigentums die Schranken auf der Seite des Ausnützendürfens beigegeben. Dem § 903 BGB folgen die §§ 904 ff. BGB. Auf Art. 14 Abs. 1 Satz 1 GG folgen Art. 14 Abs. 1 Satz 2 und Abs. 2 GG. Und der Bezug zum Sozialen wird um so bedeutsamer und dringlicher, je mehr der Lebensraum des einzelnen abnimmt[4]. Ein Mehr an Eigentümerfreiheit, ein Weniger an Sozialbindung, war und ist nicht zu erwarten. Weit wichtiger ist daneben die *Tatsache, daß das „Menschenrecht Eigentum" seinen Platz im Gemeinschaftsrecht hat und daß nichts als Sozialbindung deklariert wird, was materiell Enteignung ist.* Der schon aus praktischen Gründen nicht zu umgehende Vorrang des Gemeinschaftsrechts auch vor innerstaatlichem Verfassungsrecht bringt keinen materiellen Verlust für den Marktbürger bezüglich des Eigentums. Damit entfällt auch die Notwendigkeit des Rückgriffs auf Rechtsfiguren wie Loyalitätsgebot[5] etc.

Dieses Ergebnis bedeutet für das *Sekundärrecht,* daß sich insoweit die Berufung auf die nationale Eigentumsgarantie schon deshalb erübrigt, weil das Sekundärrecht rechtswidrig ist, wenn es vom Primärrecht nicht mehr gedeckt ist. Deshalb hat auch GA *Dut heillet de Lamothe* in seinen Schlußanträgen zum Vorlagebeschluß des VG Frankfurt vom 18. 3. 70[6] die Problematik zu Recht auf die Frage reduziert: „Haben die Gemeinschaftsorgane durch die Einführung der umstrittenen Kautionsregelung gegen Artikel 40 des Vertrages verstoßen, wonach nur die zur Erreichung der in Art. 39 genannten Ziele des gemeinsamen Agrarmarktes erforderlichen Maßnahmen getroffen werden dürfen[7]?" Denn dies war die entscheidende Frage. Nachdem dies vom EuGH und vom GA mit guten Gründen verneint wurde, hätte sich ein Eingehen auf das Problem der nationalen Eigentumsgarantie vollkommen erübrigt. Daß der EuGH hierzu dennoch Stellung genommen

---
[3] EuGH, U. v. 14. 5. 74 (RS 4/73), 30 (hektogr. Fass.), hierzu auch o. 3.3.5.
[4] Vgl. *Weber* (A, FN 5), 316, sowie *Sontis* (A, FN 64), 981.
[5] Vgl. oben 1.1.
[6] s. o. 1.2.2.
[7] EuGH E XVI, 1151 (l. Sp.).

hat, geschah aus Gründen der Klarstellung seiner Ansicht zum Verhältnis von Gemeinschaftsrecht und nationalen Grundrechten, sowie zum Grundrechtsproblem im Gemeinschaftsrecht generell. Ansonsten ist dies aber nicht erforderlich. *Das Primärrecht bietet keine Grundlage für die Eigentumsgarantie verletzende Maßnahmen.* Dem steht nicht entgegen, daß das Gemeinschaftsrecht keine Art. 19 Abs. 2 GG entsprechende Bestimmung hat. Das ist nur logisch, nachdem die Grundrechte expressis verbis generell nicht niedergelegt wurden im Gemeinschaftsrecht. Dies vermag aber nichts daran zu ändern, daß auch das Sekundärrecht den Rahmen des Primärrechts nicht sprengen darf. Aus diesem Grunde kann auf eine ohnehin nur sporadisch durchführbare Untersuchung des Sekundärrechts im Hinblick auf Art. 14 GG verzichtet werden. Dennoch muß zum Abschluß daran erinnert werden, daß es aus Gründen der Rechtsklarheit und damit der Rechtssicherheit für die Zukunft des Gemeinschaftsrechts wünschenswert wäre, der europäischen Verfassung einen Grundrechtskatalog voranzustellen. Damit wird jedoch nicht der positivistischen Auffassung des BVerfG beigepflichtet, daß erst dann ein effektiver Rechtsschutz vorhanden sei, wenn ein geschriebener gemeinschaftsrechtlicher Grundrechtskatalog vorliege[8]. Für das Eigentumsrecht als wichtigstem Grundrecht in der EWG hat diese Arbeit ja gerade das Gegenteil bewiesen. Bei der fälligen Revision der Verträge könnte dies jedoch nachgeholt werden, womit in den Worten von *Ophüls* der Sinn dieser ersten Gemeinschaftsverfassung, „zukünftig bessere Verfassungen hervorzubringen"[9], weitgehend erfüllt wäre.

Als Ergebnis dieser Untersuchung läßt sich aber festhalten, daß die vom EuGH schon in den Anfängen seiner Rechtsprechung betonte Notwendigkeit vom Rückgriff auf die tragenden Grundsätze des Eigentumsrechts[10] keine leere Floskel war. Sowohl seine weitere Rechtsprechung als auch die Gemeinschaftsverträge selbst beweisen das Gegenteil. Darüber hinaus haben die drei Verträge sogar gezeigt, daß ein Rückgriff überhaupt nicht erforderlich ist, denn sie enthalten selbst diese tragenden Grundsätze. Gleichzeitig ist damit auch erwiesen, daß der vom EuGH in der Sache Nold gegen Hohe Behörde geäußerte Satz, daß das Gemeinschaftsrecht „weder einen geschriebenen noch einen ungeschriebenen allgemeinen Rechtsgrundsatz des Inhalts, daß ein erworbener Besitzstand nicht angetastet werden darf" enthält[11], nicht bedeuten kann, der EuGH und das Gemeinschaftsrecht erkennten

---

[8] BVerfG NJW 74, 1697 ff. (1697), zu diesem Beschluß s. o. C 1.2.2. und FN 11.
[9] *Ophüls*, Einführung (FN 217), 21.
[10] EuGH E VIII, 754.
[11] EuGH E VI, 921 = KSE Nr. 135.

D. Gesamtergebnis 159

das Recht am eingerichteten und ausgeübten Gewerbebetrieb nicht als unter die Eigentumsgarantie fallend an. Unabhängig davon, daß im konkreten Fall ohnehin keine Maßnahme vorlag, die nicht auch mit Art. 14 GG vereinbar gewesen wäre[12], dürfte dieser Ausspruch von Anfang an überinterpretiert worden sein. Denn davon, daß eine die Eigentumsgarantie verletzende Maßnahme nach Ansicht des EuGH und nach dem Gemeinschaftsrecht möglich wäre, enthält er nichts. Das Antasten des Besitzstandes z. B. in Form von Abgaben etc. ist ja grundsätzlich als Maßnahme der Sozialbindung anerkannt, und die Garantie des Eigentums darf nicht verwechselt werden „mit einer Gewährleistung des vollen status quo der Vermögensverhältnisse"[13]. Es war deshalb keineswegs unangebracht, wenn die Kommission in einem jüngst entschiedenen weiteren Rechtsstreit zwischen ihr und der Firma Nold erneut genau diesen Satz angeführt hat[14], nachdem die Fa. Nold sich auf Art. 14 GG gestützt hatte. Denn daß die Befürchtungen, die dieser Satz beim ersten Ausspruch durch den EuGH, wie durch die vorliegende Arbeit nachgewiesen, völlig unangebracht waren, zeigt gerade die Tatsache, daß die Kommission im jetzigen Verfahren (RS 4/73) in der mündlichen Verhandlung vortrug, daß der Schutz des Eigentums zweifellos (sic!) zu den gemeinschaftsrechtlichen Garantien gehöre. Darüberhinaus, um allerletzte Bedenken zu zerstreuen, hat die Kommission die in ihrer Richtigkeit hier konkret nachgewiesene Auffassung vertreten, daß *die Eigentumsgarantie im Gemeinschaftsrecht maximal* sein müsse. Das bedeute, daß sie *dem Art. 14 GG* in etwa *entsprechen* müsse[15]. Der EuGH hat dies im Grunde voll bestätigt, wenn er ausführt, daß dieses (ebenso wie die andern von ihm — ausdrücklich nicht abschließend — aufgezählten Grundrechte) Grundrecht zwar bestimmten, durch die dem allgemeinen Wohl dienenden Ziele der Gemeinschaft bedingten, Beschränkungen unterliege, daß es aber keinesfalls in seinem Wesensgehalt berührt werden dürfe[16]. Dies ist ja auch die im innerstaatlichen Recht von Rechtsprechung und Lehre gezogene Grenze von der Sozialbindung zur Enteignung, der hier die Grenze zwischen Marktbindung und Enteignung entspricht. Die immer noch verschiedentlich vorgebrachten Bedenken (die einen — leider, so muß betont werden — Auftrieb durch den Beschluß des BVerfG v. 29. 5. 74 erhalten haben[11], bezüglich möglicher Grundrechtsverletzungen im Gemeinschaftsrecht[17] sind damit, jedenfalls für den Bereich des

---
[12] Vgl. statt vieler *Zieger* (C, FN 1), 38, m. w.Nachw., sowie *Riegel* (C, FN 1, Verhältnis), 363.
[13] *Maunz* (B, FN 4), (113, r. Sp.).
[14] EuGH, U. v. 14. 5. 74 (RS 4/73), 21 (hektogr. Fassung).
[15] EuGH (FN 14), 24 (hektogr. Fassung), vgl. hierzu *Riegel*, NJW 74, 2177.
[16] EuGH (FN 14), 30 (hektogr. Fassung).
[17] Vgl. statt vieler *Ullrich* (C, FN 1), 76 ff.

Eigentumsrechts als bedeutendster Grundrechtsposition im Gemeinschaftsrecht, widerlegt. *Das Primärrecht als gemeinschaftsrechtliches Verfassungsrecht steht in Einklang mit der Eigentumsgarantie des Art. 14 GG.* Und nichts könnte dieses Ergebnis der vorliegenden Untersuchung mehr unterstreichen als das Urteil des EuGH v. 14. 5. 1974[14], der, wie *Emmerich* zu Recht betont, mit diesem Urteil endgültig ausdrücklich das Grundrecht des Eigentums als für das Gemeinschaftsrecht existent anerkennt[18]. Das scheint im übrigen auch die Ansicht des BVerfG zu sein, wenn es in einem obiter dictum des Beschlusses v. 29. 5. 74[11] ausführt, es gebe im Augenblick keine Anhaltspunkte dafür, „daß primäres Gemeinschaftsrecht mit Bestimmungen des Grundgesetzes der Bundesrepublik Deutschland kollidieren könnte"[19]. Warum es dann dennoch an der Verfassungsmäßigkeit sekundärrechtlicher Bestimmungen zweifelt, die sich doch im Rahmen des Primärrechts bewegen müssen, ist unverständlich und mag als Beispiel für die mannigfaltigen Ungereimtheiten dieses — in den entscheidenden Punkten ja auch nur mit 5 zu 3 Stimmen ergangenen — Beschlusses gelten. Denn für mögliche sekundärrechtliche Verstöße gegen das Primärrecht ist die Sanktion durch den EuGH, nämlich Nichtigerklärung oder zumindest restriktive gemeinschaftsverfassungskonforme Auslegung gewährleistet. Das gilt selbstverständlich ebenso für auf Grund Art. 235 EWGV oder Art. 203 EAGV erlassenes Recht, denn von diesen Bestimmungen kann ja nur in Einklang mit dem geschriebenen Primärrecht und dem ungeschriebenen gemeinschaftsrechtlichen Grundrecht auf Eigentum i. S. Art. 14 GG Gebrauch gemacht werden[20].

Möge diese Arbeit dazu beitragen, daß das BVerfG seine der zukünftigen Entwicklung der Gemeinschaft abträgliche Haltung baldmöglichst aufgibt. Eine Gelegenheit hierzu wurde leider bereits versäumt[21].

---

[18] *Emmerich*, JuS 75, 182 (1. Sp.), vgl. hierzu auch oben C, 1.1. und C, FN 20.

[19] BVerfG NJW 74, 1697 (1. Sp.), hierzu *Riegel*, NJW 74, 2176 f. (2177, 1. Sp.), ders., Das Rechtsschutzsystem der Europäischen Gemeinschaften, BayVBl. 75, 10 ff. (unter FN 25), *ders.*, Zum Verhältnis zwischen gemeinschaftsrechtlicher und innerstaatlicher Gerichtsbarkeit, NJW 75, 1049 ff. (1056 f.), insbes. bezüglich der Auswirkungen des Beschlusses auf das Vorabentscheidungsverfahren.

[20] Vgl. hierzu auch *Gilsdorf*, Die Haftung der Gemeinschaft aus normativem Handeln, EuR 75, 73 ff. (101), der darauf hinweist, daß die Bindung der Gemeinschaftsorgane im Bereich der sekundären Gesetzgebung sehr viel weiter geht als die Bindung der mitgliedstaatlichen Exekutiven.

[21] Es handelt sich um den Beschluß des BVerfG v. 7. 1. 75, 1 BvR 444/74, RIW/AWD 75, 100, vgl. hierzu *Deringer / Sedemund*, NJW 75, 483 (1. Sp.), sowie *Meier*, EuR 75, 186 f.; bezüglich der Stimmen, die mit den abweichenden Richtern bei dem Beschluß des BVerfG v. 29. 5. 74 (C, FN 11) auf die Gefahren dieses Beschlusses mit Nachdruck aufmerksam gemacht haben, sei verwiesen auf die Nachweise bei FN 11, und insbesondere *Ipsen* (C, FN 11), 17 ff.

Literaturverzeichnis

Alexander, Mr. W.: Het EEG-Verdrag en het industriele eigendomsrecht der Lid-Staten, NJB 1971, 1079 ff.

Badura, Peter: Verfassungsstruktur in den Internationalen Gemeinschaften, VVDStRL Bd. 23, Berlin 1966, 34 f.

— Die soziale Schlüsselstellung des Eigentums, BayVBl. 73, 1 ff.

Ballerstedt, Kurt: Unternehmensrechtliche Probleme des Mitbestimmungsgesetzes, ZRP 74, 290 ff.

Bauschke, Erhard und Michael *Kloepfer:* Enteignung, enteignungsgleicher Eingriff, Aufopferung, NJW 71, 1233 f.

Bebr, Gerhard: Judicial Control of the European Communities, London 1962

Benda, Ernst und Eckart *Klein:* Das Spannungsverhältnis von Grundrechten und internationalem Recht, DVBl. 74, 389 ff.

Bernini, Giorgio, Jean *Jaeger* und Heinrich *Matthies:* Kartellverbot und Fusionskontrolle in der Montanunion, Frankfurt 1972

Bielenberg, Walter: Empfehlen sich weitere bodenrechtliche Vorschriften im städtebaulichen Bereich?, Gutachten B zum 49. DJT, München 1972

Bockelberg von, Helmut: Die Eigentumsgarantie des Artikels 14 des Grundgesetzes als Grundlage des freiheitlichen und sozialen Rechtsstaats und die mögliche Aushöhlung dieser Garantie durch das Steuerrecht, BB 73, 669 ff.

Bogs, Harald: Bestandsschutz für sozialrechtliche Begünstigungen als Verfassungsproblem, RdA 73, 26 ff.

Boehm, Peter: Die juristische Problematik des europäischen Kernbrennstoffeigentums, NJW 61, 1553 ff.

— Die Internationale Regelung der Eigentumsverhältnisse im Bereich der friedlichen Verwendung der Atomenergie, Diss. Saarbrücken 1959

Börner, Bodo: Das Interventionssystem der landwirtschaftlichen Marktordnungen der EWG, in: Agrarrecht der EWG, Köln—Berlin—Bonn—München 1969, 1 ff.

— Studien zum deutschen und europäischen Wirtschaftsrecht, Köln—Berlin—Bonn—München 1973

Brunn von, Heinrich: Die Verpflichtung der EWG-Staaten zur Wettbewerbswirtschaft, in: Kartellrundschau, Heft 6, Berlin 1965

Bülow, Erich: Anm. zum Beschluß des BVerfG v. 29. 5. 74, EuGRZ 74, 19

Burghardt, Günter: Die Eigentumsordnung in den Mitgliedstaaten und der EWG-Vertrag, Hamburg 1969

Catalano, Nicola: L'Application des dispositions du Traité CEE (et notamment des règles de concurrence) aux entreprises publiques, in: Festschrift für Otto Riese, Karlsruhe 1964, 133 ff.

Cartou, Louis: Organisations Européennes, 3e édition, Paris 1971

Constantinesco, Léontin: Die Eigentümlichkeiten des Europäischen Gemeinschaftsrechts, JuS 65, 289 ff. und 340 ff.

Daig, Hans-Wolfram: Zur Anwendung der Nichtigkeitsklausel des EWG-Kartellrechts durch den innerstaatlichen Zivilrichter, RabelsZ, Bd. 35 (1971), 1 ff.

Darmstaedter, Friedrich: Der Eigentumsbegriff des Bürgerlichen Gesetzbuches, AcP Bd. 151, 311 ff.

Deringer, Arved: EuR 70, 291 ff. (Rezension von Burghardt)

— Auf dem Weg zu einer europäischen Fusionskontrolle, EuR 74, 99 ff.

Deringer, Arved und Jochim *Sedemund:* Bericht über das Europäische Gemeinschaftsrecht, NJW 72, 996; NJW 72, 1606; NJW 73, 943; NJW 74, 401; NJW 74, 1600; NJW 75, 482

Ditges, Harald und Dietrich *Ehle:* Die Europäische Agrarmarktordnung und ihre Rechtsprobleme, NJW 64, 473 ff.

Donner, André: Eröffnungsansprache zu: Zehn Jahre Rechtsprechung des Gerichtshofs der Europäischen Gemeinschaften, Köln—Berlin—Bonn—München 1965

Dürig, Günter: Das Eigentum als Menschenrecht, ZgStW Bd. 109 (1953), 326 ff.

Ehle, Dietrich: Klage- und Prozeßrecht des EWG-Vertrages, Herne und Berlin 1966

Ehlermann, Claus-Dieter: Die Bedeutung des Art. 36 EWGV für die Freiheit des Warenverkehrs, EuR 73, 1 ff.

Engels, Ulfert: AWD 74, 553 ff. (Anm. zu BVerfG v. 29. 5. 74, AWD 74, 551 f.)

Emmerich, Volker: JuS 73, 640 (Besprechung v. EuGH, U. v. 6. 2. 73, RS 48/71)

— JuS 75, 181 f. (Besprechung v. EuGH, U. v. 14. 5. 74, RS 4/73)

— JuS 75, 182 f. (Besprechung v. BVerfG, Beschluß v. 29. 5. 74)

— „Wettbewerbsordnung" für den europäischen Energiemarkt?, RIW/AWD 75, 8 ff.

Erichsen, Hans-Uwe: Zum Verhältnis von EWG-Recht und nationalem öffentlichen Recht der Bundesrepublik Deutschland, Verw.Archiv Bd. 64 (1973), 101 ff.

— Bundesverfassungsgericht und Gemeinschaftsgewalt, Verwaltungs-Archiv Bd. 66 (1975), 177 ff.

Esch, van der, Bastien: L'Unité du Marché Commun, CDE 70, 303 ff.

Escher, Winfried: Die Geltung der Europäischen Menschenrechtskonvention gegenüber den drei Europäischen Gemeinschaften, Diss. Saarbrücken 1964

Erler, Georg: Das Grundgesetz und die öffentliche Gewalt internationaler Staatengemeinschaften, VVDStRL Bd. 18, Berlin 1960, 7 ff.

Erman, Walter: Kommentar zum BGB, 5. Aufl., Münster 1973

Eucken, Walter: Grundsätze der Wirtschaftspolitik, Reinbek 1959

Feige, Konrad: Der Gleichheitssatz im Recht der EWG, Tübingen 1973

Ferid, Hildegard: Zur Anwendung von Art. 36 EWG-Vertrag auf nationale Urheberrechte und verwandte Schutzrechte, Mitarbeiterfestschrift für Eugen Ulmer, Köln—Berlin—Bonn—München 1973

Literaturverzeichnis

Fuß, Ernst-Werner: Zur Rechtsstaatlichkeit der Europäischen Gemeinschaften, DÖV 64, 577 ff.
— Rechtsstaatliche Bilanz der Europäischen Gemeinschaften, Festschrift für G. Küchenhoff, Berlin 1972, 781 ff.
— Grundfragen der Gemeinschaftshaftung, EuR 68, 353 ff.

Gabler, Theodor: Dr. Gablers Wirtschaftslexikon, Frankfurt und Hamburg 1969

Geitner, Dirk: Die Kontrolle von Unternehmenskonzentration im Recht der EWG-Mitgliedstaaten, WRP 73, 1 ff.

Gilsdorf, Peter: Die Haftung der Gemeinschaft aus normativem Handeln, EuR 75, 73 ff.

Gleiss, Alfred und Horst *Helm:* Anmeldung wettbewerbsbeschränkender Verträge in Brüssel?, NJW 71, 297 ff.

Golsong, Heribert: EuGRZ 74, 17 f. (Anm. zum Beschluß des BVerfG v. 29. 5. 74)

Goose, Peter Ernst: AWD 74, 489 ff. (Anm. zu EuGH, U. v. 14. 5. 74, RS 4/73)
— RIW/AWD 75, 36 ff. (Anm. zu EuGH, U. v. 21. 6. 74, RS 2/74)

Gori, Paolo: Les Clauses de Sauvegarde des Traités CECA et CEE, Heule 1962

Gorny, Günter: Verbindlichkeit der Bundesgrundrechte bei der Anwendung von Gemeinschaftsrecht durch deutsche Staatsorgane, Berlin 1969

Groeben von der, Hans: Über das Problem der Grundrechte in der Europäischen Gemeinschaft, Festschrift für W. Hallstein, Frankfurt 1966, 226 f.

Groeben von der und Heinrich von *Boeckh:* Kommentar zum EWG-Vertrag, Bd. 1, 1958, Bd. 2, 1960, Baden-Baden und Bonn; 2. Aufl., Bonn 1974

Günther, Eberhard: Die ordnungspolitischen Grundlagen des EWG-Vertrages, WuW 63, 191 ff.

Gundersen, F.: Das Diskriminierungsverbot im EWG-Vertrag, NJW 75, 472 ff.

Haedrich, Heinz: Das Eigentum der Europäischen Atomgemeinschaft an Kernbrennstoffen, Festschrift für C. F. Ophüls, Karlsruhe 1965, 51 ff.

Hallstein, Walter: Wirtschaftliche Integration als Faktor politischer Einigung, Festschrift für Müller-Armack, Berlin 1961, 273 ff.
— Die Europäische Gemeinschaft, Düsseldorf und Wien 1973

Hamann, Andreas: Zur Abgrenzung von Enteignung und Sozialbindung, NJW 52, 401 ff.

Hamann, Andreas jr. und Helmut *Lenz:* Kommentar zum GG, 3. Aufl., Neuwied 1970

Happle, Martin: Die rechtliche Grundstruktur der Agrarmarktorganisation, Einführung in die Rechtsfragen der Europäischen Integration, 2. Aufl., Bonn 1972

Häuser, Karl: Volkswirtschaftslehre, Frankfurt und Hamburg 1967

Hedemann, Wilhelm: Das Eigentum im Wandel, DNotZ 1952, 6 ff.

Hertl, Rudolf: Mit weitmaschigem Netz auf Fischfang, Die Zeit v. 15. 6. 73, 34

Herpers, Hans-Heinz: Artikel 86 des Europäischen Atomgemeinschaftsvertrages (EAGV) und Artikel 14 Absatz 3 des Grundgesetzes (GG), ZgStW Bd. 123 (1967), 339 ff.

Heynen, Klaus-Jörg: Konzentrationskontrolle für die Europäische Wirtschaftsgemeinschaft, NJW 73, 1526 ff.

Hoffmann, Wolfgang: Eine schwierige Entbindung, Die Zeit v. 15. 6. 73, 36

Ipsen, Hans-Peter: Europäisches Gemeinschaftsrecht, Tübingen 1972
— BVerfG versus EuGH re „Grundrechte", EuR 75, 1 ff.

Jaumann, Anton: Aktive Wettbewerbspolitik und soziale Marktwirtschaft, BayVBl. 74, 29 ff.

Jerusalem, Franz: Das Recht der Montanunion, Berlin und Frankfurt 1954

Joliet, René: Der Begriff der mißbräuchlichen Ausnutzung in Art. 86 EWG-Vertrag, EuR 73, 97 ff.

Kimminich, Otto: Die öffentlich-rechtlichen Entschädigungspflichten, JuS 69, 349 ff.
— Entschädigung eines von Hochspannungsleitungen überzogenen Grundstücks des Erwerbers, NJW 73, 1479 ff.
— Rechtsgutachten zur Verfassungsbeschwerde der Landeshauptstadt München gegen das Urteil des Bundesgerichtshofs v. 5. 7. 1973, Regensburg 1975 (hektographierte Fassung)

Knappmann, Ulrich: Das Eigentum im Euratom-Vertrag und der Besitz im Atomgesetz im Vergleich zu den gleichlautenden Begriffen im BGB, Diss. Münster 1964

Koenigs, Folkmar: Das Verfahren der EWG in Kartellsachen, EuR 73, 289 ff.

Koppensteiner, Hans-Georg: Das Subventionsverbot im Vertrag über die Europäische Gemeinschaft für Kohle und Stahl, Baden-Baden 1965

Krawielicki, Robert: Finanzielle Ausgleichseinrichtungen im Recht der Montanunion, Festschrift für Otto Riese, Karlsruhe 1964, 151 ff.

Kreft, Friedrich: Die Bemessung der Enteignungsentschädigung in der Rechtsprechung des Bundesgerichtshofs, DRiZ 73, 335 ff.

Kriele, Martin: Wirtschaftsfreiheit und Grundgesetz, ZRP 74, 105 ff.

Kunze, Otto: Mitbestimmung in der Wirtschafts- und Eigentumsordnung, RdA 72, 257 ff.

Küchenhoff, Dieter: Grundrechte und Europäisches Staatengemeinschaftsrecht, DÖV 63, 161 ff.

Lecheler, Helmut: Der Europäische Gerichtshof und die allgemeinen Rechtsgrundsätze, Berlin 1971

Leisner, Walter: AVR Bd. 11 (1963), 384 ff. (Besprechung von Vitta)
— Verfassungsrechtliche Grenzen der Erbschaftsbesteuerung, Berlin 1970
— Sozialbindung des Eigentums, Berlin 1972
— Eigentümer als Beruf, JZ 72, 33 ff.
— Grundeigentum und Versorgungsleitungen, Berlin 1973
— Verfassungsrechtlicher Eigentumsschutz der Anwaltspraxis, NJW 74, 478 ff.
— Privateigentum ohne privaten Markt?, BB 75, 1 ff.
— Der Sozialisierungsartikel als Eigentumsgarantie, JZ 75, 272 ff.

Link, Christoph: Privatschulsubventionierung und Verfassung, JZ 73, 1 ff.

Louis, Jean-Victor: EuGRZ 74, 20 f. (Anm. zum Beschluß des BVerfG v. 29. 5. 74)

Lukes, Rudolf: Die Eigentumsregelung für die besonderen spaltbaren Stoffe im Euratomvertrag, in: Zweites Deutsches Atomrechtssymposion 15. 5. 74 in Düsseldorf, Köln—Berlin—Bonn—München 1974, 35 ff.

Lutter, Marcus: Empfehlen sich für die Zusammenfassung europäischer Unternehmen neben oder statt der europäischen Handelsgesellschaft und der internationalen Fusion weitere Möglichkeiten der Gestaltung auf dem Gebiete des Gesellschaftsrechts?, Gutachten H zum 48. DJT, München 1970

Lübtow von, Ulrich: Grundfragen des Sachenrechts, JR 50, 491 ff.

Lyklema, H. G.: EEG-Verdrag en intellectuele eigendom, NJB 71, 1087 ff.

Maday, D. C.: EuR 75, 142 ff. (Anm. zum Urteil des EuGH v. 3. 7. 74, RS 192/74)

Mann, F. A.: Industrial Property and the EEC-Treaty, International and Comparative Law Quarterly 1975, 31 ff.

Markert, Kurt: Wettbewerb und Wirtschaftspolitik in der EWG, EuR 70, 349 ff.

Martens, Wolfgang: Aus der Rechtsprechung des Bundesverfassungsgerichts, JR 75, 186 ff.

Matthies, Heinrich: Diskussionsbeitrag, in: Zweites Deutsches Atomrechtssymposion 15. 5. 74 in Düsseldorf, Köln—Berlin—Bonn—München 1975, 103

Maunz, Theodor: Deutsches Staatsrecht, 18. Aufl., München 1971
— Das geistige Eigentum in verfassungsrechtlicher Sicht, GRUR 73, 107 ff.
— Neue Entwicklungen im öffentlichen Bodenrecht, BayVBl. 73, 569 ff.
— Bodenrecht vor den Schranken des Grundgesetzes, DÖV 75, 1 ff.

Maunz, Theodor, Günter *Dürig* und Roman *Herzog:* Kommentar zum Grundgesetz, München 1958 ff. (Stand 1970)

Meersch, van der J., Ganshof: Droit des Communautés Européennes, Brüssel 1969

Meibom von, Hans-Peter: Beiträge zum Europarecht, NJW 65, 465 ff.
— Der EWG-Vertrag und die Grundrechte des Grundgesetzes, DVBl. 69, 437 ff.

Meier, Gert: Die Europäische Rechtsprechung zu den allgemeinen Problemen der politischen und rechtlichen Integration, NJW 73, 923 ff.
— Die Beendigung der Mitgliedschaft in der Europäischen Gemeinschaft, NJW 74, 391 ff.
— NJW 74, 1704 f. (Anmerkung zu BVerfG NJW 74, 1697 ff.)
— DVBl. 74, 674 ff. (Anm. zu EuGH, U. v. 14. 5. 74, RS 4/73)
— EuR 75, 116 f. (Anm. zum Beschluß des BVerfG v. 7. 1. 75, 1 BvR 444/74)
— Die Europäische Gemeinschaft im Übergang, RIW/AWD 75, 65 ff.

Melchior, Michel: L'Organisation des marchés agricoles de la CEE au stade du marché unique, CDE 70, 127 ff.

Mestmäcker, Ernst-Joachim: Die Vermittlung von europäischem und nationalem Recht im System unverfälschten Wettbewerbs, Zürich 1969
— Europäisches Wettbewerbsrecht, München 1974

Millarg, Eberhard: EuR 73, 148 ff. (Anmerkung zu EuGH, EuR 73, 144 ff.)
— EuR 73, 348 ff. (Anmerkung zu EuGH, EuR 73, 342 ff.)

Möhring, Philipp: Abgestimmtes Verhalten im Kartellrecht, NJW 73, 777 ff.

Mössner, Manfred: Einschränkungen von Grundrechten durch EWG-Recht?, AWD 72, 610 ff.
— Die Rechtsprechung des Gerichtshofs der EG im Jahre 1970, AWD 71, 382 ff.

Möschel, Wernhard: Der Oligopolmißbrauch im Recht der Wettbewerbsbeschränkungen, Tübingen 1974

Much, Walter: Ausnahmetarif und Wirtschaftsintegration, ZgesHR 1962, 110 f.

Müller, Heinz, Gerhard *Griess* und Peter *Giessler:* Kommentar zum GWB, Frankfurt 1970

Nass, Klaus-Otto: Die erweiterte Gemeinschaft zwischen Identität und Wandel, NJW 73, 393 ff.

Nicolaysen, Gert: EuR 74, 46 ff. (Anmerkung zu EuGH, EuR 74, 36 ff.)

OBoussier: Diskussionsbeitrag, in: Zweites Deutsches Atomrechtssymposion 15. 5. 74 in Düsseldorf, Köln—Berlin—Bonn—München 1975, 104

Offermann-Clas, Christel: Das Eigentum in den Europäischen Gemeinschaften, Köln—Berlin—Bonn—München 1974

Ophüls, Carl-Friedrich: Juristische Grundgedanken des Schuman-Plans, NJW 51, 289 ff.
— Das Wirtschaftsrecht des Schuman-Plans, NJW 51, 381 ff.
— Grundzüge europäischer Wirtschaftsverfassung, ZgesHR Bd. 124 (1962), 136 ff.

Oldekop, Dieter: Die Richtlinien der Europäischen Wirtschaftsgemeinschaft, Jb. d. ö. R. n. F. Bd. 21 (1970), 55 ff.

Ortmann, Friedrich-Wilhelm: Die Errichtung des Europäischen Ausrichtungs- und Garantiefonds für die Landwirtschaft, Köln—Berlin—Bonn—München 1966

Pagenkopf, Hans: Freiheit und Bindung des Eigentums, NJW 52, 1193 ff.

Pelzer: Diskussionsbeitrag, in: Zweites Deutsches Atomrechtssymposion 15. 5. 1974 in Düsseldorf, Köln—Berlin—Bonn—München 1975, 107

Pernthaler, Peter: NJW 74, 450 (Besprechung von Schwerdtfeger)

Pescatore, Pierre: Die Menschenrechte und die europäische Integration, Integration 69, 103 ff.
— Gemeinschaftsrecht und staatliches Recht in der Rechtsprechung des Gerichtshofs der Europäischen Gemeinschaften, NJW 69, 2065 ff.
— Das Zusammenwirken der Gemeinschaftsrechtsordnung mit den nationalen Rechtsordnungen, in: Gemeinschaftsrecht und nationale Rechte, Köln—Berlin—Bonn—München 1971 (Schlußwort)
— Le Droit de l'Intégration, Emergence d'un phénomène nouveau dans les relations internationales selon l'expérience des Communautés Européennes, Leiden 1972

Pestalozza, Christian: Sekundäres Gemeinschaftsrecht und nationale Grundrechte, DVBl. 74, 716 ff.

Quadri, Rolando, Riccardo *Monaco* und Alberto *Trabucchi:* Commentario CEE, Mailand 1965
— Commentario CECA, Mailand 1970

Radbruch, Gustav: Vom individualistischen zum sozialen Recht, Der Mensch im Recht, 2. Aufl., Göttingen 1961

Rauschenbach, Gerhard: Die Hauptprobleme der Kartellnovelle für die Unternehmer und ihre Berater, NJW 73, 1857 ff.

Riegel, Reinhard: Zur Frage der Verfassungsmäßigkeit von Art. 13 Abs. 5 BayStrWG, BayBgm. 73, 36 f.

— Zum Verhältnis von EWG-Recht und staatlichem Verfassungsrecht, BayVBl. 73, 96 ff.

— Abschied von der Sonderopfertheorie, BayVBl. 73, 404 ff.

— Das Verhältnis von europäischem Gemeinschaftsrecht zu dem Recht der Mitgliedstaaten und dem von Drittländern, BayVBl. 74, 358 ff.

— Zum Problem der allgemeinen Rechtsgrundsätze und Grundrechte im Gemeinschaftsrecht, NJW 74, 1585 ff.

— Zur Auslegung des § 38 Wasserhaushaltsgesetz, NJW 74, 127

— § 38 WHG — ein stumpfes Schwert?, Die Umwelt, Heft 3/74, 50 f.

— NJW 74, 2176 f. (Anm. zum Beschluß des BVerfG v. 29. 5. 74)

— Das Rechtsschutzsystem der Europäischen Gemeinschaft, BayVBl. 75, 10 ff.

— Zum Verhältnis zwischen gemeinschaftsrechtlicher und innerstaatlicher Gerichtsbarkeit, NJW 75, 1049 ff.

— Verfügungs- und Nutzungseigentum?, BayVBl. 75, 412 ff.

Riess, Adrien: Die Rechtsfragen der Agrarpolitik, in: Einführung in die Rechtsfragen der europäischen Integration, 2. Aufl., Bonn 1972

Riess, Adrien und Rosa *Guida:* L'application des règles de concurrence du Traité CEE àl'agriculture, CDE 68, 60 ff. und 165 ff.

Rittner, Fritz: Unternehmensverfassung und Eigentum, Festschrift für W. Schilling, Berlin 1973, 363 ff.

Rittstieg, Helmut: AWD 71, 183 ff. (Anmerkung zum Urteil des EuGH v. 17. 12. 70, RS 11/70)

— Verpflichtende Außenhandelslizenzen und ihre Absicherung im EWG-Recht, AWD 69, 305 ff.

Rupp, Hans-Heinrich: Die Grundrechte und das Europäische Gemeinschaftsrecht, NJW 70, 353 ff.

— Zur bundesverfassungsgerichtlichen Kontrolle des Gemeinschaftsrechts am Maßstab der Grundrechte, NJW 74, 2153 ff.

Rüber, Hans-Josef: Die Konkurrentenklage deutscher Unternehmer gegen wettbewerbsverzerrende Subventionen im Gemeinsamen Markt, NJW 71, 2097 ff.

Rüfner, Wolfgang: Die Berücksichtigung der Interessen der Allgemeinheit bei der Bemessung der Enteignungsentschädigung, Festschrift für U. Scheuner, Berlin 1973, 511 ff.

Sauer, Manfred: Die Okologiepflichtigkeit des Eigentums, Die Umwelt, Heft 4/74, 50 f.

Schack, Friedrich: Generelle Eigentumsentziehungen als Enteignungen, NJW 54, 577 ff.

Scherer, Josef: Die Wirtschaftsverfassung der EWG, Baden-Baden 1970

Scheuing, Dieter: Das Niederlassungsrecht im Prozeß der Integration, JZ 75, 151 ff.

— Rechtsfragen beim Vollzug des Gemeinschaftsrechts im deutschen Recht, DÖV 75, 145 ff.

Scheufele, Helmut: Behandlung der „beherrschenden Stellung" von Nachfragen im EWG-Kartellrecht, Beilage 4/73 zum BB

Schlenzka, Hans-Joachim: Die Europäischen Gemeinschaften und die Verfassungen der Mitgliedstaaten, Diss. Bonn 1967

Schlochauer, Hans-Jürgen: Der Gemeinschaften Gerichtshof als Integrationsfaktor, Festschrift für W. Hallstein, Karlsruhe 1966, 438 ff.

Schlossmann, Siegmund: Ueber den Begriff des Eigentums, Jherings Jahrbücher für die Dogmatik des Bürgerlichen Rechts, Bd. 45, Jena 1903, 289 ff.

Schmid, Carlo: Der Mensch im Staat von morgen, Politik und Geist, München 1964, 60 ff.

Schnorr, Gerhard: Die Eigentumsordnung im Euratom-Vertrag, Wirtschaftsdienst 61, 124 ff.

Scholz, Rupert: Paritätische Mitbestimmung und Grundgesetz, Berlin 1974

Schwaiger, Henning: Zum Grundrechtsschutz gegenüber den Europäischen Gemeinschaften, NJW 70, 975 ff.

— Zur normativen Grenze und innerstaatlichen Überprüfbarkeit sekundären Gemeinschaftsrechts, RIW/AWD 75, 190 ff.

Schwerdtfeger, Günther: Unternehmerische Mitbestimmung und Grundgesetz, Frankfurt 1972

Seidel, Martin: Der EWG-rechtliche Begriff der „Maßnahme gleicher Wirkung wie eine mengenmäßige Beschränkung", NJW 67, 2081 ff.

Seidl-Hohenveldern, Ignaz: Das Recht der Internationalen Gemeinschaften, Köln—Berlin—Bonn—München 1967

Selmer, Peter: Steuerinterventionismus und Verfassungsrecht, Frankfurt 1972

Soergel, Hans-Theodor und Wolfgang *Siebert:* Kommentar zum BGB, 9. Aufl., Stuttgart 1959 ff.

Sendler, Horst: Zum Wandel der Auffassungen von Eigentum, DÖV 74, 73 ff.

Sontis, Johannes: Strukturelle Betrachtungen zum Eigentumsbegriff, Festschrift für K. Larenz, München 1973, 981 ff.

Spanner, Hans: EWG-Recht und Grundrechtsschutz, BayVBl. 70, 341 ff.

Steindorff, Ernst: Der Gleichheitssatz im Wirtschaftsrecht des Gemeinsamen Marktes, Berlin 1965

— Zur Entwicklung des Europäischen Kartellrechts, ZgesHR 73, 203 ff.

— Berufssport im Gemeinsamen Markt, RIW/AWD 75, 253 ff.

Stendardi, Galeazzo: Il regime di proprietà nei paesi membri delle Communità Economiche Europee, Il Diritto negli scambi internazionali 1963, 275 ff.

Stödter, Rolf: Über den Enteignungsbegriff, DÖV 53, 97 ff. und 136 ff.

Strickrodt, Georg: Das Kartellverbot in verfassungsrechtlicher Betrachtung, NJW 55, 1697 ff.

Thieme, Werner: Das Grundgesetz und die öffentliche Gewalt internationaler Staatengemeinschaften, VVDStRL Bd. 18, Berlin 1960, 50 ff.

Ullrich, Rainer: Menschenrechte und europäisches Gemeinschaftsrecht, Diss. Saarbrücken 1973

Vedel, Georges: Le régime de propriété dans le Traité Euratom, AFDI 57, 586 ff.

Vitta, Edoardo: L'integrazione Europea, Mailand 1962

Vygen, Klaus: Öffentliche Unternehmen im Wettbewerbsrecht der EWG, Köln—Berlin—Bonn—München 1966

Weber, Hermann: Grundgesetzlicher Anspruch auf Privatschulsubvention, JZ 68, 316 ff.

Weber, Werner: Das Eigentum und seine Garantie in der Krise, Festschrift für Michaelis, 1972, 316 ff.

— Eigentum und Enteignung, in: Neumann / Nipperdey / Scheuner, Die Grundrechte, Bd. 2, 2. Aufl., Berlin 1968, 331 ff.

Wegner, Wolfgang: Umweltschutz oder: Die Krise der freien Marktwirtschaft, ZRP 73, 34 ff.

Wengler, Wilhelm: Grundrechtsminimum und Äquivalenz des Grundrechtsschutzsystems, JZ 68, 327 ff.

Wertheimer, H. W.: CDE 70, 438 ff. (Anmerkung zu den Urteilen LG Breda v. 31. 12. 68 und 1. 4. 69)

Wohlfahrt, Ernst, Ulrich *Everling,* Hans-Joachim *Glaesner* und Rudolf *Sprung:* Die Europäische Wirtschaftsgemeinschaft, Kommentar zum EWGV, Berlin und Frankfurt 1960

Winkel, Klaus: Der Ausbau der Freizügigkeit des Marktbürgers durch die Rechtsprechung des EuGH, NJW 75, 1057 ff.

Wipfelder, Hans-Jürgen: Die grundrechtliche Eigentumsgarantie im Wandel, Festschrift für G. Küchenhoff, Berlin 1972, 747 ff.

Wolff, Martin: Reichsverfassung und Eigentum, Festgabe für W. Kahl, Tübingen 1923, IV

Wolff, Martin und Ludwig *Raiser:* Lehrbuch des Sachenrechts, 10. Aufl., Tübingen 1957

Zieger, Gottfried: Das Grundrechtsproblem in den Europäischen Gemeinschaften, Tübingen 1970

— Die Rechtsprechung des Europäischen Gerichtshofs, Jahrbuch des öffentlichen Rechts, n. F., Bd. 22 (1973), 299 ff.

Zuleeg, Manfred: Das Recht der europäischen Gemeinschaften im innerstaatlichen Bereich, Köln—Berlin—Bonn—München 1969

— Das Verhältnis des Gemeinschaftsrechts zum nationalen Recht, JR 73, 441 ff.

— DÖV 75, 44 ff. (Anm. zum Beschluß des BVerfG v. 29. 5. 74)

Zweigert, Konrad: Das große Werk Ipsens über Europäisches Gemeinschaftsrecht, EuR 72, 308 ff.

— Diritto delle Comunità Europee e Diritto degli Stati membri, Mailand 1969, 137 ff.

Printed by Libri Plureos GmbH
in Hamburg, Germany